Igal Avidan
Israel

Igal Avidan

Israel

Ein Staat sucht sich selbst

Diederichs

Lehorai hayekarim, beahava raba

Bibliografische Information der Deutschen Bibliothek

Die Deutsche Bibliothek verzeichnet diese Publikation
in der Deutschen Nationalbibliografie; detaillierte bibliografische Daten
sind im Internet unter http://dnb.ddb.de abrufbar.

© Heinrich Hugendubel Verlag, Kreuzlingen/München 2008
2., durchgesehene Auflage

Umschlaggestaltung: eisele grafik-design unter Verwendung eines Motivs
von Reuters/CORBIS
Satz: EDV-Fotosatz Huber/Verlagsservice G. Pfeifer, Germering
Druck und Bindung: GGP Media GmbH, Pößneck
Printed in Germany

ISBN 978-3-7205-3046-0

Inhaltsverzeichnis

Einleitung

Wenn sich Israelis gegenseitig zum Geburtstag gratulieren, sagen sie »bis 120«. Vielleicht weil dieses Alter so hoch ist, dass keiner auf die Idee kommen kann, der eine wünsche dem anderen ein kurzes Leben. In diesen Tagen beglückwünschen viele ihren Staat Israel zum 60. Geburtstag.

Aber zwischen den Feuerwerken und Festveranstaltungen kommen Sorgen und Zweifel hoch, über die man bereits in aller Öffentlichkeit redet: Wird Israel noch weitere 60 Jahre existieren? Und wenn ja, wird es zu einer Art Massada, einer aufgerüsteten Burgfestung, deren Bewohner ein Leben im Dauerkampf um ihre Existenz führen? Wird der Judenstaat zu einem verschlossenen Thora-Staat, der liberale jüdische Gemeinden unterdrückt, nichtjüdische Einwanderer als Fremde herabwürdigt und die arabischen Israelis als Bürger zweiter Klasse und eine demografische Gefahr betrachtet? Denn die Bedrohung von außen verstärkt die Intoleranz von innen und gefährdet die ohnehin fragile und fehlerhafte jüdische Demokratie. Diese steht vor gewaltigen Aufgaben wie der Räumung von Siedlungen mit Zehntausenden jüdischer Bewohner, der Rückgabe von für Juden heiligen Städten an die Palästinenser und der zunehmenden Gewaltbereitschaft, der bereits ein israelischer Premierminister zum Opfer gefallen ist.

Israel ist ein einmaliger Staat. Zum einen hat er keine international anerkannten Grenzen: Auf der Grundlage einer UN-Resolution im Jahr 1948 gegründet, definierte Israel seine Grenzen zweimal durch Kriege neu. Teile des Staatsgebiets und sogar Ost-Jerusalem gelten in der Welt als besetzt. Daher residieren die internationalen Botschaften auch nicht in der Hauptstadt Jerusalem, sondern in Tel Aviv. Außerdem belasten der Unabhängigkeitskrieg von 1948 und der Sechs-Tage-Krieg von 1967 bis heute die Friedensperspektiven Israels, weil die Palästinenser immer noch das Rückkehrrecht für ihre Flüchtlinge fordern. Zum anderen gehören zum Staatsvolk nicht nur alle Bürger Israels, sondern auch die jüdischen Bewohner des besetzten Westjordanlandes und der Golanhöhen. Als potenzielle Israelis gelten alle Juden weltweit – samt ihren engen Verwandten. Die Einwanderung, auf Hebräisch »Aliya«, also »Aufstieg« genannt, ist weiterhin ein Grundpfeiler des Zionismus und ein Instrument zur Aufrechterhaltung der jüdischen Mehrheit. Fast jeder fünfte Israeli kam seit 1989 als Einwanderer ins Land, meistens aus der ehemaligen Sowjetunion. Aber mit ihnen zusammen kamen auch 300.000 nichtjüdische Verwandte.

Eine Demokratie ist Israel vor allem für Juden. Die Araber, die ein Fünftel der Bevölkerung stellen, werden seit der Zweiten Intifada zunehmend isoliert. Die Teilnahme einzelner Araber an gewalttätigen Demonstrationen und palästinensischen Terroraktionen sowie die Tötung arabischer Demonstranten durch die Polizei haben die Gräben zur jüdischen Mehrheitsbevölkerung noch tiefer werden lassen. Wie in einem Teufelskreis verstärkt die zunehmende Benachteiligung die Islamisierung und separatistischen Tendenzen unter den Arabern, die Israel als jüdischen Staat nicht anerkennen und eine Autonomie fordern. Diese von vielen Juden als bedrohlich empfundene Haltung wiederum verstärkt die Diskussion, durch Gebietsaustausch arabische Ortschaften an den Palästinenserstaat abzutreten, auch um eine stabile jüdische Mehrheit im eigenen Land zu erhalten. Die Mauer wächst somit auch innerhalb Israels – zwischen Juden und Arabern.

Israel ist ein jüdischer Staat. Er wurde aber vor allem von weltlichen Zionisten gegründet, die die Religion ihrer Familien ablehnten. Die ultraorthodoxen Juden sind in Israel eine kleine Minderheit, aber sie kontrollieren die jüdisch-staatlichen Organisationen. Aus diesem Grund kann man in Israel nur religiös heiraten. Nur wenige Neueinwanderer konvertieren zum Judentum, weil die Staatsrabbiner sie dazu drängen, nach dem Übertritt ein religiöses Leben zu führen. Gelegentlich führen die Spannungen zwischen benachbarten säkularen und ultraorthodoxen Juden zu Gewaltausbrüchen.

Israel versteht sich aber auch als Demokratie, was im Alltag gelegentlich zu Konflikten mit der jüdischen Staatsausrichtung führt. Die zionistischen Organisationen setzen sich per Definition nur für Juden ein. Junge orthodoxe Religionsschüler werden vom Militärdienst befreit, was in einem Land mit Wehrpflicht von der Mehrheit als Verrat am Staat angesehen wird. Die Auseinandersetzungen um junge Israelis, die sich aus dem Militär hinausschleichen, werden in letzter Zeit immer intensiver. Israel ist aber weiterhin eine mobilisierte Gesellschaft. Daher bevorzugen Tausende orthodoxer Frauen, die aus religiösen Gründen vom Militärdienst befreit werden, den Zivildienst. Seit Kurzem dürfen auch Männer, die zum Beispiel aus medizinischen Gründen vom Militärdienst ausgeschlossen werden, Zivildienst leisten. Auch etliche Araber, die aus politischen Gründen vom Dienst befreit werden, erlangen auf diesem Weg mehr Gleichberechtigung.

Israel entstand nicht zuletzt als Folge des Holocaust. Je weiter die Vernichtung der europäischen Juden durch Nazi-Deutschland zur Geschichte wird, desto stärker wirkt sie auf die israelische Identität. Europäischstämmige und orientalische Israelis sehen sich bereits gleichermaßen als Nachfahren von Überlebenden, auch wenn ihre Familien niemals mit Nazi-Deutschland zu tun hatten. Einige arabische Israelis setzen sich inzwischen mit der Vernichtung der Juden auseinander, weil sie dadurch Versöhnung demonstrieren und hoffen, auch eine israelische Anerkennung der palästinensischen Tragödie zu erlangen.

Das kollektive Andenken in Israel gilt den Ermordeten, nicht jedoch den Überlebenden des Holocaust. Erst durch den hartnäckigen Kampf von Politikern, Medienvertretern und engagierten Bürgern ist es gelungen, diesen betagten Israelis einen würdigen Lebensabend zu gewährleisten.

Je kleiner Israel durch den sukzessiven Rückzug aus den besetzten Gebieten wird und je schärfer damit seine Grenzen umrissen sind, desto größer wird die Akzeptanz des Judenstaates im Nahen Osten sein. Die hängt aber nicht nur von den Israelis ab.

Auf der Grundlage von über 80 Interviews mit Israelis – Politikern, Wissenschaftlern, Literaten und Aktivisten sowie mutigen Frauen und Männern – möchte ich ein Röntgenbild Israels zeigen, jenseits der gängigen Klischees von frommen Rabbis und sexy Soldatinnen. Die zahlreichen dekorierenden Geschichten und Anekdoten über außergewöhnliche Israelis schützen die Leser vor schädlichen Strahlen und verdeutlichen ihm die Fehlstrukturen Israels – einen »Bandscheibenvorfall« oder eine »Blockade in der Halswirbelsäule« etwa. Und so wie Menschen, können auch Staaten mit 60 nur so jung sein wie ihre Strukturen, aber dennoch fit genug für die kommenden 60 Jahre.

Mein herzlicher Dank gilt Irmgard Berner, Ekkehart (Ekki) Drost, Judith Wipfler, Vladimir Müller und Raul Teitelbaum für kritisches Lesen einiger Kapitel. Für ihre Unterstützung danke ich ferner Mickey Caldararu, Liya Avidan und Eetta Prince-Gibson, für die Anregung Amichai Alperovich.

Weiter danke ich allen zahlreichen Interviewpartnern und Freunden in Israel, die in ausführlichen Gesprächen und reger Korrespondenz meine Arbeit bereichert haben.

Besonders danke ich Dr. Franziska Roosen für das Lektorat des Manuskripts.

Igal Avidan
Tel Aviv, im Frühjahr 2008

1. Der Kaiserschnitt von 1948 blutet noch

»Und danach gab es in der Amos-Straße und in ganz Kerem Avraham und in allen jüdischen Stadtvierteln Tanz und Tränen und die ersten Fahnen und Spruchbänder tauchten auf, und Autos hupten laut ... und aus allen Synagogen drang Schofarblasen, und Thorarollen wurden aus ihren Schreinen gehoben und in die Kreise der Tanzenden hinausgetragen ... Vater sagte zu mir, als wir dort, in der Nacht des 29. November 1947, ich auf seinen Schultern, zwischen den Kreisen der Jubelnden und Tanzenden dahintrieben ...: Schau dir das an, mein Junge, schau dir das sehr gut an, mein Sohn ... denn diese Nacht, Kind, wirst du bis an dein Lebensende nicht vergessen«[1].

In jener Nacht, die der bekannte israelische Schriftsteller Amos Oz beschreibt, beschloss die UN-Vollversammlung, Palästina in einen unabhängigen jüdischen und einen unabhängigen arabischen Staat zu teilen. Jerusalem sollte eine internationale Stadt werden. Nach drei Jahrzehnten blutiger Zusammenstöße war eine sanfte Geburt nicht mehr möglich – ein Kaiserschnitt musste vorgenommen, ein Neubeginn mit Schrecken in Kauf genommen werden. Die 1,2 Millionen Araber und die 600.000 Juden zwischen dem Jordan und dem Mittelmeer mussten getrennt werden.

Der UN-Teilungskommission gelang es mit großer Mühe, die Grenzen so zu ziehen, dass beide Bevölkerungsgruppen künftig die Mehrheit im eigenen Staat stellen würden[2]. »Die Grenzmarkierung sah daher auf der Karte wie zwei wütende Schlangen aus, die sich in einer tödlichen Umarmung umschlingen«, kommentierte der israelische Journalist Amos Elon das Gebilde später[3]. Die beiden auf dem Reißbrett entworfenen Staaten bestanden jeweils aus drei größeren Teilen, die über exterritoriale Straßen miteinander verbunden sein sollten.[4] Der jüdische Staat sollte die Küstenebene von Haifa bis nach Rehovot, den Osten von Galiläa und die Negev-Wüste enthalten. Der arabische Staat erstreckte sich vom mittleren Galiläa über das Westjordanland bis zur Stadt Beersheba, an der Küste im Gazastreifen und etwas nördlicher sowie in der westlichen Negev-Wüste.

Da man keine Siedlungen räumen wollte, musste die Geografie der Demografie folgen. Die massive jüdische Besiedlung war ein zweischneidiges Schwert – so wurde der Judenstaat flächenmäßig größer als der arabische Staat, demografisch gesehen jedoch fragiler. Um zerstreute jüdische Ortschaften einzubeziehen, mussten mehrere Gebiete mit einer arabischen Mehrheit dem Judenstaat angegliedert werden. Ebenso die Negev-Wüste, um dort Hunderttausende jüdischer Flüchtlinge aus Europa, Überlebende des Holocaust, anzusiedeln. Durch diese moralische Entscheidung erkannte die UNO – trotz vorgesehener Beschränkung der Einwanderung – den künftigen Judenstaat als Heimat des jüdischen Volkes an.

Die UN-Experten nahmen an, dass diese jüdische Gemeinde durch die zahlreichen jüdischen Einwanderer in absehbarer Zeit eine stabile Mehrheit schaffen würde.[5] Daher sollte der Judenstaat 56 % des Landes erhalten, der arabische 43 % und Jerusalem international verwaltet werden. Im Judenstaat sollten 500.000 Juden (55 % Mehrheit) und 400.000 Araber leben, im arabischen Teil 700.000 Araber (99 % Mehrheit) und 10.000 Juden, viele von ihnen Bewohner der nördlichen Küstenstadt Nahariya. Durch Grenzkorrekturen würde die arabische Bevölkerung des Judenstaates um 85.000 reduziert und die jüdische Mehrheit auf 61 % erhöht werden, was zumindest anfangs fast einem binationalen Staat gleichkam.

Die Araber lehnten den Teilungsplan jedoch erwartungsgemäß ab. Manche von ihnen wollten gar keinen Judenstaat akzeptieren, andere fanden die Gebietsaufteilung diskriminierend. Immerhin bildeten sie die große Mehrheit der Bewohner des Landes. Im besten Fall hätten sie den Juden Bürgerrechte in einem arabischen Staat gewährt.[6] Wenige Stunden nachdem die UNO den Teilungsplan mehrheitlich angenommen hatte, griffen Araber einen jüdischen Bus an und erschossen sechs Fahrgäste. Ein blutiger Krieg brach aus; Juden wie Araber begingen Verbrechen und ermordeten Zivilisten. Am 15. Mai 1948 endete das britische Mandat. Acht Stunden zuvor und vor dem Eintritt des Shabbat hatte David Ben Gurion, Vorsitzender der vorstaatlichen Regierung und später erster Ministerpräsident, den Staat Israel ausgerufen. Die Armeen der arabischen Nachbarländer marschierten daraufhin ein: Ägypten, Transjordanien, Syrien, Libanon und Irak. Der Bürgerkrieg wurde zum internationalen Krieg.

Über die Ziele der arabischen Armeen streiten sich die israelischen Historiker. Yoav Gelber meint, dass diese Streitkräfte nicht »die Juden ins Meer werfen wollten«[7], sondern die arabischen Teile Palästinas von den Juden befreien und die Flucht der palästinensischen Bewohner bremsen wollten. Sein Kollege Benny Morris ist der Auffassung, das Ziel der Invasion sei gewesen, die Zionisten zu besiegen. Aber die arabischen Generäle wussten, dass dies nicht realisierbar sei. Daher plante die ägyptische Armee, in das Gebiet bis zum arabischen Dorf Isdud (heute Aschdod), nördlich des Gazastreifens, einzumarschieren. »Aber hätten israelische Streitkräfte sie nicht gestoppt, wären sie bis nach Tel Aviv marschiert.« Die jordanische Armee beschränkte sich auf die Eroberung des Westjordanlandes sowie Lods und Ramles. Das Hauptziel der Ägypter und Jordanier war indes nicht die Gründung eines Palästinenserstaates, sondern die Aufteilung des Landes Israel unter sich.[8]

Wegen des Krieges, der unmittelbar nach der UN-Deklaration ausbrach, verließen 700.000 Palästinenser ihre Häuser – viele von ihnen wurden vertrieben.[9] 350 Dörfer und Nachbarschaften wurden zerstört. Auch wenn nur ein Teil der Araber Palästinas vertrieben wurde, so flohen die anderen aus Angst oder weil sie dem Aufruf ihrer Führung folgten. Israel ließ sie nicht mehr zurückkehren. 80 % der Araber Palästinas wurden dadurch zu Flüchtlingen. Ihr Land wurde dem Staat Israel übertragen und diente teilweise zur jüdischen Besiedlung. Bei Kriegsende 1949 kontrollierte Israel 78 % des Gebiets zwischen dem Jordan und dem Mittelmeer mit 650.000 jüdischen Bewohnern. Die 165.000 Araber lebten unter dem Militärregime. Seit Jahren gedenken die Palästinenser am 15. Mai dieser traumatischen Ereignisse – der Gründung Israels, der Teilung Palästinas, dem verlorenen Krieg sowie der Flucht und Vertreibung.

Im Krieg von 1967 – dem »Sechs-Tage-Krieg«, in dem Israel gegen Ägypten, Jordanien und Syrien kämpfte – flohen weitere 250.000 Palästinenser oder wurden vertrieben; sieben ihrer Dörfer wurden zerstört.[10] Seitdem wuchs die Zahl der von der UNWRA, dem Hilfswerk der Vereinten Nationen für die palästinensischen Flüchtlinge, betreuten Flüchtlinge auf 4,4 Millionen.[11] Rund 1,3 Millionen leben in 58 anerkannten Flüchtlingslagern in Jordanien, Libanon, Syrien, im Westjordanland und Gaza. Heute sind 250.000 palästinensische Flüchtlinge israelische Staatsbürger.[12] Manche dieser »inneren Entwurzelten« leben nur wenige Kilometer von den Dörfern ihrer Familien entfernt, die die meisten von ihnen nur vom Hörensagen kennen. Dennoch erinnern sie seit Anfang der 1990er-Jahre zunehmend an diese zerstörten Dörfer. Und an Israels Unabhängigkeitstag pilgern Tausende arabische Israelis mit palästinensischen Fahnen in die ehemaligen Orte. Für die meisten jüdischen Israelis ist dies ein gefährliches Tabu. Aber in den letzten Jahren nehmen sogar einige wenige von ihnen an diesen Märschen teil. Sie wollen kein Gras über die Ruinen der Dörfer wachsen lassen.

1.1 Eine unbequeme Erinnerung

Eines Tages im Winter 2001 schlossen sich Eytan Bronstein und sein neunjähriger Sohn Gal einem Familienausflug des israelischen Naturschutzvereins zum »Park Kanada« an. Dieses großräumige Erholungsgebiet auf halber Strecke zwischen Tel Aviv und Jerusalem wurde durch Spenden kanadischer Juden finanziert. Der Pädagoge Bronstein kennt die Gegend gut, weil er im benachbarten jüdisch-arabischen Dorf Neve Shalom die Jugendabteilung der Friedensschule geleitet hat. Ihn interessierte die Politisierung der Natur, das Thema seiner Doktorarbeit. Und Gal könnte anlässlich des jüdischen Chanukka-Festes im wunderschönen Ayalon-Tal viel über den Aufstand der Hasmonäer, der jüdischen Freiheitskämpfer gegen die Seleukiden vor 2200 Jahren, erfahren. Dieser Aufstand, an den die Juden zu Chanukka erinnern, fand in dieser Region statt.

Der Spaziergang beginnt mit einem Ausblick auf die Gegend. Die etwa 20-jährige Gruppenleiterin erklärt, dass der Aussichtspunkt Yalou heißt, sagt aber nichts zu dem ungewöhnlichen Namen. Als sie auf einige Orte in der Landschaft zeigt, verschweigt sie nicht nur das 1967 zerstörte arabische Dorf Yalou, sondern auch die noch existierenden arabischen Dörfer im Tal. Es fragt aber auch niemand danach. Als ein Teilnehmer sich leise erkundigt, warum der Park »Kanada« heißt, flüstert sie: »Nachdem die kanadisch-jüdischen Spender erfuhren, dass der Park auch im Westjordanland angelegt wurde, reagierten sie wütend. Daher wurde dieser Teil der Grünanlage in ›Hasmonäer‹ umbenannt«. Die Gruppe klettert zum Chirbat Akad, wo einmal die Schlacht um das arabische Dorf Emmaus stattfand. Man sitzt auf den Ruinen eines Hauses im Schatten eines riesigen Johannisbrotbaums und lauscht der Geschichte des Sieges der wenigen jüdischen Rebellen. Niemand fragt nach den zerstörten Häusern. Auch in der Beschilderung findet man keinen Hinweis auf das arabische Dorf Emmaus, das hier bis zum Krieg von 1967 stand. Überall sieht man Kaktusfeigen, die einmal die Grenzen der Grundstücke im Dorf markierten. Erst als einer die Gruppenleiterin gezielt fragt, erzählt sie widerwillig von den palästinensischen Dörfern.

»Der Park war sehr gepflegt und die Beschilderung der jüdischen, hellenistischen und byzantinischen Vergangenheit interessant«, erinnert sich Bronstein. »Auch die Spender wurden namentlich geehrt. Nur die palästinensische Vergangenheit des Ortes fehlte.« Sofort beschloss Bronstein, entsprechende Informationstafeln aufzustellen.

Eytan Bronstein wurde in Argentinien geboren und kam 1965 als Fünfjähriger mit seinen Eltern nach Israel. »Sie hatten gehört, dass der Kibbuz ein Paradies auf Erden sei«, und so wuchs er im von lateinamerikanischen Juden gegründeten Kibbuz Bachan unweit des Westjordanlandes auf. »Mein Lieblingsort als Kind war die Kreuzritter-Festung Kakun, drei Kilometer vom Kibbuz entfernt.[13] Ganz oben auf dem Hügel stand ein wunderschönes Gebäude, umgeben von Büschen, Obstbäumen und Kakteen. Wir fuhren dorthin mit dem Fahrrad oder Traktoren, pflückten Kaktusfrüchte, nahmen Falkenküken und züchteten sie zu Hause. Ich habe wunderbare Erinnerungen von dort«. Auf Hebräisch heißen Kaktusfrüchte übrigens »Sabres«, wie gleichzeitig auch gebürtige Israelis bezeichnet werden: als stachelig von außen, aber süß von innen.

Im Oktober 2000 entdeckte Bronstein, damals ein linksgerichteter Aktivist, seine Kindheit neu. Die Erschießung von zwölf arabischen Israelis durch Polizisten zu Beginn der Zweiten Intifada – dem gewaltsamen Konflikt zwischen Palästinensern und Israelis – erschütterte ihn. Bis dahin hatte der Zionist gegen die israelische Besatzung gekämpft und war als Kriegsdienstverweigerer sogar inhaftiert worden. »Plötzlich begriff ich, dass der Staat nicht nur die Palästinenser, sondern auch die arabischen Israeli, die bis dahin ›nur‹ benachteiligt wurden, als Feinde betrachtet. Das war ein großer Bruch für mich«.

Der enttäuschte Zionist machte sich auf die Suche nach einem neuen Weg für ein friedliches Zusammenleben. Im Internet erlebte er ein Déjà-vu: »Auf einer palästinensischen Landkarte entdeckte ich auf einmal den Namen Kakun. Wie kam dieser Name hierher? Ich fühlte mich persönlich beraubt. Dann entdeckte ich zu meinem Erstaunen, dass in Kakun bis 1948 ein palästinensisches Dorf mit 2000 Bewohnern existiert hatte. Das Gebäude auf dem Hügel meiner Kindheit war eine Moschee«.

Israel müsse die Verantwortung für die palästinensische Katastrophe des Exils übernehmen. Als Erstes will Bronstein seine Landsleute auf die palästinensischen Dörfer aufmerksam machen, die vor den Kriegen von 1948 und 1967 existierten. Eine israelisch-palästinensische Versöhnung werde erst dann möglich sein, wenn die Israelis die Verantwortung für ihren Anteil an dem Flüchtlingsproblem erkennen. Und schließlich, so fordert Bronstein, solle Israel auch das Rückkehrrecht gewähren.

Um diese, für die meisten Israelis utopischen und gefährlichen Ziele zu verwirklichen, gründete er 2002 den Verein »Zochrot«, hebräisch für »Erinnern«.[14] Das Logo in Form eines Schlüssellochs ist eine Anspielung auf die Schlüssel, die die Palästinenser im Exil an ihre alte Heimat erinnert. Da viele an eine baldige Rückkehr glaubten, nahmen sie die Schlüssel mit.

Die Erinnerungsarbeiter organisieren Führungen und Festivals, Begegnungen mit Lehrern, Studenten und Schülern. Sie schreiben an den Präsidenten der Tel Aviver Universität, damit er im Uni-Club an das Dorf Sheikh Munes erinnert, auf dessen Ruinen die Hochschule errichtet wurde. Jedes Jahr anlässlich des israelischen Unabhängigkeitstags veranstalten sie eine »Rückkehrparade« zu einem der Dörfer, die früher von arabischen Palästinensern bewohnt waren. Mit dem Glanzmagazin *Sedek*, Hebräisch für »Spalte«, versuchen sie den Spalt in den abgedichteten Mauern des Bewusstseins zu erweitern, um ein besseres Leben im Nahen Osten zu ermöglichen.

Mit Feingefühl und viel Hartnäckigkeit führte Bronstein einen zweijährigen Briefwechsel mit der *Keren Kayemeth Lelsrael* (KKL), einer zionistischen, staatlich subventionierten Organisation für

Landverwaltung, die den Park betreibt. Auch mit der israelischen Zivilverwaltung im Westjordanland, *Minhal Ezrachi*, korrespondierte er lange. KKL lehnte eine zusätzliche Informationstafel ab, unter anderem, weil »zu viele Hinweisschilder die Ästhetik des Parks beeinträchtigen könnten«.

Auch ohne Schilder versammelten sich 2003 anlässlich des 36. Jahrestags der Zerstörung der Dörfer 150 Israelis und Palästinenser, um sich gemeinsam zu erinnern. Nach einer Dia-Show mit Fotos der Dörfer vor und nach der Zerstörung machten sich die Menschen zu den Ruinen auf. »Wir standen unter Weinreben und Granatapfel-, Mandel- und Feigenbäumen, und auf einer improvisierten Bühne um den Brunnen im Sonnenuntergang erzählten zwei Flüchtlinge, die bis heute noch im benachbarten Latroun-Kloster arbeiten. Zum Schluss stellten sie gelbe Schilder auf, die in grüner Schrift auf Hebräisch, Arabisch und Englisch die Namen der Dörfer sowie verschiedene Orte in den Dörfern markierten. Zwei Tage später wurden sie von der KKL entfernt, sie seien »politisch«.

Da »Zochrot« die Ansicht vertrat, dass die Zivilverwaltung aus durchsichtigen politischen Gründen die arabische Geschichte verwischte, zog der Verein vor Gericht. »Der Park dient nicht nur fürs Grillen, sondern auch zum Geschichtelernen«, betonte Bronstein. »Die Vergangenheit eines Menschen ist zentral für seine Identität, und die Geschichte einer Gruppe ist ihre kollektive Identität. Die Löschung der Vergangenheit eines Volkes tilgt auch seine Gegenwart und beeinträchtigt seine Zukunft. Kein Volk weiß das besser als das jüdische, das eifernd seine historischen Wurzeln bis zur Rückkehr ins Land seiner Vorfahren pflegte.« Erst nach der einstweiligen Verfügung beim Obersten Gericht lenkte die Zivilverwaltung ein. Im April 2006 wurden zwei Hinweistafeln aufgestellt. Darin stellte die israelische Behörde nüchtern fest:

»Das Dorf Dir Ayub, das den Weg von Jerusalem kontrolliert hatte, existierte im Parkbereich bis zum Unabhängigkeitskrieg. Die Dörfer Emmaus und Yalou existierten im Parkbereich bis 1967. In

Emmaus lebten 2.000 Menschen, die seitdem in Jordanien und Ramallah leben. Neben den Dorfruinen ist der Friedhof erhalten. Im Dorf Yalou lebten 1.700 Menschen, die seitdem in Jordanien und Ramallah leben«.

Aus Bronsteins Text wurde der Satz gestrichen: »Das Dorf wurde im Krieg von 1967 zerstört, als die israelische Armee die Kontrolle über das Gebiet übernahm.« Auch seine Bezeichnung der jetzigen Dorfbewohner als Flüchtlinge ließ man nicht zu. Er äußerte die Hoffnung, dass die Beschilderung in der israelischen multikulturellen Demokratie jetzt landesweit durchgeführt wird. Da wäre allerdings reichlich zu tun: Zochrot-Aktivistin Noga Kadman fand im Rahmen einer Forschungsarbeit 86 palästinensische Dörfer in den Wäldern der KKL.[15] In nur 15 % der Fälle werden die Orte auf den Schildern mit ihrem arabischen Namen erwähnt. Nur in einzelnen Fällen erfährt man, dass ihre früheren Bewohner Araber waren.

Die beiden Schilder hielten jedoch nicht lange den Protesten stand. Nach nur drei Wochen wurde eines herausgerissen, und wenige Wochen später wurden die Passagen der palästinensischen Geschichte schwarz übermalt. Die Behörde beeilt sich nicht, neue Tafeln zu platzieren. Im Juni 2007 kehrten die Erinnerungsaktivisten und die Nachfahren der Dorfbewohner in den Kanada-Park zurück. Die offiziellen Schilder waren noch immer nicht da, daher brachten die Besucher ihre eigenen mit. Die Palästinenser äußerten den Wunsch, bald zurückkehren und friedlich mit ihren jüdischen Nachbarn leben zu können.

Jeder Hinweis auf das Eigentum palästinensischer Flüchtlinge erweckt bei Israelis große Ängste, jene könnten zurückkehren und dadurch den jüdischen Staat vernichten. So scheiterte der Versuch eines Reporters, offizielle Informationen über ehemalige Moscheen zu erhalten.[16]

Die palästinensischen Straßenschilder beunruhigten zuletzt auch den Stadtrat in Haifa.[17] Ratsmitglied Jafa Peretz von der Nationalreligiösen Partei (NRP) drängte Bürgermeister Jona Jahaw, sofort dagegen vorzugehen. In Jerusalem intervenierte ein NRP-Stadtrat, um eine »provokative« Informationsveranstaltung von »Zochrot« am Unabhängigkeitstag vor dem Eingang des Stadttheaters zu unterbinden. Die Polizei schritt ein und verhinderte, dass Flugblätter verteilt werden.

1.2 Das letzte Tabu – die Flüchtlinge

Kanada-Park am 58. Unabhängigkeitstag Israels. Zahlreiche Familien feiern den Geburtstag ihres Staates auf israelische Art – mit einem *Mangal*. Dass das hebräische Wort für die populäre Freizeitaktivität des Grillens aus dem Arabischen stammt, stört die jüdischen Gäste ebenso wenig wie die arabischen Familien, die auch gern grillen. Der hebräische Beitrag dazu ist der *Nafnaf*, der kleine leichte Plastikschläger, mit dem man die glühenden Kohlen anheizt. Manche Modelle werden von der Nationalfahne geziert.

Die Etymologie im Heiligen Land birgt manchmal politischen Sprengstoff, so zum Beispiel das arabische Wort *Nakba*, mit dem die Palästinenser die Katastrophe von 1948 bezeichnen: die Flucht und Vertreibung von 700.000 Palästinensern. Manche erweitern den Begriff auch auf die Gründung des Staates Israel an jenem Tag. Mit dem Wort *Nachsa*[18] wiederum bezeichnen die Palästinenser die Katastrophe von 1967: die Niederlage im Sechs-Tage-Krieg, die Flucht und Vertreibung von 250.000 Palästinensern. Auch die 3.700 Bewohner der Dörfer Emmaus und Yalou, auf deren Ruinen der Kanada-Park angelegt wurde, mussten damals weg.

Die jungen israelischen Filmemacher Yossi Atia und Itamar Roz wollten die feiernden Israelis mit der Existenz der palästinensischen Flüchtlinge konfrontieren. In ihrem dokumentarischen Kurzfilm »Unabhängigkeitstag« berühren sie die tiefsten Ängste vieler jüdischer Israelis, die Flüchtlinge könnten einmal zurückkehren: Die zwei jungen Männer, mit weißen, orientalischen Gewändern als Palästinenser verkleidet, wirken auf die lustige Gruppe im Kanada-Park wie Geister aus einer traumatischen Vergangenheit. Mit ernster Miene erzählen sie kurz über die beiden Dörfer, aus denen ihre Familien stammen und bitten die jüdischen Israelis höflich, zusammen mit ihnen eine Minute still zu stehen – »zum Gedenken an unser Dorf«. Fünf Frauen schauen sie erstaunt an, eine sagt schließlich »okay«. Atia holt eine kleine Flöte und spielt eine orientalische Melodie. Die Frauen sind unsicher: Ist das eine Parodie?

Die nächste Gruppe ist weniger kooperativ. »Dieser Staat ist unser, und hier waren keine Araber zuvor«, sagt der Mann. Seine Frau macht aber mit, Atia spielt wieder auf der Flöte. Auch die dritte Familie ist gespalten. Diesmal will die junge Frau nicht aufstehen: »Erinnere dich selbst, ich muss mich nicht erinnern«, sagt sie. Atia weist höflich darauf hin, dass die Juden damals »nicht so nette Dinge getan haben«. Die blonde Frau mit der großen Sonnenbrille schießt gleich zurück: »Wenn wir anfangen, an allen Orten zu gedenken, aus denen die Araber hinausgedrängt wurden«, sagt sie, »dann werden wir den ganzen Tag still stehen«.

Eine Gruppe von Männern reagiert geradezu feindselig. Darum bittet Atia nur um »eine halbe Minute«. Einer findet die Bitte absurd, ein anderer schimpft auf die Araber. Der Filmemacher schlägt einen Kompromiss vor: »Wir werden auf unsere Wünsche verzichten, hierher zurückzukehren, wenn ihr uns eine halbe Minute gebt.« Das wirkt. »Wenn sich alle arabischen Flüchtlinge bereit erklären, nicht zurückzukehren, würde ich sogar zwei Stunden aufrecht stehen!«, verkündet einer. Vier Männer und zwei Frauen stehen auf, Atia flötet. Cut.

Roz und Atia haben kein einziges Gespräch inszeniert und waren von manchen Reaktionen selbst positiv beeindruckt. »Zum einen standen manche auf, zum anderen hörten sie uns zu und behandelten uns mit Respekt«, sagt Atia. »Insgesamt war es eine erfreuliche Erfahrung mit Israelis.«

»Die Flüchtlingsfrage ist das letzte Tabu in einem israelisch-palästinensischen Abkommen«, sagt die Friedensforscherin Tamar Hermann. »So wie einen Inzest, verschweigt man es vollkommen.« Die Professorin an der Open University in Tel Aviv erstellt zusammen mit Ephraim Yuchtman-Yaar seit Juni 1994 den »Friedensindex«. In dieser monatlichen Umfrage werden jüdische und arabische Israelis über ihre Friedensperspektiven und nach ihrer Ansicht über die arabischen Staaten gefragt. »Wir fragen nach der Zustimmung für das Rückkehrrecht nur selten, weil dieses Thema nicht Teil des öffentlichen Diskurses ist. Nur kurz nach der Präsentation der Genfer Initiative[19] sprach man in Israel über die Gefahr, die 100.000 Rückkehrer darstellten. Hätten die Forscher mehr Fragen über das Rückkehrrecht gestellt, würden die Interviewpartner einfach den Hörer auflegen.«

Der palästinensische Traum der Rückkehr ist der israelische Albtraum. Als eine pragmatische Lösung dieses emotional geladenen Konfliktthemas trennen manche israelischen Politiker zwischen der prinzipiellen Anerkennung des Rückkehrrechts und der tatsächlichen Rückkehr. Das Volk folgt dieser pragmatischen Denkweise nicht. Zwei Drittel der jüdischen Israelis waren im August 2003 dagegen, dass Israel das Rückkehrrecht anerkennt, aber die Rückkehr an sich ablehnt.[20] Nur jeder Vierte war dafür. Andererseits sagen die meisten jüdischen Israelis (59 %), dass Israel ein Interesse an der Lösung des Flüchtlingsproblems haben müsse. 62,5 % der Befragten sagen, Israel solle die Flüchtlinge entschädigen und außerhalb Israels ansiedeln; nur 18,5 % wollen eine begrenzte Rückkehr im Rahmen von Familienzusammenführungen zulassen – die meisten von ihnen sprachen von einigen Tausenden. Lediglich 2 % der jüdischen (aber 80 % der arabischen) Israelis unterstützen eine unbegrenzte Rückkehr der Flüchtlinge. Auch im Fall eines Friedensabkommens lehnen 87 % der Israelis diese Lösung ab, nur 6 % würden bis zu 100.000 Flüchtlinge akzeptieren.[21]

Das Flüchtlingsgespenst erregt zwei große Ängste: eine demografische und eine sicherheitsbedingte. Die jüdische Mehrheit wäre dahin, der zionistische Traum ebenso. In einem binationalen Staat würden 80 % der jüdischen Israelis um ihre Sicherheit fürchten, zwei Drittel um die Verwirklichung ihrer national-jüdischen Identität. Vor die Wahl gestellt zwischen zwei unabhängigen Staaten oder einem gemeinsamen Staat, sind jüdische und arabische Israelis gleicher Ansicht: 78 % wollen zwei Staaten, 6 % einen.

Wie sehr das Flüchtlingsthema die Gemüter bewegt, erfuhr Tamar Hermann, als sie im Dezember 2003 das erste Symposium zum Thema »Die palästinensischen Flüchtlinge und das Rückkehrrecht« mitorganisierte. Israelische und palästinensische Experten referierten über die historischen Hintergründe, die juristischen und politischen Aspekte sowie die möglichen Lösungen. »Das war das einzige Mal in meinem Leben, dass ich Hassmails erhielt«, sagt Hermann.

So groß die Ängste in Israel sind, so gering sind die Kenntnisse über die Flüchtlinge. Nur wenige Israelis wissen, dass sich über 40.000 Palästinenser im Rahmen von Familienzusammenführungen oder illegal in Israel niederließen. Selbst israelische Experten verdrängen das Flüchtlingsthema und sind immer wieder erstaunt, dass auch säkulare Palästinenser wie Mahmoud Abbas, Präsident der Palästinensischen Autonomiebehörde, eine Rückkehr fordern. Abbas ist aber selbst ein Flüchtling, geboren 1935 in Safed, Galiläa. 1948 floh er mit seinen Eltern nach Damaskus. Nach der Unterzeichnung des ersten Oslo-Abkommens beschloss er 1994, das Haus seiner Kindheit zu besuchen.[22] Der Stadtrat entschied jedoch einstimmig, dass er unwillkommen sei, weil er an einem Terrorakt in der Gegend beteiligt gewesen sein soll. Abbas folgte der Empfehlung des Polizeichefs und kehrte um. So verpasste er die 200 Demonstranten, darunter Überlebende des Anschlags. Einige Wochen später fuhr er gemeinsam mit einem israelisch-arabischen Parlamentarier dorthin. Sie parkten den Mercedes, standen ein wenig neben dem Haus, schweigend, zeigten auf die alte Zypresse, stiegen ins Auto und fuhren in ein teures Restaurant.

Eine interessante Begegnung zwischen denjenigen, die einen Staat haben, und denjenigen, die einen Traum pflegen, organisierte der israelische Filmemacher Ra'anan Alexandrowicz anno 2000. Er begleitete mit der Kamera eine Gruppe von Palästinensern aus dem Westjordanland, Flüchtlinge und deren Nachkommen, die zum ersten Mal Israel besuchten. Auf der dreitägigen Reise blieb der Regisseur im Hintergrund, stellte keine Fragen und überließ den Palästinensern die Bühne. Sie redeten nicht direkt in die Kamera, sondern miteinander über ihre Gefühle und Gedanken auf diesem ungewöhnlichen Rundgang. Die Reaktionen der Israelis, sowohl im Film »The Inner Tour« (deutsch: »Die innere Reise«) als auch als Zuschauer, zeigen, wie sehr die Geschichte von 1948 noch gegenwärtig ist:

Als die Palästinenser an einem israelischen Strand ankommen, blickt der Älteste, Abu Mohammed Yihya, lange ins Wasser. Ein Israeli erkundigt sich: »Was ist hier los?« Eine Stimme antwortet: »Das ist eine Reisegruppe aus Nablus und Hebron«. »Nablus und Hebron? Um das Gebiet zu inspizieren, damit wir es ihnen zurückgeben?« Im Geschichtsmuseum des Kibbuz Hanita wird der israelische Gruppenleiter mit ungewöhnlichen Fragen konfrontiert. Als er erzählt, wie »arabische Banden« die Kibbuz-Begründer 1938 angriffen, fragt ein Reisender: »Wurden keine Araber ermordet?« Der Israeli ist verblüfft: »Araber? Ich weiß nicht, wie viele. Wir kennen die arabische Seite nicht.« Als er erzählt, dass der Kibbuz auf erworbenem Land entstand, fragt eine Palästinenserin spitz: »Haben alle ihr Land verkauft?« In einer anderen Szene fährt ein Palästinenser mit dem Taxi, um den Ort zu sehen, an dem Yitzhak Rabin erschossen wurde. Er hatte ihn einmal als Häftling getroffen und zeigt viel Respekt für ihn.

Die Palästinenser auf der Leinwand schauen mit Neid auf die Israelis. Sie sind zugleich emotional überwältigt – von den blühenden Landschaften und den modernen Metropolen. Sie sind fremd in Israel, aber sie entdecken ihre Wurzeln in diesem Land. In Tel Aviv flüstert einer: »Schöne Häuser, gute Autos, die Menschen sagen ›Guten Morgen‹, ›Shalom‹. Aber alles hat seine Zeit.« Die israelische Realität ist für ihn vergänglich. »Wir müssen die Träume der Palästinenser nicht bekämpfen, sondern damit leben«, sagt Alexandrowicz.[23] »Es ist gesund für die Israelis, für einen Moment die andere Seite zu erleben, den Versuch zu unternehmen, sie in unser Leben zu integrieren und zu sehen, ob wir bei uns etwas ändern müssen.«

1.3 Die Kameradschaft der Espressotrinker

»Schon ein Jahr ist vorbei, und wenige von uns sind am Leben geblieben, wie viele sind nicht mehr unter uns. Und wir werden an sie alle denken, an die mit dem schönen Schopf und dem guten Aussehen. Denn so eine Kameradschaft wird unser Herz niemals vergessen lassen. Die in Blut geweihte Liebe wird wieder unter uns blühen«.

Diese Zeilen entstammen dem israelischen Lied »Hareut« (hebräisch: die Kameradschaft), das längst zu einem Volkslied avanciert ist. Es formte die Erinnerung sowohl an den Unabhängigkeitskrieg von 1948 und an den ermordeten Ministerpräsidenten Yitzhak Rabin. Sein Texter – der Dichter, Schriftsteller und Nationalpreisträger Haim Gouri, Jahrgang 1923 – hat die israelische Geschichte miterlebt und auch mitgeprägt.[24] In Tel Aviv geboren, gehörte er der ersten zionistischen Jugendbewegung an, studierte an der berühmten Landwirtschaftsschule Kadouri und war Mitbegründer der Palmach, der zionistischen Bürgerwehr unter dem britischen Mandat. Nach dem Zweiten Weltkrieg half er zwei Jahre lang in Europa vielen Holocaust-Überlebenden, durch Umgehung der britischen Blockade nach Palästina zu gelangen. Im Unabhängigkeitskrieg kämpfte er als Vize-Kompaniechef gegen die ägyptische Armee. Das Lied »Hareut« (»Rea« heißt auf Hebräisch »Freund«) schrieb er Ende 1948.

»Vom Kriegsbeginn Ende 1947 bis zum Frühling 1948 herrschte bei uns ein Gefühl der Ohnmacht«, erzählt er. »Die Karawanen wurden zerschlagen, die Zugangsstraßen waren blockiert, Jerusalem und die Negev-Wüste belagert. Es war eine schreckliche

Zeit. Als ich dieses Lied geschrieben habe, waren die Ägypter und die Jordanier schon geschlagen, und die existenzielle Bedrohung war vorbei. In der Zeit des Schreckens kann man kein Lied schreiben, das ist erst möglich, nachdem man ihn überwunden hat.« Das Klagelied widmete Gouri den 300 Gefallenen seiner Brigade. »Denn sie waren alle schön, wie junge Menschen eben sind. Nur diejenigen, die am Leben geblieben sind, wurden dick und kahl, so wie ich.«

Bereits mit seinem ersten Gedichtband wurde Gouri sehr populär. »Dieses Lied hat viele Menschen angesprochen, weil sie wie auch ich viele Freunde im Kampf verloren haben. Damals kämpften wir für eine Sache, an die wir absolut glaubten. Wir kämpften um unsere Existenz, wir wurden angegriffen, man wollte uns vernichten. Wir hatten keine andere Wahl, und unser Ziel war gerecht: ein Staat für das verfolgte jüdische Volk.« Solange Israel sich im Kriegszustand befinde und jede Generation junge Soldaten sterben sehe, sei es kein Wunder, dass Israelis an seinem Lied festhielten: »Wir Israelis und die Juden insgesamt pflegen die Kultur der Wenigen und des kleinen, verfolgten Volkes. Das begann mit den Pogromen in Europa und wurde hier im Lande fortgesetzt.«

Der Yom-Kippur-Krieg von 1973 markiert einen Einschnitt. »Manche Israelis begannen nun zu zweifeln, ob unsere Sache noch gerecht ist«, sagt Gouri. »Bis dahin sahen wir uns als Belagerte und Gerechte, erst danach entstand bei uns auch das Selbstbild von Besatzern und Unterdrückern.« So wurde »Hareut« 1992 im Film »Das Leben nach Agfa« von Assi Dayan, dem Sohn des zionistischen Helden Moshe Dayan, ausgeschlachtet. In der Abschlussszene singen die betrunkenen Soldaten eine rassistische Version des Liedes, indem sie sich stolz an von ihnen ermordete Araber erinnern, eröffnen das Feuer und ermorden alle Kneipengäste.

1995 fand »Hareut« endgültig Eingang ins kollektive israelische Gedächtnis – mit der Ermordung Yitzhak Rabins. Gouri war mit Rabin seit der frühen Kindheit befreundet gewesen. Der zwei Jahre ältere Rabin half ihm immer vor Prüfungen. Gemeinsam besuchten sie drei Schulen, später, 1948, kämpften sie Seite an Seite. »Hareut« war Rabins Lieblingslied – noch eine Woche vor dem Attentat bat er in einer Fernsehsendung, in der er zu Gast war, es zu spielen. Seitdem ist es mit der Person Rabins fest verbunden. In vielen Schulen wird das Lied daher nicht nur am Gedenktag der gefallenen Soldaten, sondern auch am Rabin-Gedenktag gesungen. 1998 wurde in der Stadt Karmiel in Galiläa, im Rabin-Höhe-Stadtteil, eine Grundschule eröffnet, die den Namen *Hareut* trägt. Der Refrain wurde als Relief auf einer ganzen Wand verewigt; allerdings wurde das Wort Kameradschaft durch »Solidarität und Freundschaft« ersetzt, denn unter den 500 Schülern sind auch Moslems, Drusen, christliche Einwanderer aus der ehemaligen Sowjetunion und libanesische Exilanten.

Die nostalgischen Lieder der alten Kämpfer prägen die israelische Kultur bis heute. Seit 20 Jahren versammeln sich Israelis vor allem am jährlichen Gedenktag der gefallenen Soldaten für »einen Abend der Kämpferlieder«. Gemeinsam singen sie von gefallenen Soldaten, dem Aufbau des Landes und der Sehnsucht nach Frieden. Die Erinnerungen an diese Zeiten einigen die sonst politisch und religiös gespaltene jüdisch-israelische Gesellschaft. Die Rechten und die Linken, die Säkularen und die Nationalreligiösen, die sich sonst nichts zu sagen haben, singen dann gemeinsam. Solche Songs über zionistische Idealisten, die ihr Land trotz des harten Alltags preisen und für den Frieden kämpfen, hört man im Radio stets nach einem Terroranschlag. Wie populär diese Lieder in der gesamten Bevölkerung sind, bewies die feierliche Hitparade anlässlich des 50. Jubiläums der Staatsgründung 1998. Der öffentlich-rechtliche Radiomusiksender Reshet Gimel wollte die hundert populärsten hebräischen Songs der vergangenen 50 Jahre ausstrahlen. Mit einer Anzeige in der größten Tageszeitung, Jedioth Acharonot, bat man die Leser, unter 602 hebräischen Liedern der Hitparaden zwischen 1948 und 1998 ihre zehn beliebtesten zu wählen. Nicht weniger als 13.000 Israelis nahmen an der Abstimmung teil. Auf den zweiten Platz kam »Hareut« in der Fassung des Nachal-Militärensembles, auf den ers-

27

ten Platz »Jerushalaim shel Zahav« (Das Goldene Jerusalem) über die geteilte und 1967 wieder vereinte Hauptstadt.

»Welche Lieder hören die Israelis der Abstimmung nach am liebsten?«, fragten die Forscherinnen Amia Lieblich und Naama Levitzki. Elf der hundert populärsten Songs handeln von den Folgen der gewalttätigen Realität in der Region, in der sich Krieg und Frieden vermischen. Zehn Songs, darunter »Hareut«, beschäftigen sich mit dem Tod junger Soldaten und der Erinnerung an sie. Sieben weitere Lieder drehen sich um den ermordeten Premier Rabin und die Liebe im Krieg. Insgesamt handeln 28 der hundert Schlager in irgendeiner Weise von Krieg und Gewalt, mehr als in jeder anderen westlichen Demokratie. Dass die Sehnsucht nach oder das Lob des Friedens kaum eine Rolle spielen, scheint daran zu liegen, dass der Frieden für die Israelis ein sehr abstrakter Begriff ist und der Glaube an ihn sich als trügerisch erwies. Die Israelis, auch die Zionisten, sind große »Zynisten« geworden. Eher als an den Frieden glauben sie daran, dass der Kampf noch ein oder zwei Generationen andauert.

»Obwohl so viele israelische Songs sich mit dem Krieg auseinander setzen, können lediglich zwei als militaristisch bezeichnet werden«, sagt der Experte für israelische Lieder, Eliyahu Hacohen. Fast 150.000 israelische Lieder kennt er auswendig. »Hareut« gehört nicht in diese Kategorie, »Shualei Shimshon« (Samsons Füchse) aber schon. Die Hymne des gleichnamigen Regiments, das 1948 im Süden kämpfte, ist den mutigen Soldaten gewidmet, deren Maschinengewehre »Samsons altes Feuer« spucken: »Hört gut zu, ihr Ägypter, dem Maschinengewehr, der Handgranate, dem Todeslied für die Invasorenarmee.« Geschrieben hat diese Zeilen Uri Avnery – damals war er ein junger Soldat, heute ist er ein renommierter Friedensaktivist.

60 Jahre nach dem Kampf um die Staatsgründung vermisst Gouri seine gefallenen Freunde, aber auch die benachbarten Araber. »Ich weine über ihre zerstörten Dörfer, aber vergessen wir nicht: In den von den Arabern eroberten Gebieten ist kein einziger

Jude geblieben. Wir hatten ein Modell eines Zusammenlebens in diesem Lande, aber es scheiterte an der Realität. Die Linken hatten doch Recht, dass wir über ein anderes Volk nicht herrschen können. Aber auch die Rechten hatten Recht in ihrem Pessimismus über die Bereitschaft der Araber, uns zu akzeptieren. Sie sind doch geduldig: Wir sind Espressotrinker in einer Region von Wasserpfeifenrauchern«. Der alte Kämpfer und nationale Dichter Israels träumt weiter von dem Tag des Friedens – einer »Trennung mit Kooperation und ohne Mauer«.

1.4 »Die existenziell notwendige Vertreibung der Araber aus Palästina«

Als Benny Morris 1948 geboren wurde, tobte der Unabhängigkeitskrieg. Der bedeutendste israelische Forscher in Sachen palästinensische Flüchtlinge begegnete diesen Heimatlosen zum ersten Mal im Krieg – aber viele Jahre später. Nach dem israelischen Einmarsch in den Libanon im Juni 1982 traf der damalige Reporter im Libanon Menschen, deren Schicksal aus der kollektiven israelischen Erinnerung getilgt werden sollte. Aus diesem schicksalhaften Treffen entstand ein Buch, das die zionistische Büchse der Pandora öffnete und den Israelis eine unbequeme Wahrheit vor Augen führte: Sie selbst waren an der Entstehung des palästinensischen Flüchtlingsproblems beteiligt gewesen.

Als der Erste Libanonkrieg ausbrach, wurde Morris als Korrespondent der *Jerusalem Post* in mehrere libanesische Städte geschickt, die von Israel erobert wurden. Im Juli kehrte er als Soldat zurück und beteiligte sich an der Belagerung Beiruts. Hier traf er Palästinenser, die dem Historiker von ihren Dörfern in Galiläa erzählten, die sie 1948 verlassen mussten. So berichtet Morris über die Begegnung mit Atta Mahmoud Azzam und seiner Familie im Flüchtlingslager Rashidiye außerhalb der südlibanesischen Stadt Tyros: »Wir trafen ihn und ein Dutzend Mitglieder aus seiner Familie in einem mit Schutt bestreuten Innenhof, der auf einen verstaubten Feldweg hinausführte, der seinerseits als Hauptstraße in Rashidiye dient. Es ist merkwürdig und beunruhigend, keinerlei Wut bei Azzam festzustellen, der 1948 als 14-Jähriger aus dem Dorf Alma bei Sefad geflohen war. Er erzählt mit einem Lächeln, wie er und seine Familie am 29. Oktober 1948 Alma verließen. Zuvor hatten sie die Aufrufe der arabischen Führer gehört, das Schlachtfeld zu räumen, damit die siegreichen arabischen Armeen die Juden ausrotten könnten. Danach sollten sie zu ihren Häusern zurückkehren dürfen. Azzams 75-jähriger Vater Ahmad bietet eine etwas andere Perspektive. Er erinnert an das Massaker von Deir Yassin[25] und andere arabische Dörfer, in denen die Bevölkerung vorgibt, im Unabhängigkeitskrieg 1948 von den Juden massakriert worden zu sein«, schreibt der skeptische Reporter. Im Gespräch erfährt er, dass dies eine starke Motivation für ihren Exodus aus Alma war. »Ein Leitmotiv bei unserem Gespräch mit den Azzams war die tiefe Sehnsucht nach ihrem Zuhause in Alma, dem ›verlorenen Paradies‹ in Palästina, das in starkem Kontrast zu der trostlosen Verwüstung um sie herum steht. Mahmoud und seine Familie äußerten mehrmals ihre Hoffnung, dass sie eines Tages zurückkehren könnten. Aber sein magerer, 75-jähriger Vater sagte: ›Hoffen? Natürlich, aber glauben? – Ich glaube daran nicht wirklich‹.«[26]

Solche Begegnungen beeindruckten Morris so sehr, dass er nach seiner Rückkehr nach Israel begann, Material für ein Buch über die Geschichte der *Palmach* zu sammeln. Veteranen öffneten für ihn das Archiv der *Palmach*-Kommandatur, wo er brisante geheime Unterlagen über ihren Umgang mit Arabern 1948 entdeckte. Obwohl die alten Kameraden ihn später aus dem Archiv verbannten und einen Vertrauten mit der Forschung beauftragten, wurde Morris die Verbindung zwischen der jüdischen Brigade und dem Flüchtlingsproblem deutlich. Der neugierige Forscher fand weitere Dokumente in israelischen Archiven, die damals zum ersten Mal zugänglich gemacht wurden. Auf dieser Grundlage verfasste er seine erste Studie über die Geschichte der palästinensischen

Flüchtlinge: *The Birth of the Palestinian Refugee Problem, 1947-1949*. Sie erschien 1988 in England.

Das Werk schlug im Israel der Ersten Intifada wie eine Bombe ein. Denn Morris brach mit dem alten zionistischen Mythos, demzufolge 700.000 Araber aus Palästina aus Angst oder auf Geheiß beziehungsweise Druck von arabischen Führern flohen, die ihnen versprochen hatten, bald nach dem arabischen Sieg zurückkehren zu können. Morris aber stellte fest, dass viele Palästinenser von den Israelis über die Grenzen »hinausgedrängt« worden waren. Die größte Vertreibungsaktion fand in den Städten Lydda (heute Lod) und Ramla statt; 50.000 Palästinenser wurden nach Osten vertrieben, »angeordnet von Ben Gurion«. Den Vertreibungsbefehl vom 12. Juli 1948 unterschrieb kein anderer als der damalige Oberstleutnant Yitzhak Rabin. Im Norden wurden Dorfbewohner vertrieben, um einen fünf bis zehn Kilometer breiten Sicherheitsstreifen entlang der libanesischen Grenze von Arabern zu säubern. »Die Armee befürchtete Eindringlinge und Spione, die Regierung genehmigte die Aktion im Nachhinein.« Mehr noch: Die zionistische Führung glaubte an einen Transfer der Araber, obwohl sie diesen nicht ausdrücklich anordnete. Und Israel ließ die meisten Flüchtlinge nicht zurückkehren.[27]

Zwar beteuert Morris in seinem Buch, es habe niemals einen Vertreibungsplan gegeben, und betont, dass die meisten Palästinenser aus Angst vor der israelischen Armee flohen oder weil sie fürchteten, ins Kreuzfeuer zu geraten. Er erwähnt auch, dass Israel die Rückkehr von 3.000 überwiegend christlichen Palästinensern zu ihren Familien gestattete und im Nachhinein jene 35.000 Palästinenser einbürgerte, die illegal ins Land zurückgekehrt waren. Aber diese Details gingen in der großen Empörung über seine Abhandlung unter. Erst als das Buch 1991 auf Hebräisch erschien, flaute die erhitzte Debatte ab, zumal sich mit der ersten Friedenskonferenz in Madrid ein vorläufiges Ende der Gewalt abzeichnete. Inzwischen prägt sein Buch die Forschung und auch die Schulbücher in Israel.

Morris' kritische Studie, gerade weil zunächst nur auf Englisch erschienen, machte ihn zum Feind vieler Israelis. »Das akademische Establishment, die Medien und die Politiker betrachteten das Buch als anti-zionistisch und pro PLO«. Und das in einer Zeit, in der Israel die PLO, die Palästinensische Befreiungsorganisation, als eine Terrororganisation bezeichnete und das israelische Gesetz das Zusammentreffen mit PLO-Vertretern mit Haftstrafen belegte. Morris wurde Verrat am Staat vorgeworfen; er wirke an dessen Untergang mit. Neun Jahre boykottierten ihn die israelischen Universitäten, obwohl er weitere Bücher in Cambridge und Oxford veröffentlichte, »wahrscheinlich gerade deswegen«. Das konservative zionistische Establishment sah in seiner Arbeit die Untergrabung der israelischen Historiografie und eine Bedrohung für die Historiker der alten Garde. Denn dadurch stellte er sie als Auftragsforscher bloß. Dass sein Buch auf Arabisch erschienen war und von der PLO für die Forderung nach einer Rückkehr aller Flüchtlinge genutzt wurde, erschwerte Morris' Situation zusätzlich.

Dabei war die Vertreibung von Palästinensern in Israel kein Staatsgeheimnis. Bereits 1950 hatte der ehemalige Frontkämpfer Uri Avnery in seinem Buch *Die Kehrseite der Medaille* die dunklen Seiten des Unabhängigkeitskrieges, auch die Vertreibung von Palästinensern beschrieben. Im Palmach-Buch, das 1953 erschien, schrieb Shmuel (Mula) Cohen, Kommandant der Brigade, die Lod eroberte, über die Vertreibungen dort. Und der renommierte Schriftsteller S. Yishar hatte bereits im Mai 1949 in seiner Erzählung *Hirbet Hiz'ah* die Vertreibung von Palästinensern im Krieg kritisch behandelt.

»In den ersten Jahren nach dem Krieg sprach man in Israel offen über die Vertreibungen, die auch bekannt waren«, sagt Morris. »Erst einige Jahre später beschloss man, dass diese Diskussion Israels internationales Image beschädigt, und das Thema wurde fortan verschwiegen.« Als 1978 eine TV-Bearbeitung von Yishars Novelle im staatlichen (und damals einzigen) Sender laufen sollte, löste dies einen Skandal aus. Der Bildungsausschuss des Parlaments wollte die Ausstrahlung verhindern. Erst die Intervention des Obersten Gerichts und ein Protest der Mitarbeiter des Fernsehsenders ermöglichten die Sendung. Yishar bestätigte damals, dass er Zeuge der unmoralischen Taten gewesen sei, die in seinem Buch vorkommen.[28]

In einer Zeit, in der die Steine werfenden Palästinenser der Ersten Intifada die Abendnachrichten in den israelischen Wohnzimmern beherrschten und die PLO-Forderung nach einer Rückkehr der Flüchtlinge immer lauter wurde, erhielt Morris' Forschungsarbeit besonders viel Aufmerksamkeit. Außerdem war seine penible Studie aussagekräftiger als Yishars literarisches Werk, das viele als eine Legende abgetan hatten, und erreichte einen größeren Verbreitungsgrad als Avnerys Buch, das in einem kleinen Verlag erschienen war und von Kritikern ignoriert wurde. Dessen erste Auflage war sofort vergriffen, eine zweite konnte nicht erscheinen. In Zeiten harter Rationierung verweigerten die Behörden dem Verlag die Zuteilung des notwendigen Papiers.[29] Die zweite Auflage erschien erst viele Jahre später.

Morris' detaillierte, mit Dokumenten belegte Fakten, ärgerten die israelische Öffentlichkeit, die einen Imageschaden für Israel befürchtete. Die Attacken ließen nicht lange auf sich warten. So kritisierte Ben Gurions Biograf Shabtai Teveth: »Nichts in diesem Buch ist zugunsten des Zionismus und Israels. Seine Popularität zeigt den großen Durst für solche Aussagen in Kreisen der Anti-Zionisten.[30] Morris' Thesen wollen belehren, dass Israel durch eine Sünde entstand. Für den Frieden wollen die ›neuen Historiker‹ beweisen, dass die Zionisten immer die Vertreibung der Palästinenser aus ihrem Land anstrebten.« Der Historiker Ephraim Karsch sprach von einer Gruppe, »die sich das Ziel aussuchte, die Geschichte Israels systematisch zu verfälschen – durch Irreführungen, Auslassungen oder Halbwahrheiten.[31] Hätte Benny Morris seine letzten Bücher als Doktorarbeit vorgelegt, wäre diese sofort abgelehnt worden. Solche Forscher gehören in den Verein der Dichter und Schriftsteller, nicht in die Akademie«. Karsch behauptet, dass Morris eine Aussage Ben Gurions falsch zitierte; dadurch habe er eine Aussage gegen den Transfer von Arabern in eine Aussage dafür verwandelt. Morris wiederum bezeichnete diese Kritik als »eine Mischung aus Verdrehungen, Halbwahrheiten und Lügen«.

Der Schriftsteller Aharon Megged kritisierte die »Neuschreibung der zionistischen Geschichte als eine im Geiste der Feinde Israels, als ob die Zionisten Kolonialisten gewesen wären, die die Einheimischen in Palästina erben wollten«[32]. Morris lehnt diese »haltlose Verleumdung« ab und betont, dass die neuen Historiker die Geschichte des Zionismus objektiver und vielleicht wissenschaftlicher auf der Grundlage vieler Primärquellen schreiben. »Und das im Gegensatz zur alten Geschichtsschreibung, die sich vor allem auf Memoiren von Politikern, Beamten und Generälen stützte und im besten Fall selektiv war. Megged glaubt, dass der Historiker den Staat, eine Bewegung, Partei oder Ideologie bedienen muss. Ich glaube hingegen, dass man objektiv sein kann. Ein Historiker des israelisch-arabischen Konflikts soll darüber so schreiben, als ob er gerade vom Mars kommt. Ein Historiker darf in seinem Schreiben nicht die Folgen oder möglichen politischen Einflüsse seiner Forschung berücksichtigen.«

Morris, der unliebsame Bote, geriet in die Defensive: »Meine Pflicht als Historiker ist es, die Wahrheit über 1948 zu schreiben.« »Die Palästinenser und viele israelische Historiker logen in der Regel darüber, oder sie gaben nur eine Teilbeschreibung. Ich habe nicht darüber nachgedacht, wie die Politiker diese Wahrheit nutzen würden. Palästinenser versuchten mithilfe meines Buches das, was sie ihr Rückkehrrecht nennen, durchzusetzen. Dies ist genauso berechtigt oder unberechtigt wie der Versuch des rechtsextremen israelischen Politikers Rechavam Zeevi (Gandi), der das Buch benutzte, um seinen Plan des Transfers aller Palästinenser zu rechtfertigen. Arafat sagte, ich würde behaupten, dass sie alle vertrieben worden waren, daher müsse man ihnen die Rückkehr erlauben. Das sage ich natürlich nicht.«

Gleichzeitig mit der Ersten Intifada entstand in Israel ein Historikerstreit, der noch bis heute andauert. So umstritten sind die israelischen »neuen Historiker«, dass die Definitionen in den Lexika stark variieren. Benny Morris, der diesen Begriff 1988 prägte und dieser Gruppe angehört, beschrieb sie als Historiker, die im Gegensatz zu den älteren Gelehrten die Geschichte des Zionismus objektiver und »vielleicht wissenschaftlicher« auf der Grundlage vieler Primärquellen beschreiben. Die neuen Historiker setzen sich mit der Geschichte Israels, des Zionismus und des israelisch-arabischen Konfliktes[33] auseinander. Zu ihnen gehören neben Morris auch Ilan Pappé, Avi Shlaim, Baruch Kimmerling, Idit Zertal und Tom Segev. Den alten Historikern werfen sie vor, sie hätten Auftragsarbeiten geschrieben und empfindliche Themen gemieden, die den Zionismus in Verruf bringen könnten. Sie hätten die Geschichte gar verfälscht, um das tadellose Image Israels aufrechtzuerhalten. Die neue Historikergeneration wolle dagegen zeigen, dass der Zionismus nicht moralischer als andere Nationalbewegungen war. Die Kritiker der neuen Historiker wiederum meinen, dass diese nur Sensationen suchten und die zionistische Geschichte im Geist ihrer Gegner und Feinde umschrieben. Ihre neutrale Herangehensweise erschüttere die grundsätzliche Maxime des Zionismus des moralisch geführten Krieges und übernehme zumindest einen Teil der palästinensischen Narrative, indem von ihnen beispielsweise der Unabhängigkeitskrieg als »Krieg von 1948« bezeichnet würde.[34]

Der zweite palästinensische Aufstand, die so genannte Intifada-al-Aqsa, bedeutete für viele Israelis, auch für Benny Morris, eine Zäsur. Im Gegensatz zur Ersten Intifada, dem Volksaufstand der Steine werfenden Palästinenser 1987, brachte die Zweite Intifada im Jahr 2000 den Terror und die Selbstmordattentäter auf die Straßen Israels. Dadurch haben die Palästinenser fast alle israelischen Sympathisanten verloren, darunter Benny Morris. In der Ersten Intifada weigerte er sich, in den besetzten Gebieten Militärdienst zu leisten und wurde zu einer Haftstrafe verurteilt. Jetzt würde er das nicht mehr tun. »Denn damals kämpften sie, um die israelische Besatzung loszuwerden, jetzt kämpften sie, um Israel loszuwerden.«

Mit seinen Ansichten durchbricht Morris die traditionelle Aufteilung zwischen rechts und links in Israel. Für die Rechten kommt jede negative Berichterstattung über Israel einem Verrat gleich. Sie sind sicher, dass die Palästinenser Israel vernichten wollen, und sie verweigern sich daher jedem territorialen Rückzug. Morris hingegen unterstützt, wie die Linken, eine Zwei-Staaten-Lösung, eine Teilung Jerusalems, eine Auflösung der meisten Siedlungen und – anders als die Linken – einen Gebietsaustausch, um die großen Siedlungsblöcke behalten zu können. Israel soll demnach das mit Arabern dicht bevölkerte Gebiet in Galiläa an den Palästinenserstaat im Rahmen eines Gebietsaustausches abtreten. »Dieser moralische Kompromiss soll die Welt auf unsere Seite bringen.« Wie die Rechtsnationalisten glaubt er nicht, dass die Palästinenser wirklich auf ihr Rückkehrrecht nach Israel verzichten werden. Dafür ist er sicher, dass auch nach der Gründung eines Staates Palästina die Intifada fortgesetzt werde.

In der Ersten Intifada saß Benny Morris im Gefängnis aus Solidarität mit den Palästinensern. Nicht er hat sich geändert, sagt er, denn er war und ist ein Zionist und »kein felsenfester Linker«. Die Palästinenser hätten sich geändert. Er sei wütend, weil Palästinenserpräsident Jassir Arafat die vernünftige Grundlage eines Friedensabkommens, das ihm Barak und Clinton anboten, ablehnte. »Im Dezember 2000 wurden ihm rund 95 % des Westjordanlands, eine territoriale Entschädigung für die 5 % und die Kontrolle über Ost-Jerusalem angeboten, dazu massive internationale Hilfe für die Rehabilitierung der palästinensischen Flüchtlinge. Arafat aber schlug das Angebot aus und führte beide Völker in den Krieg.«

Zwei Jahrzehnte nach der Veröffentlichung seines bedeutenden Buchs sickern Morris' Korrekturen der israelischen Erzählweise, vor allem jene bezüglich der Vertreibungen, langsam ins allgemeine Bewusstsein. In seinem 2004 erschienenen Buch *The Birth of the Palestinian Refugee Problem Revisited* stellte Morris auf der Grundlage neu entdeckter Dokumente klar, dass es weder eine zielgerichtete und klare Vertreibungspolitik noch eine systematische Vertreibung gab. Doch die zionistische Führung unterstützte die Idee der ethnischen Säuberung. Das spürten mehrere lokale Kommandanten, die ab April 1948 solche Vertreibungen eigenhändig initiierten. Offiziell war immerhin die Regierungsentscheidung vom Juli 1948, die Rückkehr der Flüchtlinge mit Waffengewalt zu verhindern.[35]

Aber während der Historiker Morris die Befehle zur Vertreibung von Palästinensern und die Zerstörung ihrer Dörfer entlarvte, »sicherlich auf Geheiß Ben Gurions«, verurteilt sie der Bürger Morris keinesfalls.[36] Im Gegenteil: »Nachdem die Juden in Palästina durch die Palästinenser und später die arabischen Staaten angegriffen wurden, mussten sie die Palästinenser vertreiben. Wenn ich die Wahl habe zwischen einer ethnischen Säuberung und der Ermordung meines Volkes, bevorzuge ich die ethnische Säuberung. Und das war die Situation 1948. Ich kann die Kommandanten von damals nicht verurteilen, denn an ihrer Stelle hätte ich auch keine Gewissensbisse. Ohne die Entwurzelung der 700.000 Palästinenser wäre ein jüdischer Staat erst gar nicht erstanden. Ich habe eine Sympathie für das palästinensische Volk, das eine Tragödie erlitt, und für die Flüchtlinge selbst. Aber es gab keine andere Wahl. Hier tobte ein blutiger Bürgerkrieg, und wir verloren ein Prozent unserer Bevölkerung. Man konnte unter diesen Umständen keine große fünfte Kolonne im Land lassen, und nach dem arabischen Angriff mussten die Palästinenser vertrieben werden. Außerdem haben die Araber durch Eroberung, Mord und die (erzwungenen) Konvertierungen der Eroberten seit Generationen 22 Staaten.« (Die Zahl der arabischen Staaten ist 18). »Es gibt keinen Grund, warum die Juden nicht selbst einen Staat besitzen dürfen, auch um den Preis der Entwurzelung der Palästinenser, was ein Unrecht war.«

Nur einen großen Fehler habe Ben Gurion 1948 begangen, so Morris. »Während des Krieges bekam er kalte Füße und scheiterte. Dieses Land wäre ruhiger, wenn er das ganze Land Israel gesäubert hätte, er hätte Stabilität für Generationen garantiert. Dass er den Transfer nicht vollendete, war ein Fehler, denn er hinterließ eine explosive demografische Reserve im Westjordanland, in Gaza und in Israel selbst.«

1.5 Recht oder Rückkehr?

Das Ambiente bei den Friedensverhandlungen zwischen dem israelischen Ex-Admiral Ami Ayalon und dem Rektor der palästinensischen Al-Quds-Universität in Ost-Jerusalem, Sari Nusseibeh, war sehr symbolträchtig. Ein Flügel des geräumigen Hauses Ayalons im Dorf Kerem Maharal südlich von Haifa gehörte bis 1948 einer arabischen Familie. Damals hieß das Dorf Igzim, seine Bewohner ergaben sich im Krieg und flohen aus dem Judenstaat.[37] 1949 übernahmen tschechische Einwanderer das Dorf und nannten es nach dem legendären Prager Rabbiner Maharal[38], der im Mittelalter lebte. Im Garten wächst noch ein Feigenbaum, der älter ist als der Staat Israel.[39] Ayalon sprach bei dem Treffen offen über die Vergangenheit des Dorfes, Nusseibeh hingegen, dessen Mutter 1948 aus der heute israelischen Stadt Ramla fliehen musste, schwieg. »Ich habe schon meine Gefühle, aber wir dürfen nicht Gefangene unserer Gefühle sein. Ich träume über die Zukunft, nicht die Vergangenheit«, sagte er.

Ayalon und Nusseibeh waren geschätzte ehrbare Persönlichkeiten, aber keine Volksvertreter. Im Juli 2002, auf dem Höhepunkt der Zweiten Intifada, wollten sie durch eine außenparlamentarische Initiative die große Bereitschaft beider Völker zu schmerzhaften Kompromissen beweisen, um die Politiker auf diesen Kurs einzuschwören.

Beide Initiativen, der israelische »Nationale Appell« und die palästinensische »Volkskampagne für Frieden und Demokratie«, formulierten Grundprinzipien eines Friedensvertrags. Dieser sah die

Gründung eines demilitarisierten Palästinenserstaats in den besetzten Gebieten und im arabischen Teil Jerusalems und die Auflösung der jüdischen Siedlungen vor. Zum Thema Rückkehrrecht der Flüchtlinge hieß es:

»Die internationale Gemeinschaft, Israel und der Staat Palästina erkennen das Leiden und die Notlage der palästinensischen Flüchtlinge an und tragen zu einem internationalen Fonds bei, um sie zu entschädigen. Palästinensische Flüchtlinge werden nur nach Palästina zurückkehren können. Die internationale Gemeinschaft wird Entschädigungen anbieten, um die Lage derjenigen Flüchtlinge zu verbessern, die bereit sind in den Staaten, in denen sie gegenwärtigen leben, zu bleiben, oder in ein Drittland auszuwandern.«[40]

In anderthalb Jahren unterschrieben 160.000 Palästinenser und 250.000 Israelis die gemeinsame Prinzipienerklärung. »Ich hätte vorher nie geglaubt, dass so viele Palästinenser diese Formulierung des Rückkehrrechts unterschreiben«, sagt Orni Petruschka, Mitinitiator der israelischen Bewegung. »Das war ein außerordentlicher Erfolg, aber nicht unser, sondern der des Sari Nusseibehs und seiner Freunde.« Ayalon will eine Zwei-Staaten-Lösung, um Israels Zukunft als einen jüdischen und demokratischen Staat zu garantieren. »Im Rahmen eines Endabkommens sollen daher keine Palästinenser nach Israel zurückkehren. Das sind die Grenzen meiner Kompromisse und die der meisten Israelis. Die palästinensische Führung solle ihrem Volk klarmachen, dass Israel niemals einer Rückkehr zustimmen werde. Nach der Unterzeichnung eines Friedensvertrags könnte Israel als eine humanitäre Geste allerdings manchen Flüchtlingen eine Rückkehr zu ihren Familien ermöglichen.« Außerdem besteht Ayalon auf einer klaren Regelung, im Gegensatz zur »konstruktiven Zweideutigkeit der Oslo-Verträge«. »Diese Undeutlichkeit hat den Oslo-Prozess in die Sackgasse geführt«, sagt Petruschka.

Während die Israelis Unterschriften auch über das Internet und mithilfe einer großen Marketing-Firma sammelten, setzten die Palästinenser auf fünfzig Mitarbeiter und Hunderte von Freiwilligen, zumeist lokale Fatah-Führer, die viel Anerkennung in der Bevölkerung genossen und daher entsprechenden Einfluss hatten. Siebzehn Büros im Westjordanland und im Gazastreifen organisierten Versammlungen, um Unterschriften zu sammeln – in Schulen, Universitäten und Gewerkschaften. Dabei konzentrierten die Palästinenser sich auf Flüchtlingslager, deren Einwohner am schwersten unter den Folgen der Intifada zu leiden haben. Wer am meisten leidet, zeigt in der Regel eine größere Kompromissbereitschaft, stellten die palästinensischen Friedensaktivisten fest.

Die Initiative Ayalons und Nusseibehs war sehr mutig. Denn zum ersten Mal erklärte sich ein prominenter Palästinenser bereit, öffentlich auf das Rückkehrrecht zu verzichten. »Dass die Palästinenser darauf bestehen, birgt in sich die Weigerung, Israel anzuerkennen«, sagte Nusseibeh.[41] »Darauf zu verzichten ist essenziell für eine wirkliche Zwei-Staaten-Lösung. Wir haben viele Rechte – das Recht auf Freiheit und das Recht, eine Zukunft zu bauen –, die mindestens so wichtig sind wie das Rückkehrrecht. Sehr oft im Leben schließt die Realisierung eines Rechts ein anderes aus und man muss wählen«.

Wie schwer war es, gewöhnliche Palästinenser und vor allem Flüchtlinge dazu zu bringen, das Rückkehrrecht aufzugeben? »Gar nicht schwer«, sagt Dimitri Diliani, Geschäftsführer der palästinensischen Initiative. »Mehr noch, unsere meisten Mitarbeiter waren Lokalführer in Flüchtlingslagern. Der Verzicht darauf war der zentrale Punkt, und der Austausch wurde sehr klar formuliert: Jerusalem gegen das Rückkehrrecht.« Die palästinensischen Stadtteile Jerusalems sollten demnach die Hauptstadt Palästinas werden, und Palästina der Hüter des Tempelbergs. »Der Erfolg war sensationell. Laut Umfragen unterstützten rund 70 % der Israelis und Palästinenser die Initiative, die auch eine Schicht echter lokaler Aktivisten schaffte.«

Die israelische Seite verfügte über finanzkräftige Förderer, meistens Israelis im In- und Ausland, und konnte Dutzende Mitarbeiter an Informationsständen beschäftigen. Petruschka, der 2001 seine

Hi-Tech-Firma »Chromatis« an einen US-Konzern verkaufte und dafür 700 Millionen Dollar erhielt, trat regelmäßig, zwei- bis dreimal pro Woche, vor kleinen Gruppen von Interessierten auf. Ayalon und Nusseibeh konnten den damaligen UN-Generalsekretär Kofi Annan und den ehemaligen stellvertretenden US-Verteidigungsminister Paul Wolfowitz gewinnen, erhielten ausgezeichnete Presse und begeisterten viele Politikverdrossene in Israel.

Anderthalb Jahre lang florierte die basisdemokratische Initiative durch Förderung der EU sowie Privatsponsoren und die monatlichen Überweisungen von Jassir Arafat. Über deren Beendigung gehen die Meinungen auseinander. Petruschka sagt, dass Premierminister Ariel Sharon die Israelis überzeugte, dass sie keinen palästinensischen Partner haben und daher den Rückzug aus Gaza einseitig vollziehen müssen. Das Thema Endabkommen wurde irrelevant. Ayalon sagt, ihm wurde klar, dass die Bürgerinitiative nur den Impuls für die Politiker geben könne. Ende 2004 ging Ami Ayalon in die Politik und Nusseibeh nahm ein Sabbatjahr in Harvard. Die Unterschriftensammlung wurde Anfang 2005 eingestellt. »Als im Mai 2005 die Unterstützung für den Rückzug aus Gaza stark zurückging«, erzählt Petruschka, »rekrutierten wir Tausende von Freiwilligen, um eine Million blau-weiße Streifen (die Farben der israelischen Flagge) in ganz Israel zu verteilen. Das war unsere Antwort auf die orangefarbene Kampagne der Siedler«. Dennoch glaubt Petruschka noch heute, dass ein Abkommen mit den Palästinensern besser wäre als einseitige israelische Schritte.

Der Palästinenser Diliani ist immer noch verbittert, dass plötzlich die finanzielle Förderung der Initiative eingestellt wurde. »Man behandelte uns wie die Hamas. Die USA, die uns ohnehin niemals gefördert hatten, waren mit Irak beschäftigt, und die EU wollte nicht gegen die amerikanischen Interessen handeln. Abu Mazen zahlte nicht mehr, weil er an politische Initiativen von oben glaubt, nicht vom Volk. Wir wurden zu stark für manche palästinensischen Politiker, obwohl keiner von ihnen uns öffentlich kritisierte.« So wurde das

Ziel verfehlt, durch Druck von unten die Politiker beider Seiten zu veranlassen, bei den kommenden Wahlen die Prinzipien in ihre Programme aufzunehmen. Hat die Konkurrenz mit der Genfer Initiative, die zeitnah ebenfalls einen Plan zur Lösung des israelisch-palästinensischen Konflikts entwickelt hatte, geschadet? »Überhaupt nicht, denn beide Initiativen ergänzen sich. Sie appellierten an die Führung und die Eliten, wir an das Volk.« Petruschka sieht viele Ähnlichkeiten mit den Genfern, hat jedoch ein Problem mit deren vagen Formulierung zur Rückkehr der Flüchtlinge. Er will genau wissen, wie viele Palästinenser Israel wird aufnehmen müssen.

Die internationale Taufe der Genfer Initiative war glanzvoll. In der früheren Fabrik der Firma Sécheron hinter dem Bahnhof in Genf war die Stimmung an jenem 1. Dezember 2003 feierlich, aber gespannt – genauso wie am Toten Meer zwei Monate zuvor, als die Verhandlungspartner die zweijährigen Gespräche mit einem Handschlag beendeten.[42] Für den Glanz bei der feierlichen Zeremonie vor 800 Gästen aus aller Welt sorgten ein riesiger Olivenbaum, der Moderator, der amerikanische Schauspieler Richard Dreyfus sowie die Ehrengäste: die früheren Präsidenten Jimmy Carter (USA) und Lech Walesa (Polen). Nach mehreren Grußadressen und einigen Friedensliedern von Israelis und Palästinensern unterzeichneten Vertreter beider Delegationen, vom früheren israelischen Justizminister Yossi Beilin und dem palästinensischen Ex-Informationsminister Yassir Abed Rabbo geleitet, den Friedensplan.

Nur sieben Worte brauchten der Admiral Ayalon und der Philosoph Nusseibeh, um die Frage der Rückkehr zu lösen: »Palästinensische Flüchtlinge werden nur nach Palästina zurückkehren.« Bei der Genfer Truppe glaubte man hingegen, ein komplexes Thema nur mit einem massiven Paragrafengebilde lösen zu können. Darauf ist der Israeli Shaul Arieli, Ko-Initiator der Genfer Initiative, sehr stolz: »Den größten Erfolg erzielten wir in der Flüchtlingsfrage«, sagte der ehemalige General. Denn das Rückkehrrecht der Flüchtlinge wurde darin nicht erwähnt. »Die Palästinenser waren bereit festzulegen, dass sie darauf verzichten. Aber wir waren der Ansicht, dass die Palästinenser ohnehin kein Rückkehr-recht haben.« Nach dem Text können die palästinensischen Flücht-linge folgende Gebiete als Daueraufenthaltsort wählen:

(a) Den Staat Palästina,
(b) Gebiete in Israel, die im Landtausch nach der Übernahme der palästinensischen Souveränität an Palästina transferiert wer-den,
(c) Drittländer,
(d) den Staat Israel, wobei ihre Aufnahme dem souveränen Ermes-sen Israels unterliegt. Israel legt deren Anzahl der Internationa-len Kommission vor. Israel orientiert sich dabei an dem Durch-schnitt der Gesamtzahlen der palästinensischen Flüchtlinge, die von den verschiedenen Drittländern aufgenommen wer-den.[43]

Warum muss Israel überhaupt Flüchtlinge aufnehmen? »Weil das der einzig mögliche Kompromiss ist«, sagt Arieli. Bergen solche komplizierten Formulierungen nicht die Gefahr in sich, dass Israel von Palästinensern überflutet wird, etwa weil Drittländer sehr viele Flüchtlinge aufnehmen würden? Bedeutet die UN-Resolution 194 als Grundlage der Lösung nicht einen unkontrollierten Rückzug? In dieser Resolution (Artikel 11) stellt die Vollversammlung unter anderem fest, dass »den Flüchtlingen, die es wünschen, (…) im Frieden mit ihren Nachbarn zusammenzuleben, erlaubt werden (soll), zum frühest möglichen Termin in ihre Heimat zurückzukeh-ren«.[44]

Die Araber betrachten diese Resolution als eine Legitimierung der Rückkehr. »Nach der Genfer Initiative entscheidet Israel allein über die Aufnahme der Flüchtlinge«, erklärt Arieli, der als Koordina-tor der Verhandlungen mit den Palästinensern auftrat. »Ich fragte vor dem Camp-David-Gipfel im Juli 2000 bei mehreren Staaten nach, ob sie bereit wären, Palästinenser aufzunehmen. Die Zah-len waren lächerlich. Neun Staaten waren bereit, durchschnittlich

12.000 Flüchtlinge aufzunehmen. Am großzügigsten war Kanada mit der Zusage, 40.000 Menschen aufzunehmen. Das Problem der Rückkehr ist kein demografisches, sondern ein psychologisches. Die Realisierung dieses Modells wird die UN-Resolution 194 außer Kraft setzen und keine weiteren Forderungen in dieser Frage zulassen.«

Die Flüchtlinge dürfen dennoch frei entscheiden, ob sie in Israel leben wollen. Das garantiert aber nicht, dass Israel sie alle aufnimmt. Da Israel selbstständig über ihre Aufnahme aus humanitären Gründen entscheidet, könnte ein langer Konflikt entstehen, falls mehr Palästinenser zurückkehren wollen, als Israel aufnehmen will, sodass die Flüchtlingsfrage nicht abgeschlossen wird. Solche Divergenzen sollte eine internationale Kommission regeln, an der auch die UNO, UNRWA, die EU und diejenigen arabischen Staaten beteiligt sind, die die Flüchtlinge beherbergen. In dieser Kommission könnten die Vertreter Israels überstimmt werden.

Die Israelis befürchten, dass, wenn sie das Rückkehrrecht anerkennen würden, Israel durch internationalen Druck zur Aufnahme der Flüchtlinge gezwungen werden könnte. Das wäre bereits beinahe geschehen – unter starkem amerikanischem Druck.[45] Israel war 1949 bereit, einer begrenzten Rückkehr zuzustimmen, um ein Friedensabkommen zu ermöglichen. Vor den Waffenstillstandsverhandlungen mit den arabischen Delegationen schlug das State Department vor, die Heimkehr der Grundbesitzer zuzulassen. Man ging davon aus, dass sie ein wirtschaftliches Interesse hätten, loyale Bürger zu sein. Die USA forderten Israel auf, die Rückkehr einer »symbolischen« Anzahl von 100.000 Flüchtlingen zu erlauben. Im Mai 1949 stieg die Zahl der Rückkehrwilligen auf 250.000 an. US-Präsident Truman drohte mit einer »Neubewertung« der Israel-Politik. Daraufhin erklärte sich Israel bereit, über die Aufnahme von 100.000 Palästinensern innerhalb einiger Jahre zu verhandeln. Diese Ankündigung löste in Israel heftige Proteste aus. Unter dem Druck der Opposition ließ Außenminister Moshe Sharet wissen, dass Israel nur Familienzusammenführungen erlauben werde. Tatsächlich kehrten auf diese Weise 35.000 Flüchtlinge zurück, nach anderen Quellen sogar knapp 50.000.[46]

Im Nahen Osten leben fast viereinhalb Millionen palästinensische Flüchtlinge, schätzte Ende 2006 die UN-Hilfsorganisation UNWRA.[47] Die meisten leben in Jordanien (1,8 Millionen), im Gazastreifen sind es eine Million, im Westjordanland 700.000, in Syrien 440.000 und im Libanon 410.000. Wie viele von ihnen wollen zurück nach Israel? Nach drei großen Umfragen wollten 2003 12 % der Flüchtlinge aus dem Westjordanland und Gaza, 5 % aus Jordanien und 23 % aus Libanon zurück nach Israel – insgesamt waren es damals also 373.673 Palästinenser.[48]

Aber sobald die Befragten mit einigen wenigen konkreten Bedingungen konfrontiert wurden, verzichteten viele von ihnen auf die Rückkehr. So ist nur jeder zweite Palästinenser im Libanon bereit, nach seiner Rückkehr und Einbürgerung als Israeli friedlich zu leben und die israelischen Gesetze zu achten. Unter den jordanischen Palästinensern ist dazu nur jeder Dritte bereit, im Westjordanland und Gaza knapp jeder Zweite. Nur die wenigsten beabsichtigten, Israeli zu werden – 1,4 % im Libanon, 2,5 % in Jordanien und 2,1 % in der Westbank und Gaza. Wenn sie nach der Rückkehr Israeli werden müssen, würden das nur ein Viertel der Flüchtlinge im Libanon, ein Drittel in Jordanien und ein Fünftel in den Palästinensergebieten akzeptieren. Zwei Drittel würden lieber auf die Rückkehr verzichten (in den Palästinensergebieten 48 %). Wenn die Rückkehr nach einem Friedensabkommen mit Zivildienst in Israel verbunden ist, wollen nur noch 16 % im Libanon, 34 % in Jordanien und 14 % in den Palästinensergebieten zurück nach Israel. Schließlich ist nur jeder Zweite zur Rückkehr bereit, wenn sein ehemaliges Haus zerstört, sein Land beschlagnahmt wurde und darauf heute Juden leben. In der Westbank und Gaza will nur jeder Vierte unter diesen Umständen Israeli werden.

Eine begrenzte Rückkehr ohne Rückkehrrecht – das könnte die Zauberformel sein, die den palästinensischen Traum und den israelischen Alptraum vereinbaren könnte. Auf diese Weise könnte man ein demografisches Problem in ein psychologisches umwandeln. Das hat der ehemalige israelische Parlamentarier der Arbeitspartei, Yossi Katz, erkannt. Er war 1999 der erste zionistische Abgeordnete, der verkündete, dass Israel eine Mitverantwortung für die Schaffung des Flüchtlingsproblems hat und daher als eine symbolische Geste 100.000 Flüchtlinge aufnehmen sollte.[49] Auf diesen Vorschlag kam Katz im Rahmen einer israelisch-palästinensischen Arbeitsgruppe, die sich auf die Initiative eines Harvard-Professors hin regelmäßig traf. Im Mai 1998 formulierte die Gruppe ein Positionspapier über das Rückkehrrecht. Darin forderten die Palästinenser eine israelische Anerkennung dieses Problems und das moralische Recht auf Rückkehr eines jeden Flüchtlings, zugleich aber eine eingeschränkte Rückkehr. Die Israelis waren nicht bereit, eine moralische Schuld für die Entstehung des Flüchtlingsproblems zu akzeptieren, nur eine Anerkennung des Leidens der Betroffenen und die Bereitschaft, Zehntausende aufzunehmen und die anderen zu entschädigen, wenn die arabischen Staaten ihrerseits die 1948 vertriebenen oder geflohenen Juden entschädigten. Katz präsentierte die Vereinbarung dem damaligen israelischen Premier, Ehud Barak, vor dem Camp-David-Gipfel.

Der Rechtsanwalt Katz sieht sich als israelischer Patriot. Als solcher fuhr er im Jahr 2000 in ein Flüchtlingslager im Westjordanland, wo er erfuhr, wie wichtig für die dortigen Palästinenser eine Anerkennung ihres Leidens sei. »Die Aufnahme von 100.000 Palästinensern, wohl aus dem Libanon, wird die jüdische Mehrheit im Lande nicht gefährden.« So sehr ihn die Flüchtlinge schätzten, so sehr verachteten ihn seine Parteifreunde. »Das war wie in einem Feldgericht«, erinnert er sich. »Ich bin sicher, dass ich aus diesem Grund nicht wieder ins Parlament gewählt wurde.« Er bereut es nicht. »Ohne eine Lösung dieses Problems gefährden wir die Zukunft der kommenden Generationen von Israelis.«

2. Zwei Visionen an einem Tag – Der 22. September 1967

Gleich nach dem Sechs-Tage-Krieg, in dem Israel das Westjordanland, den Gazastreifen und die Golanhöhen erobert hatte, herrschte in Israel eine nationale Euphorie. Der Zerstörung der gesamten ägyptischen Luftwaffe innerhalb von Stunden war ein Blitzsieg über die Armeen Ägyptens, Syriens und Jordaniens gefolgt. Dieser gelang nach einer zermürbenden Wartezeit von drei Wochen: Ägypten hatte die Straße von Tiran für israelische Schiffe gesperrt, was praktisch einer Seeblockade gleichkam. Gleichzeitig drohten arabische Führer mit einem Totalkrieg und versetzten die Israelis – viele von ihnen Holocaust-Überlebende – in existenzielle Angst. Die Kriegsbedrohung überschattete den Alltag: Israelis annullierten geplante Hochzeitsfeiern, Bar-Mizwa-Feste und Schulabschlusspartys. Die Mobilisierung der Reservesoldaten führte zu einem Mangel an Lebensmitteln, sodass die Fabriken 24-Stunden-Schichten einführen mussten.

Der unerwartet schnelle Sieg hatte dramatische Folgen für das israelische Selbstverständnis: Ihr kleines, isoliertes und von Feinden umgebenes Land war der Katastrophe entkommen und in nur sechs Tagen zu einer Großmacht mit sicheren Grenzen geworden, von Juden wie Nichtjuden weltweit bestaunt. Die Eroberung der Heiligen Stätten des Judentums, allen voran die Klagemauer in Jerusalem sowie die Wiedervereinigung der Hauptstadt Jerusalem, wirkten wie ein Wunder. Sie steckte auch nichtgläubige Israelis mit messianischer Begeisterung an. »Wir kehrten zu den heiligsten unserer Stätten zurück, um sie niemals wieder aufzugeben«, verkündete der legendäre Verteidigungsminister Moshe Dayan. An der Klagemauer blies der militärische Oberrabbiner Shlomo Goren den Shofar – das rituelle jüdische Musikinstrument aus Widderhorn – und rief den Soldaten zu: »Gott ist mit euch, ihr Helden habt die Prophezeiung aller Generationen erfüllt, indem ihr die Stadt Gottes und den Ort des Tempels, die Klagemauer, erlöst habt.« Dann sprach er den traditionellen Segen »Im nächsten Jahr im wieder errichteten Jerusalem« mit einer kleinen Veränderung und sagte: »In diesem Jahr«. Soldaten sprachen das Totengebet für ihre gefallenen Kameraden und weinten. Einer von ihnen erzählte: »Als wir die Steine der Klagemauer berührten, holten wir tief Luft. Wir wussten, dass in diesem Moment der Krieg vorbei war.«

Fünf Tage später, am 11. Juni 1967, stand Israel am Suezkanal, am Jordan und auf den Golanhöhen. Der Waffenstillstand wurde unterzeichnet. Die neuen Grenzen machten selbstbewusst. »Wir fühlen uns wohl dort, wo wir jetzt stehen«, sagte Dayan. Eine Woche nach dem Krieg pilgerten anlässlich des Shavuot-Festes, dem jüdischen Erntedankfest, 250.000 Menschen an die Klagemauer, ein Zehntel der jüdischen Israelis. Über die arabische Altstadt wurde eine Ausgangssperre verhängt. Eine Woche später beschloss der Innenminister auf der Grundlage eines neuen Gesetzes, das arabische Ost-Jerusalem zu annektieren. Der Krieg war zu Ende, aber der Frieden lag noch in weiter Ferne. Eine Bombe ging in einem Hotel in Jerusalem hoch, eine andere im Kibbuz Giv'at Haim, vier Soldaten wurden am Suezkanal von ägyptischer Artillerie getötet.

2.1 »Die Besatzung wird aus uns Mörder und Ermordete machen«

Am 22. September, drei Monate nach dem Krieg, erschienen am gleichen Tag zwei Anzeigen in israelischen Zeitungen. In der ersten plädierten 57 der bedeutendsten Intellektuellen und renommiertesten Schriftsteller für die Beibehaltung des ganzen Landes Israel – vom Mittelmeer bis zum Jordan. In der zweiten forderten zwölf Unbekannte einen sofortigen Rückzug aus den besetzten Gebieten. Der israelische Journalist und linke Aktivist Haim Hanegbi formulierte die zweite Anzeige mit.

»Wir drei Freunde saßen im Café Harley in Tel Aviv und tranken Kaffee«[50], erinnert er sich. »Uns war klar, dass die Israelis verrückt geworden waren, weil sie alle über ›das vollkommene Israel‹ redeten (vom Mittelmeer bis zum Jordan) und dass wir eine Gegenposition beziehen mussten. Der Erste schlug eine Deklaration vor, der Zweite formulierte sie, der Dritte schrieb sie auf. Innerhalb von 30 Minuten war der Text komplett. Es war sehr leicht, weil wir genau wussten, was wir sagen wollten«, sagt Hanegbi. »Die andauernde Gewalt spielte keine Rolle. Uns war klar, dass der Krieg gegen Ägypten ausgeweitet wurde, um das Westjordanland zu erobern, um das zu vollenden, was wir im Krieg von 1948 begonnen hatten, um bis zum Jordan zu gelangen. Und uns war klar, dass die Besatzung die Situation nur noch verschlimmern würde.«

Dann begannen die drei Freunde Unterschriften zu sammeln. Ihnen war bewusst, dass in der damaligen allgemeinen Stimmung kein prominenter Israeli unterschreiben würde, daher wandten sie sich an »Freunde und Freunde von Freunden«. Eine Ausnahme machten sie beim linksradikalen orthodoxen Philosophen Professor Jeshajahu Leibowitz, doch der lehnte ab. »Es ging uns darum, schnell eine Gegenstimme zu erheben, und nicht darum, die Masse zu mobilisieren.« Einige Tage später ging Hanegbi zur Redaktion der linksliberalen Zeitung Haaretz mit einem Bündel Geldscheine für die

Anzeige. »Ich wusste, dass dies mit Bargeld leichter gehen wird«. Die Anzeige erschien auf Seite 8:

»Unser Recht, uns gegen die Vernichtung zu verteidigen, gibt uns nicht das Recht, andere zu unterdrücken.
Eine Besatzung führt zu einer Fremdherrschaft.
Eine Fremdherrschaft führt zum Widerstand.
Widerstand führt zu Unterdrückung.
Unterdrückung führt zu Terror und Gegenterror.
Die Opfer des Terrors sind in der Regel unschuldige Menschen.
Das Behalten der besetzten Gebiete wird uns in ein Volk von Mördern und Ermordeten verwandeln.
Verlassen wir die besetzten Gebiete sofort«.

Historisch bedeutsam war auch die Nachricht unter der Anzeige. Darin berichtete das Blatt über die Entscheidung der Behörden, die ersten Siedlungen im Westjordanland neu zu errichten. Die vier jüdischen Dörfer in der Region Gush Etzion waren bereits vor dem Unabhängigkeitskrieg 1948 errichtet und im Krieg durch jordanische Streitkräfte erobert worden.

Heute staunen viele Israelis, wenn sie das Datum dieses Appells erfahren. Im September 1967 jedoch hinterließ er keinerlei Spuren. Hanegbi und einige der Unterzeichner waren Mitglieder der Sozialistischen Organisation in Israel, *Matzpen* (Kompass). Die kleine Gruppe, die aus der kommunistischen Partei hervorgegangen war und der einige Dutzend Aktivisten und rund 200 Sympathisanten angehörten, forderte eine Annullierung des zionistischen Charakters Israels, eine Trennung also zwischen dem Staat und dem jüdischen Volk. Stattdessen sollte Israel Teil einer sozialistischen Föderation des gesamten Nahen Ostens werden. *Matzpen* erkannte die nationalen Rechte der Palästinenser an und betrachtete den Zionismus als eine koloniale Bewegung. Nach dem Sechs-Tage-Krieg wurden die wenigen Aktivisten von den meisten Israelis verabscheut. Ihre Graffitis, kleinen Demonstrationen und Flugblätter gegen die Besatzung lösten viele wütende Reaktionen aus. »Wir waren der böse Geist, das schlechte Gewissen der Juden in Israel«, erinnert sich Hanegbi, damals anerkannter Journalist beim Magazin *Haolam Haze* von Uri Avnery. »Die Wut gegen uns kam daher, dass wir prinzipiell gegen das zionistische Gebilde waren. Wir waren wie der böse Junge in der Pessach-Haggada (der Sage, aus der Juden beim traditionellen Abendmahl vorlesen). Dort fragt der Junge: ›Warum macht ihr das alles?‹ Weil er ›ihr‹ sagt und nicht ›wir‹, schloss er sich aus der Gemeinschaft aus.« Aber gelitten, sagt Hanegbi, habe er wegen seiner politischen Aktivität nicht, »da ich nie vorhatte, ausgerechnet beim Verteidigungsministerium oder bei einer der zionistischen Organisationen wie Jewish Agency zu arbeiten. Gelitten haben hingegen unsere arabischen Parteimitglieder«.

Im Laufe der Jahre haben mehrere entscheidende Aktivisten Israel verlassen, die anderen trennten sich. De facto stellte *Matzpen* bereits in den 1970er-Jahren ihre Aktivitäten ein, aber das Parteiorgan erschien bis 1983. Doch bereits 1982 fand Hanegbi ein neues Projekt: Er wurde Mitbegründer der ersten nichtzionistischen und nichtkommunistischen jüdisch-arabischen Partei, genannt »Die progressive Bewegung für Frieden«. Nach der Ermordung Rabins zeigte er Solidarität mit dessen Friedensvermächtnis und trat für eine kurze Zeit in die Arbeitspartei ein.

Heute blickt Hanegbi mit Stolz auf die Anzeige zurück. »Wenn ich vor den Toren des Paradieses stehen und man mich fragen würde: ›Was hast du da unten getan?‹, wäre die Anzeige eine der drei Taten, die ich hervorheben würde. Die anderen zwei? Mein Widerstand gegen den Zionismus und mein Engagement für den Bund zwischen Juden und Arabern.« 1967 unterschrieb nur ein Dutzend Menschen die Anzeige, heute hätten, schätzt der alte Revolutionär, fast 12.000 Israelis unterschrieben. Das freut ihn, aber eine erneute Unterschriftensammlung lehnt er empört ab – das sei viel zu ermüdend! Was die Zukunft der jüdischen Israelis betrifft, ist er nicht positiv gestimmt. Aufgrund der Zweiten Intifada Ende 2000 lehnt er die Zwei-Staaten-Lösung als unrealistisch ab, was zu einem Bruch mit Avnery führte. Er glaubt einfach nicht mehr an eine Auflösung der Siedlungen. Seine Antwort auf den Zaun und die Mauer und auf den 100-jährigen Konflikt ist Neu-Israel: ein binationaler Staat, in dem Juden und Palästinenser gleichwertig zusammenleben und der seine Tore für die Flüchtlinge öffnet. Um in Frieden in Israel leben zu können, werden die Juden sich damit abfinden müssen, eine Minderheit zu werden, meint Hanegbi. Die Gefahren sind ihm wohl bewusst: So denkt er etwa an seine eigene Familie, die seit dem 18. Jahrhundert in Hebron gelebt hatte, und seine Großeltern, die 1929 dem brutalen Massaker an der jüdischen Gemeinde in Hebron entkamen. Dass die Massen ihn wieder einmal für wahnsinnig und für einen Feind erklären, lässt Hanegbi kalt. Nach über 40 Jahren hat er sich inzwischen daran gewöhnt.

2.2 »Die Grenzen der Sicherheit und des Friedens«

Die zweite Anzeige, die am 22. September 1967 geschaltet wurde, war im »Haus des Schriftstellers«, dem Sitz des israelischen Schriftstellerverbandes, entstanden. In den Wochen zuvor hatten die führenden Schriftsteller Israels an diesem Appell gebastelt, der die Zukunft des Landes und des gesamten Nahen Ostens radikal verändern sollte. Der Text sollte den Geist der Nation wiedergeben und der Regierung den Umgang mit den eroberten Gebieten vorschreiben. Der damals 24-jährige Israel Harel war einer der ersten, der als Fallschirmspringer Ost-Jerusalem eroberte. Für ihn war die »Befreiung Jerusalems zweifelsohne der Gipfel der emotionalen und historischen Errungenschaften des Sechs-Tage-Kriegs«. Nach dem Krieg schrieb der nationalreligiöse Israeli ein Plädoyer dafür, die neuen Gebiete zu annektieren – aus Sicherheitsgründen.[51] Einige Tage später lud ihn ein bekannter

Schriftsteller zu einer neuen Gruppe ein, die den Geist seines Textes verfolgte.

Im Zentrum der Versammlung stand der Dichter und Dramatiker Nathan Alterman, einer der bedeutendsten Intellektuellen jener Zeit, dessen Einfluss auf die Politik enorm war. Seine politischen Kolumnen prägten seit 30 Jahren die zionistische Bewegung, als deren moralischer Kompass er noch vor der Staatsgründung galt. »Er gab den Ton an und galt als ein Guru, der mehr als jeder Rabbiner verehrt wurde«, sagt Harel. Staatsgründer David Ben Gurion, der ihm politisch nahestand, nannte Alterman »Nathan den Weisen«.

Alterman prägte nicht nur die Formulierungen des Appells, sondern mobilisierte auch die anderen Literaten. Ihm gelang es sogar, bittere Feinde für diesen historischen Moment zu einigen, zum Beispiel den Nobelpreisträger Shmuel Yosef (Shai) Agnon und den nationalen Dichter Uri Zvi Greenberg. Harel sammelte Unterschriften national-religiöser Autoren. Nur einer verweigerte seine Unterschrift: Rabbiner Zvi Yehuda Kook, Leiter einer der wichtigsten Religionsschulen und später der geistige Mentor der Siedlerbewegung. »Er sagte, dass dieses Land zwischen Mittelmeer und Jordan nicht das vollständige Israel sei«, erinnert sich Harel. »Denn nach der Bibel erstreckt sich dieses vom Fluss Euphrat im heutigen Irak bis zum Nil«.

Weder vorher noch nachher hat sich jemals wieder eine solche Geisteselite um ein Pamphlet gesammelt. Die Unterschriftensammlung gestaltete sich einfach: »Sobald man die Namen Alterman und Agnon sah, unterschrieb jeder gern«, sagt Harel. Nur wenige der Unterzeichner waren rechtsgerichtet, die meisten, wie zum Beispiel Haim Gouri, gehörten der Arbeitspartei an. Israels Nationaldichter war damals der jüngste Unterzeichner und prägte daher den Text keinesfalls. Als ihn Alterman, von dessen Stil er damals beeinflusst war, in einem Café am Hauptbusbahnhof in Tel Aviv um seine Unterschrift bat, erbat er eine Denkpause. »Ich bin immer ein nachdenklicher Mensch.« Erst am nächsten Morgen gab Gouri sein Jawort.

Auf Seite 24 der damaligen Abendzeitung *Maariv*, damals die auflagenstärkste Zeitung in Israel, erschien neben einem Artikel mit dem Titel »Sechs Tage des Ruhmes« die Anzeige, die die Gründung einer neuen und wichtigen Bewegung verkündete:

»Der Sieg der Israelischen Armee im Sechs-Tage-Krieg hat das Volk und den Staat in eine neue und schicksalhafte Ära gestellt. Das vollkommene Land Israel ist jetzt in den Händen des jüdischen Volkes, und so wie wir nicht das Recht haben, auf den **Staat Israel** zu verzichten, sind wir verpflichtet, das zu erfüllen, was dieser Staat uns in die Hände gab: **Das Land Israel**.

Wir sind zur Treue der Vollständigkeit unseres Landes verpflichtet – sowohl für dessen Vergangenheit als auch für dessen Zukunft, und keine Regierung in Israel hat das Recht, diese Vollständigkeit aufzugeben. Die heutigen Landesgrenzen sind die Garantie für Sicherheit und Frieden – und auch für eine totale nationale Stärke, materiell und geistig. In diesen Grenzen wird allen Bewohnern Freiheit und Gleichheit, die dem Staat Israel zugrunde liegen, zuteil werden, ohne Unterschiede.

Die Einwanderung und die Besiedlung des Landes sind die beiden Grundsätze unserer Zukunft. Eine große jüdische Einwanderung ist eine Bedingung, um die Vollständigkeit und den nationalen Charakter des Landes Israel beizubehalten. Die neuen Möglichkeiten dieser Ära sollen der Erweckung und dem Elan des Volkes Israel und dem Land Israel dienen.

Die Unterzeichner werden diese Grundsätze erfüllen, und sie betrachten die Mobilisierung der Öffentlichkeit zu diesem Zweck sowie die Markierung der Mittel und Wege zu ihrer Realisierung als zentrale Aufgaben dieser Zeit.«

Dieses Dokument gilt als eines der wichtigsten in der Geschichte Israels, weil seine Autoren sich de facto über jegliche israelische Regierung stellen, wenn es um die Staatsgrenzen geht, meint der Literaturkritiker Dan Meron.[52] Er sieht darin »ein Röntgenbild des theologischen und undemokratischen Elements, das den Zionismus immer begleitete«.

Die Liebe zum Land Israel hat Gouri damals nicht als anti-arabisch betrachtet. »Ich wurde in der linken Jugendbewegung und im Kibbuz gegen die Teilung des Landes erzogen. Auch ich habe dieses Land zu sehr geliebt – vom Jordan bis zum Mittelmeer. Judäa und Samaria, die Weinreben und die Olivenhaine waren das Herz dieses Landes.« Der Krieg von 1967 war für ihn »notwendig und gerecht, denn Israel stand in existenzieller Bedrohung«. Als Reservesoldat fuhr er zum Tempelberg, wo er den Sieg mitfeierte. Dann machte sich seine Einheit auf zur palästinensischen Stadt Ramallah, wo »mein persönliches Problem begann«. Auf die Dächer wurden weiße Fahnen gehängt und vom Straßenrand blickte eine Palästinenserin in schwarzem Kleid und mit einer weißen Kopfbedeckung ihn an. Sie stand noch unter Schock. »Seitdem begleitet sie mich.« In einem Flüchtlingslager bei Bethlehem traf Gouri Flüchtlinge aus Ramla und Lod. Manche von ihnen sprachen sogar Jiddisch, weil sie bei Juden gearbeitet hatten. Sehr bald wurde ihm klar, »dass die Vorstellungen der neuen Bewegung an der Realität scheiterten«. Später schrieb er: »Es ist nicht gut, zu den Besiegten zu gehören. Manchmal ist es auch bitter, einer der Sieger zu sein.«

3. Ein Land mit vielen Limits

3.1 Die Grüne Linie

Wer diese Linie gezeichnet hat, ist nicht bekannt. Aber er hatte eine leichte Hand – und einen grünen Stift. Die Linie, die er im Frühjahr 1949 bei den Verhandlungen um einen Waffenstillstand zwischen Israel und Jordanien auf einer britischen Landkarte Palästinas einzeichnete, ist eine der bekanntesten der Welt: die Grüne Linie.[53]

Sie beginnt am Jordan, kurvt nordwestlich und erreicht ihren nördlichsten Punkt am arabischen Dorf Zubiba, auf halber Strecke zwischen dem arabischen Jenin und dem jüdischen Afula, wandert dann gen Süden zwischen den Dörfern Qaffin (Jordanien) und Meisar (Israel, der benachbarte Kibbuz Metzer entstand erst 1953). Dann streift die Linie das palästinensische Dorf Nazlat Isa östlich der Landstraße nach Galiläa, die Israel im Rahmen eines Gebietsaustausches mit Jordanien erhielt. Südlich davon flankiert die dünner gewordene Linie die palästinensischen Städte Tul Karem und Qalqiliya. Am Kibbuz Hulda zieht sie nach Osten und klettert in Richtung Jerusalem, durchkreuzt die Heilige Stadt und geht direkt südwestlich an Beit Jala und gen Süden an Hebron vorbei. Kurz vor Beersheba ändert sie ihre Richtung nach Osten – direkt ins Tote Meer auf der Höhe der Oase Ein Gedi, der wichtigsten in der Wüste Judäas. Der Kibbuz Ein Gedi (der arabische Name des Flusses wurde hebräisiert) ist auf dieser alten Landkarte noch nicht zu sehen; er wurde erst 1956 gegründet. Nach Norden markiert der Jordan die Grenze bis zum Fluss Yarmuk südöstlich des Sees Genezareth. Nach Süden windet sich die Grüne Linie schließlich entlang des Arava-Tals bis zum Roten Meer. Auch der bekannte Ferienort Eilat ist nicht markiert: Die Stadt wurde erst 1950, an der Stelle der verwaisten jordanischen Polizeistation Um-Rashrash errichtet. Auf dem Weg dorthin stellten die Soldaten fest, dass sie eines daheim vergessen hatten: die israelische Fahne. So nähte eine Soldatin auf ein weißes Bettlaken einen blauen Davidstern, den sie einer Erste-Hilfe-Tasche entnahm. Auf beiden Seiten wurden dann zwei Streifen gezeichnet, mit blauem Stift. Am 10. März 1949 hisste ein Offizier auf einem schmalen Mast die improvisierte israelische Fahne. Damit war der Krieg beendet und die Grüne Linie geboren.

Dieser kartografische Streifzug durch das Heilige Land ist faszinierend. Denn die Landkarte, die die Unterschrift des Generals Moshe Dayan trägt und die Grundlage des israelisch-jordanischen Waffenstillstandsabkommens bildete, erweist sich 60 Jahre später als brandaktuell. Heute findet man entlang jener gezeichneten Grünen Linie viele der Brennpunkte des israelisch-palästinensischen Konfliktes sowie der erneuten Teilung des Landes durch Zaun und Zement. Fast alle Männer des palästinensischen Dorfes Zubiba arbeiteten für das Zaunprojekt; der neu entstandene Zaun trennte den Kibbuz Metzer vom palästinensischen Dorf Qaffin nach fast 40 Jahren freundschaftlicher Nachbarschaft. Ein palästinensischer Familienclan im Dorf Nazlat Isa lebt direkt an der Mauer – auf israelischer Seite.

Die Grüne Linie teilt aber nicht nur das Land, sondern auch die israelische Gesellschaft seit Jahrzehnten – in Befürworter und Gegner eines Rückzugs aus dem Westjordanland. Die Rechten sind dagegen, die Linken dafür, die Mitte zögert. Sogar über die Begriffe streiten die Israelis: Die Linken nennen es »die besetzten Gebiete«, die Rechten »Judäa und Samaria«, die anderen einfach »die Gebiete«. Die Grüne Linie wurde von Israel und Jordanien als

eine provisorische Grenze anerkannt, die bei einem Friedensvertrag verändert werden kann. Die Palästinenser, die von der
Grünen Linie am stärksten betroffen sind, waren an der Festlegung nicht beteiligt, obwohl sie ihren persönlichen Status am
meisten prägt. Die Bewohner des Westjordanlandes erhielten
einen jordanischen Pass, die Ost-Jerusalemer auch eine israelische Daueraufenthaltserlaubnis. Die Palästinenser in Gaza hingegen blieben staatenlos.

Bis zur Ersten Intifada 1987 existierte die Grüne Linie nur noch
auf der Landkarte. Keine physische Grenze schränkte die Palästinenser und Israelis ein. Kurz nach dem Ausbruch der Gewalt ver-
zichtete Jordanien 1988 auf das Westjordanland, denn eines
Tages soll dort (und im Gazastreifen) ein Palästinenserstaat entstehen. Das Gebiet innerhalb der Grünen Linie wurde im zweiten Oslo-
Vertrag zwischen Israel und der PLO im September 1995 dreigeteilt. Die Palästinenser erhielten eine Autonomie in ihren Städten
(den so genannten A-Gebieten) und 450 Dörfern (den B-Gebieten).
Israel behielt die volle Kontrolle in den so genannten C-Gebieten, die
fast 60 % der Westbank ausmachten. Hier befinden sich die jüdischen Siedlungen, aber auch Zehntausende Olivenbäume der
Palästinenser, die sie nur mit israelischer Genehmigung erreichen
können.

Die Grüne Linie teilt auch Israel selbst. Westlich davon gilt das
Gesetz der israelischen Demokratie, östlich gelten Anordnungen
des israelischen Militärs. Die jüdischen Siedlungen im Westjordanland sind völkerrechtlich nicht anerkannt. Die israelische Annektie-
rung Ost-Jerusalems und der Golanhöhen auch nicht. Es ist unrealistisch zu glauben, dass sich Israel auf die Grüne Linie zurückzieht.
Auch die linksgerichteten Israelis lehnen einen vollständigen Rückzug aus dem Westjordanland ab. Die Grüne Linie soll aber die
Grundlage eines territorialen Kompromisses zwischen Israel und
Palästina bilden.

Aber wo ist die Grüne Linie? Als der Autor im Jahr 1981 seine
militärische Grundausbildung begann, war die Kaserne in der Nähe

des Dorfes Beit El nördlich von Jerusalem. Dass sie sich in den besetzten Gebieten befand, wussten die Soldaten nicht. Woher auch? Auf den offiziellen israelischen Landkarten war die Grüne Linie nicht eingezeichnet. Und damals hatte das Staatliche Amt für Kartografie das Monopol für Landkarten. Diese zeigten Israel in den neuen Grenzen, auf denen Nablus und Hebron genauso israelisch waren wie Tel Aviv und Haifa. Die Ausradierung der Grünen Linie beschloss nicht die Regierung, sondern der damalige Arbeitsminister Jigal Allon, der für die Vermessungsabteilung zuständig war. Das fand der Journalist Gershom Gorenberg in seinem Buch *The Accidental Empire: Israel and the Birth of the Settlements, 1967-1977* heraus. Am 30. Oktober 1967, fünf Monate nach dem Krieg, traf Allon einen der bedeutendsten Beschlüsse in der Geschichte Israels: alle Landkarten nachzuzeichnen. »Seitdem behandelt Israel seine eigenen Grenzen so, wie die Viktorianer mit Sex umgingen«, schreibt Gorenberg. »Sie trieben es, aber redeten darüber nicht.«

Das Israelische Nationale Vermessungszentrum (INV) ist Teil des Bauministeriums und berät die israelische Regierung über die Landesgrenzen. Da diese 60 Jahre nach der Staatsgründung immer noch unklar sind, warnt das INV auf jeder Landkarte ausdrücklich: »Diese Karte ist kein Dokument für den Verlauf der Grenzen.« Selbstverständlich enthalten die Landkarten Israels eine Vielzahl von Grenzen: Die internationalen Grenzen, die Waffenstillstandslinie auf dem Golan und sogar die Grenzen der palästinensischen Selbstverwaltung werden namentlich erwähnt. Nur die Grüne Linie fehlt.

Die Grüne Linie ist nur in manchen israelischen Schulbüchern zu sehen. Manche Geografiebücher ignorieren sie bis heute. Aus diesem Grund können Generationen von Israelis nicht unterscheiden zwischen dem souveränen Staatsgebiet ihres Landes und den Territorien, die unter Militärbesatzung stehen. Sie haben Schwierigkeiten, den Unterschied zwischen einem Kibbuz und einer Siedlung zu erkennen. Sie können nicht einmal sagen, wo genau der Gazastreifen liegt – die Siedlungen dort existieren auf der Karte immer noch. Daher ordnete die israelische Bildungsministerin Juli Tamir im Dezember 2006 an, fortan die Grüne Linie in alle neuen Atlanten einzuzeichnen.»Wir können diese Forderung an unsere arabischen Nachbarn nicht stellen, solange unser Bildungssystem diese Informationen vor unseren eigenen Schülern verheimlicht«, sagte Tamir. Dem Vorwurf, sie politisiere das Bildungssystem, entgegnete sie:»Auch die Entscheidung, die Grüne Linie aus den Landkarten auszuradieren, war politisch.«

Mit ihrer Entscheidung löste Bildungsministerin Tamir, Mitbegründerin der Bewegung *Frieden Jetzt*, eine Welle der Empörung aus. Ein Gremium von nationalen Rabbinern, das der Siedlerbewegung nahesteht, hat sogar einen religiösen Bann gegen solche Schulbücher verhängt.»Man darf diese Bücher nicht lesen und man darf sie nicht zu Hause haben«[54], sagte einer der Initiatoren, Rabbiner David Druckman.»Die Erziehungsministerin Juli Tamir hat mit ihren Aktionen offen den Krieg gegen das Land Israel erklärt«, sagte ein anderer Unterzeichner des Banns, Rabbiner Shalom Wolfa. INV-Direktor Haim Srebro wollte sich nicht verpflichten, die Grüne Linie nachzuzeichnen. Diese sei seit dem Friedensvertrag mit Jordanien politisch irrelevant. Und wie soll ein Reisender wissen, ob er sich in Israel oder im Westjordanland befindet?»Die Karte muss nicht alle Probleme lösen.«

Eine turbulente Sitzung des parlamentarischen Bildungsausschusses musste abgebrochen werden, um eine Abstimmung gegen die Ministerin zu verhindern. Bei der nächsten Sitzung stimmte der Ausschuss mit großer Mehrheit gegen die Markierung.»Die Grüne Linie ist tot«, erklärte ein Parlamentsmitglied. Er irrte sich, denn die Ministerin entscheidet, der Ausschuss kann nur Empfehlungen aussprechen. Aber noch bevor die neuen Schulbücher in nächster Zukunft erscheinen, hat die Grüne Linie vor Kurzem ein überraschendes Comeback erlebt – ausgerechnet auf einer militärischen Landkarte, die den Verlauf der Sperranlage markiert, die sich streckenweise an der historischen Linie orientiert.[55] Die neue »Grüne Linie« wurde maschinell erstellt und nicht mit einer leichten Hand, denn sie ist breit. Grün ist sie auch nicht, sondern rosa.

3.2 Der wandernde Israeli

»Ich habe kein anderes Land/
Auch wenn meine Erde brennt/
Nur ein Wort auf Hebräisch drängt
In meine Venen/
Hier ist mein Zuhause.«[56]

Avi Farhan, einer der bekanntesten Israelis, stand am 21. August 2005 auf der Treppe seiner geräumigen Villa in der Siedlung Elei Sinai. Vor ihm standen israelische Soldaten, die gekommen waren, um ihn zu evakuieren. Alle anderen 350 Einwohner der nördlichsten jüdischen Siedlung im Gazastreifen waren schon weg. Die Stille wurde nur vom Krach der Bagger und Bulldozer gestört, die bereits die Häuser der benachbarten Siedlung Dugit abrissen. Die Kadetten der Offiziersschule standen zum Appell. Sie holten die israelische Fahne vom Dach des Hauses und übergaben sie Farhans Sohn Ofer. Zum Abschied las der 59-jährige Israeli mit Tränen in den Augen die letzten Zeilen des berühmten israelischen Liedes *Ein Li Eretz Acheret*, »Ich habe kein anderes Land«. Das Lied hatte Ehud Manor als Reaktion auf den Tod seines Bruders Jehuda an der ägyptischen Front geschrieben. In Israel gilt es als Protestlied gegen die Sinnlosigkeit des ersten Libanonkrieges im Jahr 1982, es wird aber gern auch von rechtsnationalen Israelis wie Farhan »adoptiert«.

Im Januar 2003, zweieinhalb Jahre vor dem Tag der Räumung, war Avi Farhans Welt noch in Ordnung. Ariel Sharon, der »Patron der Siedler« und Vorsitzende des Likudblocks, in dessen Parteikongress Farhan Mitglied war, war gerade ein zweites Mal zum Premierminister gewählt worden. Der Likud errang einen großen Sieg und erhielt doppelt so viele Sitze wie die Arbeitspartei, die auf den zweiten Platz kam. Die Israelis hatten wohl an den Urnen den Chef der Arbeitspartei, Amram Mitzna, bestraft, da er im Wahlkampf einen israelischen Rückzug aus Gaza vorgeschlagen hatte. Das hatte Farhan damals gedacht.

Der Terror in und aus Gaza hielt an, die ersten Kassam-Raketen landeten in Israel und die Palästinenserbehörde beschlagnahmte weder Waffen noch nahm sie Terroristen fest. Gleichzeitig stieg die Zahl der Kriegsdienstverweigerer, darunter waren auch Kampfpiloten und Frontsoldaten von Eliteeinheiten. Die israelische Wirtschaft ging bergab, die Gesellschaft war gespalten und die beiden Friedensinitiativen von Ayalon und Beilin, die eine Teilung Jerusalems vorsahen, wurden immer populärer. Sharon befürchtete eine internationale Einmischung, die Israel zu einem gefährlichen Kompromiss drängen könnte. Zugleich ermittelte die Polizei gegen Sharon und seine Söhne wegen Korruptionsverdachts. Er musste reagieren.

Im Dezember 2003 verkündete Sharon einen historischen Schritt: Israel habe in den Palästinensern keinen zuverlässigen Partner für den Frieden, daher müsse die Einwohnerzahl der Israelis in dichtbevölkerten palästinensischen Gegenden eingeschränkt und die Errichtung des Trennungszauns beschleunigt werden. Im Februar 2004 kündigte er an, er werde 17 Siedlungen in Gaza und drei im Westjordanland räumen lassen. Avi Farhan hingegen warnte: »Die Räumung des ganzen Gazastreifens würde signalisieren, dass sich Israel genau an die Grüne Linie, die Grenze von 1967, zurückzieht: ein gefährlicher Präzedenzfall. Die Raketen werden aus Gaza auf Israel abgefeuert.«

Im Sechs-Tage-Krieg von 1967 kämpfte Farhan als Kompaniechef an der Front auf dem Sinai. Gleich danach bekundete er sein Interesse, auf der von Ägypten eroberten Halbinsel zu wohnen. »Hier entstand das jüdische Volk, und hier hatte ich Freunde im Krieg verloren.« Außerdem war Farhan schon immer ein Seemensch und wollte daher am Strand von Sinai leben. Weil er kein Bauer war, blieb für ihn nur die Kleinstadt Jamit offen. Als der ehemalige Mitarbeiter der Militärbehörde im Gazastreifen Zeitungsanzeigen las, in denen nach »neuen Pionieren« gesucht wurde, meldete er sich sofort an. Farhans Umzugspläne sagten der ersten Rabin-Regierung zu. Der Zionismus erlebte damals einen Tiefpunkt. Die nationale Depression resultierte aus dem überraschenden Angriff Ägyptens und Syriens auf Israel im Yom-Kippur-Krieg 1973 und den verheerenden Folgen der Schlacht: 2.350 israelische Tote. Die PLO – damals noch eine Terrororganisation – wurde international anerkannt und Jassir Arafat durfte im November 1974 vor der UN-Vollversammlung sprechen. 1975 verurteilte dieses Gremium den Zionismus als eine Form von Rassismus.

Die seit der Staatsgründung regierende Arbeitspartei brauchte ein neues Aufbauprojekt, um an der Macht bleiben zu können. So übernahm die Parteiführung den Vorschlag des legendären Kriegshelden Moshe Dayan, an der nördlichen Küste Sinais die Hafenstadt Jamit zu errichten. Eine Viertel Million Israelis sollte eines Tages in dieser Metropole leben, die nicht nur Touristen und Investoren anlocken, sondern auch einen Keil zwischen den Gazastreifen und Ägypten treiben und so die Erweiterung des Palästinensergebiets nach Süden hin verhindern sollte. Im Herbst 1975 konnten die ersten Menschen anlässlich des jüdischen Sukkot, des Laubhüttenfestes[57], ihre Wohnungen in Jamit feierlich beziehen. Damit diese jüdische Siedlung hatte entstehen können, waren die Beduinen aus der Region vertrieben worden. Allein der Armilat-Stamm, der mit dem israelischen Geheimdienst kollaborierte, wurde dafür entschädigt: Die Beduinen erhielten Land im Gazastreifen und bauten das Dorf Dahaniye.

Sechs glückliche Jahre verbrachte Farhan in Jamit – bis der Frieden kam. Nach dem dramatischen Besuch des ägyptischen Präsidenten Anwar Sadat in Jerusalem 1977 verhandelten beide Staatschefs im ersten Camp-David-Gipfel über einen israelisch-ägyptischen Friedensvertrag. Die Räumung der jüdischen Siedlungen war für den rechtsnationalen israelischen Premier Menachem Begin der größte Stolperstein. Erst als er telefonisch die Zustimmung des Ministers Sharon erhalten hatte, stimmte er im Prinzip zu. Das Parlament in Jerusalem folgte und beschloss mit großer Mehrheit, die besetzten Gebiete zurückzugeben und Siedlungen zu räumen. Um seine Regierung zu retten, beschloss Begin die Erweiterung von Siedlungen im Westjordanland. Nach dem Friedensvertrag 1979 war aber klar, dass Farhan bald würde umziehen müssen. Während sich viele radikale Israelis aus dem Norden in Jamit verschanzten und sich tagelang eine Schlacht mit den Evakuierungstruppen lieferten, akzeptierte der Offizier a. D. den Räumungsbefehl.

Währenddessen ordnete Sharon den Abriss aller Häuser der Siedlung an. Sharon behauptete, er folge einer Forderung Ägyptens, was sich später als haltlos erwies. Die Regierung hat den Abriss nicht genehmigt. Die Bewohner und Sympathisanten ketteten sich aneinander und drohten, sie würden sich mit Gasballons in die Luft sprengen. 20 radikale Studenten drohten, sich mit Zyanid zu vergiften. Erst prominente Rabbiner konnten sie davon abbringen. Avi Farhan leistete jedoch keinen Widerstand.

Aus Protest marschierte Farhan nach Jerusalem, in der Hand die blau-weiße Fahne. Nach einigen Schritten fand er im Sand einen glatten Stein, den er aufbewahrt hat. Der Stein sieht wie der bärtige Moses aus, gleichzeitig scheint es, als sei die Landkarte von Eretz-Israel auf ihn gezeichnet. Was bedeutete dieser Stein für ihn in jenem Moment? »Moses mit der Bibel in der Hand, Sinai, das Land Israel. Ich bin traditionsbewusst und sehe darin ein Zeichen.« – Mit dem Stein und der Fahne pilgerten Farhan, seine Frau und die zwölfjährige Tochter Michal in die Hauptstadt, sieben Tage lang. Auf dem Weg drohte er in Interviews, für die »jüdischen Vertriebenen« vor dem Grenzübergang Erez ein Flüchtlingslager zu gründen. Unterwegs traf ihn ein Gesandter des Verteidigungsministers Sharon mit einem Angebot: Einer der letzten Siedler im Sinai solle der erste im Gazastreifen werden. Noch in derselben Woche war Farhan mit Sharons Beamten an diesem Ort. »Auf den ersten Blick wusste ich: Hier wird gebaut, weil die Topografie an Jamit erinnert.« Im Oktober 1982, sechs Monate nach der Räumung und pünktlich zum Sukkot-Fest, wurde bereits der Grundstein gelegt. An Sinai erinnert auch der Dorfname »Elei Sinai«, auf Hebräisch »In Richtung Sinai«. Seit der Räumung unternimmt Farhan mit der Fahne eine jährliche Pilgerfahrt bis zur ägyptischen Grenze, um auf die Reste Jamits zu blicken.

Bis zuletzt versuchte Farhan, seine zweite Räumung – nun in Elei Sinai – zu verhindern. Als ihm die Argumente ausgingen, erklärte sich der in Libyen geborene Vertriebene dazu bereit, unter palästinensischem Regime zu leben, so wie Palästinenser israelische Staatsbürger sein können. »Auf einer Tagung sagte ich, dass ich sogar für das palästinensische Parlament kandidieren will, denn ich spreche ja Arabisch.«

»Eine Hand für die Brüder« nannte Israel die Operation, mit der 42.000 Soldaten und Polizisten rund 14.000 Siedler und Sympathisanten in nur sechs Tagen und ohne Blutvergießen nach Israel zurückbrachten – eine bemerkenswerte Leistung in einer militanten, zerrissenen Gesellschaft, zumal diese Räumung nicht im Rahmen eines Friedensvertrags stattfand, sondern einseitig. Die Kosten erreichten umgerechnet anderthalb Milliarden Euro, davon 750.000 Euro für Entschädigungen – allerdings nur für die jüdischen Brüder. Die 500 geräumten Beduinen, die ihr Leben für den Staat Israel eingesetzt hatten, gingen leer aus. Sie wurden mitten in der Negev-Wüste in kleinen Metallhütten untergebracht, ohne Toiletten, Arbeitserlaubnis oder Krankenversicherung. Nach Gaza können sie als Kollaborateure mit Israel nicht zurückkehren. Erst im Oktober 2007 kam das Kabinett einem Urteil des Obersten Gerichts zuvor und erteilte ihnen einjährige Aufenthaltsgenehmigungen und, im Vergleich zu den jüdischen Siedlern, winzige Entschädigungen.

Der Promi-Siedler Farhan durfte immerhin als Letzter weggehen. Wieder machte er sich auf den Weg zu Fuß nach Jerusalem, mit Frau, Sohn und Enkelkindern. Er trug die abgenutzte Jamit-Flagge, sein Sohn die Fahne, die auf seinem Haus in Jamit geflattert hatte, und die Enkelsöhne Tom und Gal ihre eigenen Banner. Wieder verneigte er sich an den Denkmälern für die getöteten Israelis. Übernachtet hat er unterwegs bei Rabbinern, gespeist mit Ministern, begrüßt wurde er von vielen einfachen Bürgern. Man schätzte seinen Patriotismus und seine Treue zur Fahne. Wieder endete Farhans langer Marsch an der Klagemauer, wieder gab es Tränen, wieder änderte das nichts an der Entscheidung. Irgendwie wirkt Farhan wie ein professioneller Flüchtling. Mit dem Siedlerrat ist er zutiefst zerstritten, vom Volk erntet er Respekt, aber seine Reden über fehlende zionistische Ideale, wachsenden Materialismus und grassierenden Individualismus stoßen bei jungen Israelis auf taube Ohren, zumal Farhans Nachbarn nicht gegen die Räumung, sondern für hohe Entschädigungen kämpften.

Solange Sharon Premierminister war, setzte er sich für seinen persönlichen Flüchtling Farhan ein, der nun ein Dorf für 27 Familien ehemaliger Siedler gründen will – an der Küste nördlich von Tel Aviv. Im Januar 2006 fiel Sharon ins Koma und Farhan eilte ins Krankenhaus. Obwohl Sharon ihn zweimal in die Irre geführt hat, betete Farhan dafür, »dass Arik (Sharons Spitzname) wieder der alte Bulldozer sein wird«. Und das, obwohl Sharon sein Haus zweimal abreißen ließ? »Der Bulldozer Sharon braucht eben gute Berater, damit er nur nach vorne fährt.«

Seit zwei Jahren lebt Farhan mit seiner Familie ausgerechnet in der Stadt Sderot unweit des Gazastreifens. Er klagt über die ständigen Raketenangriffe aus Gaza, die bereits acht Opfer forderten, und das Desinteresse des Staates für die Siedler. »Nur wenige von uns haben bisher ein festes Zuhause.« Farhan verhandelt mit Ministern und Beamten über ein neues Zuhause für die Gruppe im Kibbuz Neve Jam. Ins Westjordanland will der Ex-Siedler aber nicht mehr gehen und somit eine dritte Räumung riskieren: »Ich kann ohne das Mittelmeer nicht leben.«

3.3 Die Rückkehr der Grenze

Man stelle sich folgendes Szenario vor: Die Welt ist im Krieg – einmal mehr. Niemand weiß warum und weswegen. Karawanen von Flüchtlingen ziehen durch die Welt. Einer von ihnen ist ein naiver und egozentrischer Politiker, der unbedingt die *endgültige Grenze* markieren will und zwar sofort, um sein Volk zu überraschen. Nur eine Bedingung stellt er: Dieser Frieden soll allein sein Verdienst sein! Er möchte in die Geschichte eingehen.

Zwei Jahre schrieb der israelische Dramatiker Avishai Milstein an seinem Theaterstück *Die Grenze und die Rückkehr*. Es entstand in einem zweijährigen Workshop des kommunalen Theaters »Notzar« (Entstehen), dessen Regisseur Milstein ist. Geschrieben wurde das Stück in einem euphorischen Jahr für Israelis: Die Zahl der Terroranschläge hatte stark abgenommen, die Wirtschaft blühte und Premierminister Ehud Barak versuchte auf dem Camp-David-Gipfel, »in zwei Minuten den israelisch-palästinensischen Konflikt zu lösen«. Immerhin diente er Milstein als Inspiration für die Figur des Agenten, etwa in der ersten Szene des dritten Akts:

Agent:
Das Volk war enttäuscht!
Meinetwegen, wegen mir!

Vermesser:
Das Volk ist verduftet.

Agent:
Wegen mir, wegen mir!
Wo ist die Grenze?

Vermesser:
Ich erinnere mich nicht!
Die Landkarten sind zerrissen! (Übersetzung: Ulrike Harnisch)

Barak gelang es nicht,»mit einigen Reden und Zeremonien und mit einem Schwertschwung« den Frieden zu bringen. Obwohl er als erster israelischer Regierungschef der Teilung Jerusalems zustimmte, konnten er und Arafat sich nicht über die Grenzziehung in Jerusalem einigen. Arafat lehnte den Vorschlag des US- Präsidenten Bill Clinton ab, die Souveränität über den Tempelberg zu teilen – der obere Teil mit den Moscheen für Palästina, der Berg selbst und der untere Teil mit der Klagemauer für Israel. Er werde die volle Souveränität über den Tempelberg auch dann nicht aufgeben, wenn er dafür Haifa und Jaffa bekäme, bemerkte Arafat damals Clinton gegenüber.[58] Am 25. Juli 2000 scheiterte der Gipfel endgültig an der Markierung der Grenze auf dem Tempelberg.

Die Barak-Figur durfte am 22. September 2000 diese Grenzziehung auf der Bühne des Alhambra-Saals in Jaffa bei der Premiere von *Die Grenze und die Rückkehr* proben.»Die zweite Aufführung musste jedoch ausfallen – weil niemand kam«, erinnert sich Milstein. Jedoch nicht wegen Barak. Die 1948 verschwundene Grenze, die bis dahin Juden und Araber zwischen Tel Aviv und Jaffa getrennt hatte, kehrte zurück. Das Theaterhaus liegt zwar nur wenige Kilometer von Tel Aviv entfernt. Aber für die meisten Zuschauer lag es nun hinter der neuen Grenze, im Feindesland Jaffa.

Was genau war passiert? Der damalige Oppositionsführer Ariel Scharon hatte am 28. September 2000 in Begleitung von bewaffneten Polizeikräften den Tempelberg in Jerusalem besucht. Er wollte ausgerechnet in der heikelsten Phase der Friedensverhandlungen an diesem Ort, der im Zentrum des Konflikts stand, Israels Souveränität demonstrieren. Mit Gewalt war zu rechnen. Militante Palästinenser nahmen die Provokation zum Anlass, einen bewaffneten Aufstand zu starten: Die Zweite Intifada begann. Die Gewalt in den Palästinensergebieten weitete sich jedoch über die *Grüne Linie* ins Kernland Israels aus. Es folgten die schwersten Unruhen in Israel seit 1948.»Bei uns Israelis herrschte das Gefühl, dass man uns wieder ins Meer treiben wollte«, sagt Milstein.»Für eine Satire war das keine gute Zeit.« Fast zwei Wochen lang flammte die Gewalt auch in Jaffa immer wieder auf. Am 1. Oktober warfen Demonstranten Steine und Brandflaschen auf Polizisten, die mit Gummigeschossen reagierten. Ein Team des staatlichen Fernsehens wurde geschlagen und Geschäfte geplündert. Nachdem ein Linienbus mit Steinen beworfen worden war, sperrte die Polizei den Verkehr auf der zentralen Jeffetstraße, die Jaffa mit Tel Aviv verbindet. Am 3. Oktober geriet eine jüdisch-arabische Demonstration außer Kontrolle: Junge Araber setzten Reifen in Brand, warfen Steine, schlugen Fenster ein und verletzten sechs TV-Journalisten. Am 8. Oktober wurden zwei Synagogen in Brand gesetzt. Am nächsten Tag hinderte die Polizei aufgebrachte Juden daran, Araber in Jaffa anzugreifen. Dennoch wurde der moslemische Friedhof in Jaffa geschändet. Daraufhin brannten Wohnungen ortsansässiger Juden. Am 10. Oktober verhinderten Polizisten mit Knüppeln einen jüdischen Angriff auf Araber in Jaffa. Erst nach einer Woche ging die Gewalt stark zurück. Danach brauchten die Zuschauer Zeit, bis sie wieder ins Notzar-Theater fanden.

Die Grenze in den Köpfen kehrte zurück.

3.4 Das alte Paradies in Metzer

An einem warmen Herbsttag im Jahr 2002 nahmen vierzig Mitglieder des Kibbuzes Metzer einen großen Topf mit frischem Kaffee und trugen ihn durch die Bananenplantagen bis ins kleine Tal hinunter. Nach 500 Metern überquerten sie die unsichtbare Grenze ins östliche Westjordanland, die Grüne Linie, und legten ihre Decken zwischen die Olivenbäume. Dort wurden sie bereits von Dutzenden Bewohnern des palästinensischen Dorfes Qaffin erwartet, die vom gegenüber liegenden Hügel heruntergekommen waren. Eine Abschiedsstimmung lag in der Luft, denn bald schon sollte ein Sicherheitszaun die beiden Dörfer trennen, die seit Jahrzehnten ein Beispiel für gute Nachbarschaft darstellten.

Seine Entstehung verdankt der Kibbuz Metzer (hebräisch: Grenze) dem ehemaligen US-Außenminister John Foster Dulles. Im Waffenstillstandsabkommen von 1949 hatte Jordanien auf das Gebiet verzichtet, in dem die Eisenbahnlinie und die Hauptverbindungsstraße zwischen der Mittelmeerküste und Galiläa verlaufen. Israel verlangte diese strategisch wichtige Grenzregion, obwohl sie von Arabern dicht bevölkert war. »Als Dulles die Gegend besuchte, fragte er, weshalb Israel sie überhaupt gefordert hatte, da kein einziger Jude dort wohne«, sagt Doron Liber, damals Geschäftsführer des Kibbuzes. »Metzer war also die passende zionistische Antwort darauf«.

1953 wurde Metzer von argentinischen Neueinwanderern gegründet, die einen Keil zwischen mehrere arabische Dörfer im Grenzbereich treiben sollten. Da die jungen Zionisten nicht am Unabhängigkeitskrieg teilgenommen hatten, entstanden bald gute Beziehungen zu den arabischen Nachbarn. Der Kibbuz teilte einen Wasserbrunnen mit dem arabischen Dorf Meisir und tauschte sogar Grundstücke aus. Beide Ortschaften liegen entlang der gleichen Landstraße, so dass die Bewohner sich gegenseitig im Auto mitnahmen. Architekten der Kibbuzbewegung entwarfen einige Häuser im arabischen Dorf, und eine Zeit lang stellten beide eine gemeinsame Fußballmannschaft. Im Sechs-Tage-Krieg, als die männlichen Kibbuzniks rekrutiert wurden, halfen die arabischen Nachbarn bei der Apfelernte mit.[59]

Nach 1967 eroberte Israel das Westjordanland und tilgte die Grüne Linie. Auch das Dorf Qaffin kam unter israelische Besatzung. Aber die guten Beziehungen zum Kibbuz überstanden die Gewalt. Dieses Einvernehmen zwischen den 500 Israelis in Metzer und den 10.000 Palästinensern in Qaffin überdauerte die Erste Intifada und hielt auch zu Beginn der Zweiten Intifada im Jahr 2000 an. Eines Tages erfuhr Liber von einem Mitarbeiter aus Qaffin, dass die Armee den Sicherheitszaun demnächst auf ihrem Land errichten wolle, und somit die Palästinenser von ihren Olivenhainen trennen wird. Der Plan hat im Dorf große Panik ausgelöst, denn jede zweite

Familie lebte von den Olivenhainen. Liber nahm die Gerüchte nicht ernst, weil der Plan unlogisch war: Wenn schon, dachte er, wird Israel den Zaun entlang der Grünen Linie errichten. Dort stand bereits seit 1999 ein meterhohes Metallgerüst, das den palästinensischen Autoschmuggel verhinderte. Und bei einem Friedensvertrag würde sich Israel ohnehin an diese Grenze von 1967 zurückziehen, also warum zweimal einen Zaun bauen?

Aber Israel dachte anders. Im Sommer 2002 erfuhr Liber, dass die Sperranlage tatsächlich 800 Meter östlich der früheren Grenze verlaufen und die Einwohner von Qaffin für die Sicherheit Israels einen acht Kilometer langen und 50 Meter breiten Streifen stiften sollten, in dem die Armee ihre Olivenbäume entwurzeln würde. Ihre Olivenhaine auf der israelischen Seite der Sperranlage würden die Palästinenser kaum noch erreichen können. Das Militär hatte zwar ein Tor im Zaun und Passierscheine für die Bauern versprochen, aber dem schenkte man nur wenig Glauben. Die Einwohner von Metzer eilten zu Hilfe. »Bei dem Treffen im Tal vereinbarten wir, dass der Zaun direkt entlang der Grünen Linie verlaufen soll«, sagt Liber. »Dafür gaben beide Seiten einen gleich großen Landstreifen ab. Diese Vereinbarung im Olivenhain war historisch, denn sie wurde mit der Genehmigung Jassir Arafats erzielt. Nirgendwo sonst hatte damals die Palästinenserbehörde einem Zaun zugestimmt.«

Die Israelis mussten nur noch das Militär überzeugen, dass die gute Nachbarschaft der beste Sicherheitsgarant sei. Wenn der Zaun nicht auf palästinensischem Land errichtet werde, würden die Nachbarn von Qaffin keinen Anlass haben, dem Kibbuz zu schaden. »Wir lebten im Paradies und waren sicher, dass ein Zaun am falschen Ort uns aus diesem Paradies vertreiben würde.« Die Armee aber nahm ihre Sicherheitsargumente nicht ernst und argumentierte, aufgrund der ruhigen Lage solle der Zaun zuerst in anderen Ortschaften errichtet werden. Die Kibbuzniks fanden in der Zwischenzeit einen General, der ihre pazifistischen Ansichten teilte und sie entsprechend vertrat. Die Pioniere im Kampf gegen den Zaun konnten zuerst den israelischen Verteidigungsminister Benjamin Ben-Eliezer überzeugen, danach seinen Geschäftsführer Amos Yaron. »Zu meiner Überraschung sagte er dem Armeebeauftragten für das Zaunprojekt, Dany Tirza: ›Wir sind nicht eine Armee, die einen Staat hat, sondern umgekehrt‹. Tirza solle uns entgegenkommen.« Ein Termin mit ihm wurde für den 11. November 2002 um 10 Uhr geplant.

Am Vorabend des Treffens drang um 23:30 Uhr ein bewaffneter Palästinenser in den Kibbuz ein. Er erschoss eine Frau, die mit ihrem Freund spazieren war, stürmte dann eine benachbarte Wohnung und erschoss eine junge Mutter zusammen mit ihren fünf- und vierjährigen Kindern und schließlich den Kibbuz-Vorsteher, der auf Patrouille war. Dann ergriff er die Flucht in die Palästinensergebiete. Die Tragödie löste eine Welle der Empörung und Trauer bei Israelis und Palästinensern zugleich aus. »Vier Tage lang kamen täglich Hunderte benachbarter Araber, um uns ihr Beileid und ihre Verachtung für die Tat auszusprechen«, erzählt Liber. »Die Palästinenser in Qaffin waren genauso schockiert wie wir. Sie sagten, dass der 19-jährige Täter sich geirrt und gedacht hatte, er sei in einer Siedlung.« Anderthalb Monate später wurde er bei einer Militäraktion in Tulkarem getötet. Für kurze Zeit rückte der abgelegene Kibbuz ins Zentrum der israelischen Gesellschaft ein. Zu den Trauergästen zählte auch Premier Sharon. Der linke Aktivist Liber war gegen seinen Besuch, »weil er genau das Gegenteil unserer Ideen vertrat«. Aber die überwiegende Mehrheit im Kibbuz hieß Sharon willkommen, und so kam er mit dem Sicherheitskabinett, das im Kindergarten tagte und eine Beschleunigung der Einzäunung versprach.

Aber wo sollte der Zaun verlaufen? Das Militär war nun endlich bereit, der Forderung des Kibbuzes nachzukommen und ihn an der Grünen Linie hochzuziehen. »In diesem Fall sollte jedoch der Baubeginn um vier Monate verschoben werden, weil man im Tal archäologische Funde entdeckt hatte und eine Baugenehmigung von der Ausgrabungsbehörde benötigte.« Aber die Gegend kochte damals.

Am 4. November kamen bei einem Selbstmordanschlag südlich von Metzer zwei Israelis ums Leben. Am 21. Oktober sprengte sich ein Selbstmordattentäter einige Kilometer westlich des Kibbuzes in die Luft und riss 14 Menschen mit in den Tod. Bereits am 18. September kam bei einem anderen Anschlag in der Gegend ein Mensch ums Leben. Wie hätte Liber eine Verschiebung der Bauarbeiten verantworten können? Und konnte er seine palästinensischen Freunde im Stich lassen?

»Die ganze Region hätte mich im Fall einer Verschiebung gekreuzigt«, war er sich sicher. »Außerdem hätte man angesichts des öffentlichen Protestes einen ideologischen Sturkopf wie mich völlig ignoriert.« Liber gab daher keine verbindliche Antwort, der Bau begann wie von der Armee vorgesehen. Qaffin musste 500 der insgesamt 820 Hektar Land einbüßen, die nun hinter dem Zaun liegen.[60] »Aus Angst, sie würden ihre Olivenbäume nicht mehr erreichen können, pflanzten die Palästinenser tausende Bäume um oder verkauften sie«, berichtet er. Um die Qaffiner zu kompensieren und sein schlechtes Gewissen zu reinigen, überredete Liber den Kibbuz, die 70.000 Olivenbäume im »eingesperrten Land« zu pflegen, zum Beispiel bei der Schädlingsbekämpfung. Für die Olivenernte besorgte er Passierscheine für die Palästinenser und rekrutierte jüdische Freiwillige. Obwohl inzwischen die Hamas die Mehrheit im Abgeordnetenhaus in Qaffin stellt, die er boykottiert, versucht er, an der Grenze eine gemeinsame Kläranlage zu bauen.

Fünf Jahre nach dem Terroranschlag vom 10. November 2002 ist die Wunde in Metzer noch nicht geheilt und die Angst noch vorhanden, das schlechte Gewissen ebenso: »Wir scheiterten an der wichtigsten Aufgabe: Unser Haus zu verteidigen.« Durch die High-Tech-Sperranlage fühlen sich die Bewohner nun sicherer, »aber mein Herz schmerzt wegen der Landeinnahme«. Der öffentliche Druck zwang die Armee, den Qaffinern zwei Tore zu ihrem Land einzubauen, die aber anfangs nur vormittags offen waren. Außerdem erhielten nur wenige Dorfbewohner einen Passierschein. Immerhin gelang es Liber, für die acht Palästinenser, die in Metzer arbeiten, Sondergenehmigungen zu erhalten, womit sich die Fahrtdauer von zwei Stunden auf 20 Minuten reduziert. Und obwohl es verboten ist, besucht er weiterhin seine Freunde in Qaffin regelmäßig. Zum jüdischen Tu-Bischwat-Fest, dem Neujahr der Bäume, pflanzte er am 25. Januar 2008 zusammen mit 200 »guten Juden« auf das Land der Qaffiner auf der israelischen Seite des Zauns eintausend Setzlinge. Doron Liber hegt weiterhin die Hoffnung, eines Tages das alte Paradies in Metzer wiederherzustellen: ohne Zaun und ohne Stacheldraht.

3.5 Der Trennungszaun

Eine karge Landschaft im Heiligen Land. Die Felder sind gelb und trocken, nur einzelne Bäume weisen darauf hin, dass man nicht in der Wüste ist. Still ist es dennoch nicht. Es wird gegraben und gebaggert, gehämmert und geklopft. Bauleiter Shimon Avraham grinst in die Kamera. Er hätte gern jüdische Bauarbeiter beschäftigt, sagt er, aber er findet keine. Dafür ist Ahmad aus Nablus sehr zufrieden: »Man bezahlt sehr gut und überhaupt ist Arbeit gut.« Abu Hani aus einem benachbarten Dorf glaubt, dass das Bauprojekt nur Geldverschwendung sei. Sein Gesicht will er nicht zeigen: »Die PLO würde mich umbringen!« Denn beide Palästinenser arbeiten am größten Bauvorhaben Israels: dem Sicherheitszaun. »Ist es nicht merkwürdig, dass sie sich selbst einzäunen?«, fragt die Regisseurin Simone Bitton im Dokumentarfilm *Wall*. Avraham verneint. »Im Gegenteil, das ist gut für sie, denn die Palästinenser – anders als die Israelis – erhalten kein Arbeitslosengeld, und wer keine Arbeit hat, verhungert.« Viele Palästinenser haben bisher an der Errichtung der Sperranlage gearbeitet, bestätigt Dany Tirza, ehemaliger Leiter der militärischen Zaunbehörde. »Sie wurden fair entlohnt und sorgten für Ruhe in ihren Dörfern. Im Dorf Zbuba beispielsweise, in dem fast alle Männer am Zaun mitarbeiteten, pflas-

terten wir umsonst alle Dorfwege und einen Basketballplatz.« Diese
Ruhe war notwendig, denn die Sperranlage ist derzeit die größte
Bauinvestition Israels. Bisher genehmigte die Regierung eine Strecke von 726 Kilometern, die Mauer umfasst nur 35 Kilometer
davon. Rund 700 Unternehmen sind daran beteiligt. Die Kosten

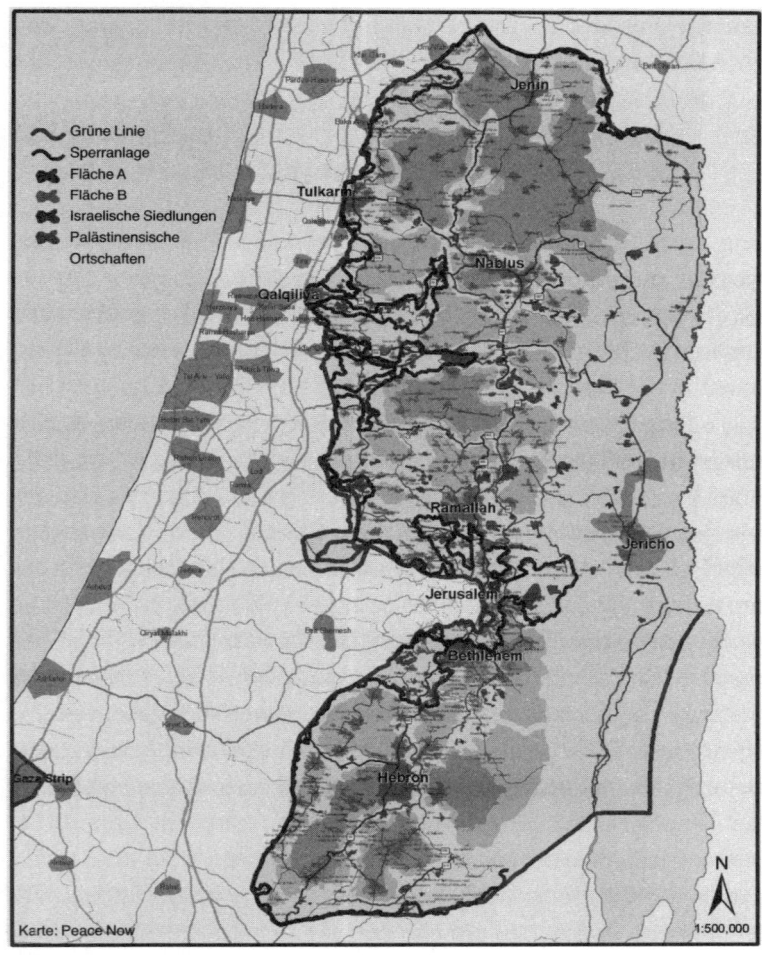

schätzt Tirza auf etwa zwei Milliarden Euro, einschließlich Grenzstationen, elektronischen Anlagen und Entschädigung für die enteigneten Landbesitzer. »Wegen des Drucks der Palästinenserbehörde nahm nur jeder Zehnte Palästinenser sein Geld, aber der Rest wartet in einem speziellen Fond des Finanzministeriums«, sagt Tirza.

Die israelische »Mauer« hat viele Namen: Trennungszaun, Sperranlage, Anti-Terror-Barriere. Um das unpopuläre Wort »Grenze« – einen politischen Begriff – zu vermeiden, erfand das Verteidigungsministerium den Terminus »Nahtbereich«, *Merhav Hatefer*, was eher an Textilien erinnert. Die offizielle Funktion der Anlage ist es laut Oberstem Gericht in Israel, die Sicherheit der Israelis und der Siedler im Westjordanland und im Gazastreifen (das Urteil kam vor der Räumung) zu stärken. Sie bildet trotz aller Dementis auch die Grundlage der künftigen Grenze zwischen Israel und Palästina. Es ist eine einmalige und einseitige Grenze: Auf beiden Seiten leben Israelis, auf beiden operiert die israelische Armee. Sie schränkt nur die Palästinenser stark ein, vor allem diejenigen, die zwischen der Grünen Linie und dem Zaun in Enklaven leben – abgeschnitten von ihrem wirtschaftlichen und sozialen Umfeld.

Die Regierung hatte lange argumentiert, der Verlauf würde nur anhand militärischer Gesichtspunkte bestimmt, und der Zaun sei nur vorläufig. Später hieß es, jede Umstellung würde Millionen kosten, auch wenn hier und da die Erweiterung der Siedlungen berücksichtigt wurde. Die große Mehrheit der Israelis befürwortet einen Zaun, der die großen Siedlungsblöcke schützt und daher teilweise östlich der Grünen Linie verläuft. Der öffentliche Diskurs beschränkt sich auf Fragen der Effizienz und Kosten. Der Streit darüber, ob eine Trennung von den Palästinensern einseitig oder in Verhandlungen stattfinden soll, dauert an. Die Erkenntnis, dass diese Sicherheitsanlage auch den künftigen Grenzverlauf festlegt, drängt sich inzwischen auf. Der genaue Verlauf von Zaun und Mauer interessiert jedoch kaum jemanden in Israel.

In einer surrealistischen Szene des Theaterstücks *Plonter* der Israelin Yael Ronen laufen die Schauspieler als Schafe verkleidet ihren täglichen Weg zur Wiese. Plötzlich halten sie inne. Eine neue graue Mauer versperrt ihren Weg. Ihre einzige Reaktion auf die anormale Situation ist ein langes »Mähhh!«. Darsteller Yaniv Biton erzählt, dass die Dramatikerin und Regisseurin Ronen rasch erkannte, welches Potenzial die spontane Schauspiel-Improvisation barg: »Die Tiere verstehen nicht, was diese Mauer soll, sie denken, wie dämlich können diese Menschen sein, dass sie die Natur durch eine Mauer trennen. Nach dem ersten Schock zucken die Schafe jedoch mit den Achseln und versuchen, die Mauer zu umgehen. Damit stehen die Schafe sinnbildlich für die meisten Israelis, die ebenso passiv reagieren: ›Was, man teilt das Land in zwei? Na gut, dann gehen wir fernsehen, oder wir bauen eine Umgehungsstraße‹«.

Die Sperranlage teilt nicht nur das Land, sondern auch die jüdischen Siedler im Westjordanland. Rund 210.000 lebten im Juni 2007 auf der sicheren westlichen Seite (die knapp 200.000 Israelis im annektierten Ost-Jerusalem gelten im Lande nicht als Siedler). Für die 65.000 Ost-Siedler stellt der Zaun eine Bedrohung dar. Uri Elizur, Vize-Redakteur der nationalen Wochenzeitung *Makor Rishon* und ehemaliger Generalsekretär des Siedlerrates, stellt sich diese Frage oft. Denn er wohnt jenseits, also östlich des Zaunes in der Siedlung Ofra. Täglich fährt er durch den Grenzterminal, wo er manchmal 15 Minuten warten muss, manchmal 45. »Wir werden angehalten und kontrolliert.« Der Zaun beunruhigt ihn sehr, »weil jeder versteht, dass er eine Grenze markiert«. Die Richter des Obersten Gerichts und die Politiker von Links und der Mitte wollten die »Ost-Siedler« nicht länger dulden. Der frühere Büroleiter des Premiers Benjamin Netanjahu schaffte mit seinen Freunden 35 Jahre lang Fakten vor Ort, »um die Besiedlung unumkehrbar zu machen, während die Linken nur redeten und Zeremonien in Genf veranstalteten. Der Zaun schaffte nun Tatsachen gegen uns, denn, wenn die Armee das Gebiet östlich des Zauns verlassen würde, ziehen wir alle weg«. Seine kreative Lösung des Konflikts ist die Teilung des Westjordanlandes zwischen Israel und Jordanien, um die Gründung eines Palästinenserstaates zu verhindern. »Die Tragödie der Palästinenser ist, dass sie auf meinem Land leben. Und die Lösung ihrer Tragödie liegt in einer Konföderation mit Jordanien.«

Wie kaum ein anderer Israeli kämpft auch der ehemalige General Shaul Arieli gegen den Zaun, obwohl er zugibt, dass dieser partiell gegen den Terror, illegale Einwanderung und (palästinensische) Eigentumsdelikte helfe. Mit Beifall von Elizur kann Arieli, ehemaliger Berater des Premiers Ehud Barak, jedoch nicht rechnen, denn Arieli setzt sich für einen Zaun entlang der Grünen Linie ein. Das begründet er mit der Sicherheit. Er warnte von Beginn an, dass der Zaun 250.000 Palästinenser in Enklaven zwischen dem Zaun und der Grünen Linie einsperrt, die meisten in Ost-Jerusalem, 27.000 westlich der Sperranlage. Weitere 200.000 können ihr Land und ihre Wasserbrunnen nur beschränkt erreichen. Die Sperranlage schneide sie alle von ihren Arbeitsplätzen und ihrem sozialen Umfeld ab. Daher würden sie immer bedürftiger und anfälliger für Terroraktionen.

Hunderttausende Israelis und Palästinenser überqueren täglich die Grenzübergänge zum Westjordanland. 27 Checkpoints gelten ausschließlich für Israelis, 38 für Palästinenser. Nur wenige sind rund um die Uhr offen, manche nur zwölf Stunden am Tag, wieder andere werden zwei- bis dreimal täglich für Bauern, die von ihrem Land getrennt sind, aufgemacht. Elf zusätzliche Tore stehen den Bauern nur während der Erntezeit offen. Palästinenser brauchen Passierscheine, Israelis nicht. Zur Sicherung der im Zickzack ange-legten Sperranlage sowie der Übergänge bedarf es mehrerer Trup-pen.[61] Knapp 1000 Soldaten schützen die 197 Kilometer lange Strecke um Jerusalem. Die Arbeiten an der Sperranlage sollten im September 2005 beendet sein, aber im November 2007 war die Strecke um Jerusalem erst halb fertig, und seit dem Sommer 2007 ruhen die Bauarbeiten.[62] Der Abriss mehrerer Zaunteile auf Anordnung der Gerichte kostet Dutzende Millionen Euro jedes Jahr. Einen Teil dieser Kosten verursachte Arieli selbst, indem er Klagen vor dem Obersten Gericht unterstützte. Wie viel Sicherheit bietet die Sicherheitsanlage? Der palästinensische Terror ist seit dem Baubeginn 2002 stark zurückgegangen, vor allem aber, weil die israelische Armee und der Geheimdienst in palästinensischen Wohngebieten Verhaftungen und Kontrollen durchführten und Checkpoints errichteten. Außerdem kann auch diese gigantische Grenzanlage allein das Schmuggeln von Waffen und Munition nicht verhindern. Noch kann sie vor Beschuss von Raketen schützen. Das beweisen die Verhältnisse im Gazastreifen. Fest steht, dass sie keine politische Lösung des Konflikts darstellt. Die teure Anlage hat eher psychologisch gewirkt, denn bisher wurde kaum ein Selbstmordattentäter direkt an der Grenzanlage festgenommen. 2002 wurden 451 Israelis durch Terroranschläge getötet, 2006 waren es 30. 2007 ist mit einem einzigen Terroranschlag und drei Opfern das ruhigste Jahr seit Beginn der Intifada im Jahr 2000 gewesen. »Dennoch kommen zu meinem Haus in West-Jerusalem ständig Palästinenser ohne Passierscheine, die nach Arbeit suchen«, sagt Dror Etkes, der ehemalige Siedlungsexperte von *Peace Now*. »Ich nehme an, dass sie durch die Übergänge nach Israel gelangen«. Manche Palästinenser gefährden ihr Leben und überqueren den Zaun, um illegal Arbeit in Israel zu suchen.

Jerusalem ist die Achillesferse der Sicherheitsanlage. Rund 130.000 Menschen passieren die Durchgänge um die Hauptstadt täglich, sodass eine allzu gründliche Durchsuchung den Verkehr lahmlegen würde. Die Kontrollen an den 17 Übergängen um Jerusalem werden nur stichprobenartig durchgeführt. Alle Terroranschläge seit 2005 kamen durch den so genannten »Jerusalem Einwickler«, ein plüschiger Name für eine Trennanlage. Auch die rund 50 Palästinenser, die 2007 um Nablus festgenommen wurden, weil sie einen Selbstmordanschlag geplant hatten, erzählten im Verhör, instruiert worden zu sein, über Jerusalem nach Israel einzureisen. Der Geheimdienst zeichnete auf der Basis dieser Verhöre eine klare Route: Ein palästinensisches Taxi hält auf der Strecke zwischen Jenin und Nablus an, der Attentäter steigt in einen Wagen mit israelischem Nummernschild um, der entweder geraubt wurde oder einem arabischen Israeli oder einem Palästinenser aus Ost-Jerusalem gehört, und fährt nach Jerusalem. Die Sprengstoffgürtel, die im Oktober 2007 in Tel-Aviv rechtzeitig entdeckt wurden, waren auf diesem Weg in die Küstenstadt gelangt: Von Nablus in das Jordantal, an fünf Checkpoints vorbei, dann nach Jerusalem durch den Checkpoint a-Zaim, dann weiter nach Tel Aviv. Die Armee stellte auch fest, dass junge Palästinenser nur zwölf Sekunden brauchen, um über die Mauer innerhalb Jerusalems zu klettern, die – wie auch der Zaun in der Hauptstadt – zum großen Teil nicht elektronisch gesichert ist. Aus bürokratischen Gründen schützen seit 2006 die Polizei und die Armee diese Strecke. Die Palästinenser wissen bereits, dass die Polizei, anders als die Armee, prinzipiell nicht auf Grenzübergänger schießt. Und sie wissen auch, auf welchen Strecken die Polizei zuständig ist. Manche Grenzübergänge wurden zudem privatisiert. Die privaten Betreiber, die Armee und die Polizei sind jedoch nicht miteinander vernetzt, was die Sicherheit beeinträchtigt.

Die Privatisierung der Grenzübergänge seit 2006 hat ein Wunder geschaffen: Die Palästinenser sehnen sich nach den Soldaten zurück.»Die privaten Wächter sind schlimmer, und es wird täglich unerträglicher«, sagt Bassam Jichje über die privaten Grenzschützer.[63] »Die Soldaten haben nur einzelne Verdächtige angehalten, jetzt sind es 90 % der Männer. Wir müssen uns in einem Raum vor den anderen ausziehen, unsere Handys werden uns abgenommen, und wir warten bis zu einer Stunde. Wenn einer von uns Probleme macht, hören sie auf mit den Kontrollen und schließen den Grenzübergang.« Die Privatisierung soll die Sicherheitskontrollen und den Service verbessern sowie Geld sparen. Claire Oren von der Menschenrechtsorganisation *Machsom Watch* berichtet, die Sicherheitsleute seien aggressiver als die Grenzschützer und sprächen kaum Arabisch.»Wenn ein Problem auftaucht, kann man sich nicht mehr wie früher an den Kommandanten wenden. Man hat keinen Gesprächspartner. Manchmal leiten die Sicherheitsleute den Checkpoint eigenständig.« Ob die privaten Grenzschützer auch das Feuer eröffnen dürfen und wem sie direkt unterstellt sind, war im September 2007 noch nicht klar. Der Zaunplaner Tirza jedoch beteuert, dass das Verteidigungsministerium die privaten Checkpoints eng kontrolliere und die Ergebnisse bisher sehr gut seien.

Die Sperranlage ist eine massive israelische Reaktion auf den palästinensischen Terror – auf Kosten der gesamten palästinensischen Bevölkerung. Sie zementiert die zerplatzten Träume von einer friedlichen Beilegung des israelisch-palästinensischen Konfliktes. Sie entstand jedoch sehr zögerlich, stückweise und erst unter dem Druck der öffentlichen Meinung und vor allem der Israelis, die entlang der Grünen Linien leben. Ihr Verlauf wurde teilweise vor Gericht bestimmt – im Kampf zwischen den israelischen Sicherheitsbedürfnissen, den palästinensischen Menschenrechten und den Expansionswünschen der Siedler. Angesichts des Terrors lehnten lediglich die Ultralinken und die Ultrarechten die Sperranlage vollkommen ab. Die gemäßigten Linken versuchten sie an die Grüne Linie heranzuziehen, die gemäßigten Rechten in die andere Richtung. Die endgültige Route ist daher das Ergebnis dieses israelischen Armdrückens auf der palästinensischen Tischplatte. Der Zaun und die Mauer ließen fast alle israelisch-palästinensischen Kontakte abreißen, und haben die Palästinenser aus dem israelischen öffentlichen Diskurs verdrängt. So wie die Grüne Linie soll auch die brutale Barriere offiziell ein Provisorium sein. De facto markiert sie die künftige Grenze Israels.

Nach zwei Terroranschlägen, bei denen 22 Israelis gestorben waren, ordnete Premier Rabin im Januar 1995 eine Trennung zwischen Israelis und Palästinensern an. Der zuständige Finanzminister lehnte das Projekt jedoch aus finanziellen Gründen ab.[64] Auch Rabins Nachfolger, Schimon Peres, sprach sich in seiner kurzen Amtsführung nach Rabins Ermordung gegen einen Zaun aus, um nicht die israelisch-palästinensische Zusammenarbeit und die Vision eines »neuen Nahen Ostens« zu gefährden.[65] Erst die Netanjahu-Regierung entwickelte »den Hindernisplan«, der Betonblöcke,

Erdwälle und Wachtürme entlang der Grünen Linie vorsah. Der Plan wurde jedoch wegen des Widerstandes der rechtsnationalen Minister eingefroren. Im Wahlkampf 1999 machte der Chef der Arbeitspartei, Ehud Barak, die Trennung von den Palästinensern zur Chefsache und prägte den Slogan:»Wir sind hier, sie sind dort.« Er wurde im gleichen Jahr Premierminister.

Populär wurde die Idee des Trennungszaunes mit der Zweiten Intifada ab September 2000. Noch im November ordnete Barak die Errichtung des »Fahrzeughindernisses« im nordwestlichen Teil der Grünen Linie an. Diese Stahlkonstruktion sollte Autobomben vom Westjordanland und Autodieben den Weg versperren. Im Februar 2001 wurde Sharon Premierminister, der wiederum eine Teilung des Landes Israel aus ideologischen Gründen ablehnte. Er wollte »mit den Arabern zusammenleben« und warnte davor, viele der 200.000 jüdischen Siedler physisch auszugrenzen. Aber der palästinensische Terror in den israelischen Städten kam aus dem Westjordanland. Im Jahr 2001 starben bei Anschlägen innerhalb Israels 87 Zivilisten und 17 Soldaten, was dazu führte, dass der Zaun an Popularität, auch bei vielen Rechten, gewann. Im Oktober 2001 entstand die rechtsnationale Bewegung »Zaun zum Leben«. Diese Aktivisten kämpften für den Zaun aus Sicherheitsgründen, überließen den Verlauf jedoch der Regierung. Eine Räumung von Siedlungen und einen Palästinenserstaat lehnten sie ab. Im Juni 2002 klagten sie vor dem Obersten Gericht, um einen Zaun »zumindest« entlang der Grünen Linie durchzusetzen.

Die Blutspur ging weiter – sie durchzog Tel Aviv, Haifa und Jerusalem, Busse, Restaurants und Märkte. In den ersten anderthalb Jahren der Intifada fanden 55 der 81 Selbstmordanschläge innerhalb Israels statt – nicht in den besetzten Gebieten. Allein im März 2002 starben 87 Menschen in Israel durch Terroranschläge. Die Stimmung kippte. Zwei Drittel der Israelis forderten nun eine physische Trennung von den Palästinensern, auch diejenigen, die darin kein Zaubermittel gegen den Terror sahen. Denn nur jeder Zweite war überzeugt, dass ein Zaun den Terror eindämmen würde. Die politischen Folgen der Sperranlage interessierten weniger. Nur eine knappe Mehrheit wollte die Räumung zahlreicher Siedlungen, nur jeder Zweite einen Palästinenserstaat.[66]

Während die Regierung zögerte, begannen lokale Initiativen von Bürgern, die in unmittelbarer Nähe zu palästinensischen Ortschaften lebten, sich einzuzäunen. Sie forderten Ministerien dazu auf, dies zu finanzieren. Der Bürgermeister der Gilboa-Region nördlich des Westjordanlandes, Danny Atar, plante beispielsweise, in den USA eine Investmentfirma zu gründen, um einen Zaun in seiner Gegend zu finanzieren. Im Dorf Bat Hefer, direkt an der Grünen Linie, bauten die Bewohner selbst eine Mauer, um sich gegen palästinensische Scharfschützen zu verteidigen. Erst später verlängerte das Verteidigungsministerium die Betonmauer auf vier Kilometer und erhöhte sie auf dreieinhalb Meter.[67] Eine Mauer entstand ebenfalls an den Stellen der neuen Autobahn, die an die palästinensischen Städte Qalqiliya und Tulkarem angrenzen.

Die Israelis wollten einen Zaun im Westjordanland, weil er in Gaza seine Effektivität gegen Selbstmordanschläge erwiesen hatte. Die Rabin-Regierung hatte den Gazastreifen 1994 entlang der Grünen Linie als Teil des israelischen Rückzugs im Rahmen des Oslo-Vertrags umzäunt. Dieser Zaun sollte jedoch weder die Siedlungen schützen noch die politische Grenze markieren, sondern die unkontrollierte Einreise von Palästinensern nach Israel eindämmen. Zu Beginn der Zweiten Intifada hatten die Palästinenser ihn jedoch weitgehend abgerissen. Im Dezember 2000 begann daher Doron Almog, inzwischen General der Südkommandos, ihn neu zu errichten. Entlang der Grenze schuf er eine Pufferzone von einem Kilometer, in der alle Bäume entwurzelt wurden. Neue Wachposten, modernste Technologie und gelockerte Schießbefehle im Grenzbereich führten dazu, dass alle 400 Versuche illegaler Grenzüberschreitungen während seiner Dienstzeit bis 2003 scheiterten – jeder dritte direkt am Zaun.

Das Volk wollte seinen Zaun, und im April 2002 zeigte der andauernde öffentliche Protest Wirkung: Die Sharon-Regierung beschloss den Baubeginn im nordwestlichen Teil des Westjordanlandes und um Jerusalem herum – auf einer Strecke von 110 Kilometern. Um die Siedler zu besänftigen, bremste Sharon die Bauarbeiten monatelang und verkündete immer wieder, dass der Zaun die Grenzen nicht bestimme. Erst im Oktober 2003 beschloss das Kabinett einen Zaun entlang des ganzen Westjordanlandes. Unter dem Druck des Siedlerrates ließ er jedoch eine Route entwerfen, die so viele Israelis und so wenig Palästinenser wie möglich einzäunt. Um Terroristen auf Distanz zu halten, durfte der Zaun nicht direkt an jüdischen Ortschaften entlangführen, sondern musste eine gewisse Pufferzone aufweisen. »Werden wir den Palästinensern erlauben, ihr Land bis zum Zaun zu bearbeiten, werden wir dadurch Terroristen ermöglichen, von dort anzugreifen«, warnte General Doron Almog.

Die bisweilen groteske Situation am Zaun greift das Theaterstück *Plonter* von Yael Ronen (Übersetzung: Sharon Nuni) auf, in dem ein palästinensisches Paar im Morgengrauen von einem Baumeister geweckt wird. Folgender Dialog entsteht im Wohnzimmer:

Palästinensischer Mann:	Sie will wissen, wer Sie sind und was Sie hier machen.
Der Baumeister:	Was heißt denn das? Hat man Ihnen nichts gesagt? Es ist wegen der Trennung.
Palästinensischer Mann:	Welche Trennung?
Der Baumeister:	Sie sind mir einer! Wie ein kleines Kind! Sie sind mitten in der Aufteilung für die Mauer. Mitten drin – Sie sind die Trennlinie.
Palästinensischer Mann:	*(Übersetzt.)* Bauen Sie den Zaun durch unser Haus?

85

Der Baumeister:	Nein, nein, wie kommen Sie auf Zaun? Eine Mauer! Neun Meter hoch, reiner Betonguss, gepanzert, feuerfest und wasserdicht. Ein Zaun? Seh' ich aus wie ein Gärtner?
Palästinensischer Mann:	Wie werden wir durchgehen?
Der Baumeister:	Was haben Sie auf der anderen Seite zu suchen? Das ist israelisches Gebiet.
Palästinensisches Paar:	Da sind die Toiletten, das Badezimmer und die Küche!
Der Baumeister:	Und verwenden Sie die oft?

Diese Szene ist nicht völlig absurd. Denn die neue Grenzanlage durchkreuzte palästinensische Dörfer und Nachbarschaften, trennte viele Bauern von ihren Feldern, Kinder von ihren Schulen und Beamte von ihren Ministerien. Jihad Assad zum Beispiel lebt zusammen mit 65 Familienangehörigen im geteilten palästinensischen Dorf Nazlat Issa direkt an der Mauer – auf der israelischen Seite.[68] Jeden Morgen überquert er die Grenze auf dem Weg zu seinem Arbeitsplatz im palästinensischen Wirtschaftsministerium in Ramallah. Die Assads haben keine israelischen Ausweise und dürfen Israel nicht betreten – nicht einmal das angrenzende arabisch-israelische Dorf Baka al-Garbie. Das könnte der Mann zu Fuß in Minuten ohne irgendwelche Kontrollen erreichen. Er tut es aber nicht, um keinen Ärger zu bekommen. Das Israel der Assads beschränkt sich auf die sechs Häuser, in denen sie wohnen. Die Realität an diesem Ort ist sehr dramatisch, erzählt »Mr. Zaun« Danny Tirza, der ehemalige Armeebeauftragte für das Zaunprojekt. »Eine Familie hat in ihrem Haus zwei Türen: die eine in Israel ist offen, die andere im Westjordanland hat Israel abgeriegelt. Auf dem Dach stehen israelische Soldaten Wache.«

Die Grenzanlage ist nur ein Provisorium, verspricht »Mr. Zaun«. Sie sieht aber nicht sehr beweglich aus. Der drei Meter hohe Zaun ist mit Elektrodrähten versehen und auf eine Betonstruktur gespannt. Jede Berührung sendet ein elektronisches Warnsignal an das Kontrollzentrum, »wo man alles sieht und alles hört«. Binnen Minuten können Wachtruppen vor Ort sein, um einen Grenzübertritt zu vereiteln. Kameras und Radaranlagen beobachten die Grenzgegend. Der Zaun auf der palästinensischen Seite ist 1,80 Meter hoch, so das israelische Verteidigungsministerium. Davor ist ein Graben, um Autos zu stoppen, ein Patrouillenweg grenzt an den elektronischen Zaun. Diesen wiederum flankiert ein Sandstreifen, auf dem Grenzgänger Spuren hinterlassen. Dann kommt ein zweiter Patrouillenweg, ein zweiter Sandstreifen und schließlich noch ein 1,80-Meter-Zaun. Die 50 Meter breite Sperranlage sollte massiv genug sein, um visuell klar zu machen, dass hier kein Übergang ist, sodass jeder Übergänger als »potenzieller Terrorist« betrachtet wird, heißt es. Nur in den Abschnitten, in denen ein Beschuss von Häusern (in den Dörfern Matan und Bat Hefer) oder auf Autos (die Autobahn bei Tulkarem und Qalqiliya) wahrscheinlich ist, sowie in Jerusalem wurde eine Betonmauer errichtet. Diese 30-Kilometer-Abschnitte machen nur 4 % der gesamten Sperranlage aus, sind aber für Fernsehreporter, Friedensaktivisten, Touristen und Fotografen besonders attraktiv – für die Palästinenser hingegen weniger.

Die Entscheidung der UN-Vollversammlung, die Gesetzmäßigkeit der Mauer prüfen zu lassen, und der internationale öffentliche Druck zeigten Wirkung auf die israelische Justiz. Im Juni 2004 erklärte das israelische Oberste Gericht zwar, dass die Sperranlage an sich legal sei und der Sicherheit diene. Zugleich aber annullierten die Richter 30 Kilometer des Zauns um Jerusalem mit der Begründung, dass die Strecke das Leben von 35.000 Palästinensern unverhältnismäßig stark belaste und sie von ihrem Land trenne. Tirza nannte das Urteil »einen schwarzen Tag für Israel und einen Hohn für alle Terroropfer«. Für diese Bemerkung wurde der Beamte vom Oberstaatsanwalt scharf gerügt.

Die Richter in Den Haag waren aber noch kritischer. Einen Monat später äußerten sie die Befürchtung, dass die Sperranlage Tatsachen schaffe, die einer De-facto-Annektierung gleichkämen und die künftigen Grenzen Israels bestimmten. Im Juli 2005 nährte der israelische General Eval Giladi, strategischer Berater von Sharon und Olmert, diese Befürchtung mit den Worten: »In zwei, drei Jahren, wenn wir einen Gesprächspartner haben, wird die Verhandlung vom Zaunverlauf her beginnen und nicht von der Grenze von 1967 (der Grünen Linie). Dieser Verlauf wurde daher als eine gute Zwischenstation für uns gestaltet, obwohl er keine endgültige Linie ist.«[69]

Vor dem Hintergrund des internationalen Drucks musste Israel beweisen, dass der Zaun nicht dazu dient, Siedlungen zu erweitern und palästinensisches Land zu beschlagnahmen. Auch die Armee begann, mehr Rücksicht auf die betroffenen Palästinenser zu nehmen, selbstverständlich ohne Israels Sicherheitsinteressen allzu sehr zu vernachlässigen. Und siehe da, ein Wunder geschah: Im Februar 2005 ordnete Sharon an, die Sperranlage näher an der Grünen Linie zu ziehen. Dadurch wurde eine Enklave von vier palästinensischen Dörfern bei Bethlehem vermieden. Gleichzeitig erweiterte Sharon die Route streckenmäßig, um auch den großen Siedlungsblock um Maale Adumim östlich von Jerusalem einzuzäunen. Dort wohnt übrigens der Planer des Zaunprojekts, der Siedler Dany Tirza, der den Zaun erfolgreich in unzähligen Prozessen vor Gericht verteidigte. Um die internationale Kritik abzudämpfen, beschloss die Regierung am gleichen Tag auch den Abzug aus Gaza.

Seitdem schrumpft die Sperranlage nach jedem juristischen »Waschgang«. Ein Beispiel von vielen ist der Beschluss des Obersten Gerichts vom Juni 2006, dass anderthalb Kilometer Zaun östlich der Siedlung Tzufin abgebaut werden müssen, weil der Zaun dort aus politischen und nicht aus sicherheitsbedingten Gründen auf dem Boden palästinensischer Dörfer errichtet worden sei. Der Zaun diene lediglich einer möglichen Erweiterung der Siedlung. Die

Richter übten scharfe Kritik am Verteidigungsministerium (eigentlich an Tirza), das die wahren Gründe für den Bau verheimlicht und damit die gerichtliche Autorisation des Projekts 2002 erwirkt hatte.

Aufgrund des neuen Richterspruches wurde Tirza übrigens entlassen.

Zwar stehen heute, nach fünf Jahren intensiver Arbeit, erst 60 % der elektronischen Grenzanlage. Doch sind die Bauarbeiten fast zum Erliegen gekommen, weil das Verteidigungsministerium den Etat gekürzt hat. »Man wird sich daran beim nächsten Anschlag erinnern«, sagt Tirza verbittert. Die Regionen um die großen Siedlungen Maale Adumim und Ariel sowie der Siedlungsblock Gush Etzion werden daher provisorisch mit einem einfachen Zaun, die unsicheren Stellen von Truppen geschützt. Die Armee hat wichtigere Aufgaben, etwa die Abwehr der Raketenangriffe aus dem Gazastreifen, dessen Zaun als Musterbeispiel für die Sperranlage im Westjordanland galt. Wann also wird die Sperranlage, das größte und teuerste Bauprojekt Israels, fertig gestellt sein? Diese Frage kann niemand in Israel beantworten.

3.6 Der Blick über den Zaun – Israelis und Palästinenser schreiben Geschichte

Im Januar 2004, mitten in der Zweiten Intifada, wurde in Israel eine konspirative Gruppe aufgedeckt. Diese agierte heimlich in mehreren Schulklassen und verbreitete gefährliche Informationen über den israelisch-palästinensischen Konflikt. So zumindest sah es das israelische Bildungsministerium. In Wirklichkeit arbeiteten 14 israelische und 14 palästinensische Geschichtslehrer, Historiker und Pädagogen gemeinsam, um ihren Schülern einen Blick über den Zaun und die Mauer zu ermöglichen.

Seit Ende 2001 schrieben sie zusammen Materialien für den Unterricht, die den Konflikt zwischen ihren beiden Völkern aus beiden Perspektiven darstellen. »Dadurch wollten wir eine friedliche

Atmosphäre im Geist der Oslo-Abkommen schaffen«, sagt der Historiker Eyal Naveh, Leiter der israelischen Lehrergruppe.»Aber als wir endlich anfingen, lag Oslo bereits in Ruinen.« Die Zweite Intifada wütete.»An eine gemeinsame Darstellung des 100-jährigen Konflikts war nicht mehr zu denken, nur daran, die Geschichtsschreibung des anderen zu kennen und zu respektieren«, sagt der israelische Professor für Psychologie, Dan Bar-On. Zusammen mit dem palästinensischen Professor und Pädagogen Sami Adwan gründete er 1988 das PRIME-Institut (Peace Research Institute in the Middle East) in Beit Jala bei Bethlehem, dessen Ko-Direktoren sie sind. Ziel des Instituts ist es, die intellektuelle Infrastruktur des Friedens zu bauen, damit sich die Kinder beider Seiten nicht als Feinde betrachten.[70]

Als im Jahr 2004 der Vorsitzende des Pädagogischen Sekretariats, das die oberste Instanz des israelischen Bildungsministeriums darstellt, von der Initiative erfuhr, griff er sofort ein. In einem Brief an den Direktor des Gymnasiums im Kibbuz Giv'at Brenner schrieb Yaakov Katz:»Die Lehrer dürfen ohne die Genehmigung des zuständigen Beamten im Bildungsministerium nicht aus nicht autorisierten Schulbüchern unterrichten und/oder in Schulen Experimente mit Lernmaterialien durchführen. Sie haben die Lehrer darüber zu informieren, dass es ihnen verboten ist, in irgendeiner Weise die Broschüre *Die historische Narrative des Anderen unterrichten* zu verwenden. Bei Zuwiderhandeln wäre ich gezwungen, gegen sie [die Lehrer] disziplinarische Maßnahmen zu verhängen.«[71] Katz schickte Kopien des Briefes an die damalige Bildungsministerin.

»Ich wurde daraufhin zur Schulinspektorin zitiert, die aber ganz auf meiner Seite stand, weil ich diese Initiative immer mit dem Schuldirektor koordiniert hatte«, erzählt Niv Keidar, Geschichtslehrer an der Brenner-Schule.»Sie hat mir geholfen, dieses Verbot zu umgehen.« Naomi Vered vom Kibbuz Kfar Ruppin, Geschichtslehrerin am Gaon Hayarden Gymnasium, wurde aus dem gleichen Grund zum Schuldirektor gerufen.»Er wusste aber, dass ich eine zuverlässige zionistische Lehrerin bin und versprach der Inspektorin daher nicht, dass ich damit aufhören würde, dieses Thema zu behandeln. Ohnehin unterrichte ich nicht direkt aus der Broschüre, sondern ich fotokopiere bestimmte Texte.« Vered war dennoch überrascht von der Panik im Ministerium.

Katz schrieb seinen Brief, kurz nachdem die Projektgruppe in einer israelischen Lokalzeitung entlarvt worden war. Die Lehrer wurden aber weder entlassen noch verhaftet. In der neuen Regierung ersetzte Juli Tamir, Mitbegründerin der Peace-Now-Bewegung, ihre rechtsnationale Vorgängerin Limor Livnat als Bildungsministerin. Zwei Jahre danach haben die Projektteilnehmer zwar immer noch keine offizielle Genehmigung für ihr Wirken, aber immerhin werden sie nicht mehr vom Ministerium bedroht. Die palästinensischen Bildungsbehörden zeigten viel weniger Interesse daran. »Mein Schuldirektor ordnete mir an, die Stadtverwaltung zu fragen«, erzählt der palästinensische Lehrer und Projektkoordinator Khalil Bader aus dem Ost-Jerusalemer Stadtteil Isawije. »So unterrichtete ich im ersten Jahr, ohne den Schulleiter zu informieren, auf mein Risiko hin. Danach erklärte ich ihm das Projekt, und er machte die Augen zu.«

Die von PRIME konzipierten drei Broschüren, *Die historische Narrative des Anderen unterrichten*, stellten den Konflikt in Israel/Palästina anhand der wichtigsten historischen Etappen aus beiden Perspektiven dar. Das Projekt geht zurück auf das israelisch-palästinensische Wye-Abkommen von 1998, in dem auch Fördermittel für friedensstiftende Initiativen vereinbart wurden. Später stiegen amerikanische und europäische Stiftungen sowie das Georg-Eckert-Institut für Internationale Schulbuchforschung (GEI) in Braunschweig ein, das Unterrichtsmaterialien untersucht und Schulbuchautoren berät. Die israelischen und palästinensischen Lehrer unterstützten die Idee einer Zwei-Staaten-Lösung durch Verhandlungen, nicht durch Gewalt. Beim Anfertigen des Unterrichtsmaterials konnte keine Seite der anderen ihr Geschichtsbild vorschreiben – man konnte nur versuchen, zu überzeugen. Jeder Lehrer setzte sich mit einem historischen Thema auseinander und schrieb den entsprechenden Beitrag in seiner Sprache, also in Hebräisch oder Arabisch. Dann wurden die Texte übersetzt und anschließend von den beiden Autoren diskutiert – auf Englisch. Am Ende debattierten alle Lehrer über die verschiedenen Beiträge.

Das erste große Wortgefecht entzündete sich an der Darstellung des Sechs-Tage-Krieges von 1967. »Für uns ist er ein israelischer Angriffskrieg, für die Israelis ein Verteidigungskrieg«, sagt der Palästinenser Khalil Bader. Sein israelischer Kollege Keidar protestierte gegen die blutigen Beschreibungen israelischer Soldaten als »beinahe SS-Einsatzgruppen«, welche die Israelis ihrerseits als Dämonisierung ablehnten. Er vermisste außerdem palästinensische Selbstkritik. Diese und ähnliche erbitterte Diskussionen verebbten aber mit der Zeit, die Projektteilnehmer lernten, extreme Anschuldigungen abzumildern. »Unser einziges Ziel ist doch, dass jeder seine Schüler auch über die Perspektive der Gegenseite unterrichtet. Wenn die entsprechenden Texte aber zu extrem ausfallen, lehnen die Schüler sie ab, weil sie ihrem Weltbild einfach zu sehr widersprechen«, so Vered. Dieses Argument überzeugte.

Die Grenzen in den Köpfen der Projektteilnehmer wurden maßgeblich von den physischen Grenzen und dem andauernden gegenseitigen Blutvergießen bestimmt. »Einer unserer Lehrer sagte, er wurde vor dem Treffen am Checkpoint erniedrigt«, sagt Bader. Ein anderer schied aus, nachdem sein Bruder von der Armee verhaftet worden war. Bader besitzt einen israelischen Personalausweis und kann überall in Israel herumfahren. »Aber meine Kollegen im Projekt kommen meistens aus dem Westjordanland und brauchen Sondergenehmigungen, die manche von ihnen nicht bekommen. Sie können nur mit großer Mühe nach Ost-Jerusalem einreisen, und daher ist es nicht so einfach, die gemeinsamen Treffen zu organisieren.« Seit dem Ausbruch der Zweiten Intifada im Herbst 2000 ist es wiederum den Israelis verboten, die Palästinensergebiete zu betreten. Andererseits werden Israelis am Checkpoint zurückgeschickt. Schließlich siegte auch hier der Pragmatismus: Die

Arbeitstreffen wurden in die christliche Schule Talita Kumi in Beit Jala verlegt, die seit Jahren Kontakte zu jüdischen Israelis pflegt. »Es ist für Israelis immerhin leichter, nach Beit Jala zu kommen als für Palästinenser, ins palästinensische Ost-Jerusalem zu reisen«, sagt Bader. »Nur ein einziger israelischer Lehrer ist nicht dabei, weil ihm seine Verwandten aus Angst um seine Sicherheit davon abgeraten haben.«

2002 war das erste Schulheft fertig – zwei Darstellungen, auf jeder Seite geschmückt mit den beiden Nationalfahnen. Sie standen in krassem Kontrast zur eskalierenden Gewalt. Das hatte natürlich Konsequenzen für die Präsentation des Heftes in den Schulklassen der 10. und 11. Jahrgangsstufe. »In manchen Klassen protestierten alle gegen die israelischen Fähnchen«, sagt Bader. »Sie sahen darin das Symbol des Feindes.« Der Widerstand war am größten in Flüchtlingslagern, wo auch das Leiden am größten war. In den ausgewählten israelischen Schulen, vor allem in Kibbuzim oder in einer Demokratieschule, war die Ablehnung geringer. »Aber da überzeugten wir nur die Überzeugten«, gibt der israelische Historiker Eyal Naveh zu. »Doch eigentlich kannten auch sie die palästinensische Sicht nicht. Jeder Versuch, nationalreligiöse oder rechtsgerichtete Schulen für unser Lernmaterial zu interessieren, scheiterte«. Beim nächsten Treffen vereinbarten die Lehrer, auf die Fahnen in ihren Publikationen zu verzichten.

Sehr mühsam verlief der gemeinsame Gang durch die hundert Jahre umstrittener Geschichte – »im nahöstlichen Tempo eben«, sagt Naveh. Bei der Zusammenarbeit am zweiten und dritten Heft stellten die Lehrer enorme Verbesserungen fest, aus Partnern wurden Freunde. Doch trotz der Sympathie hat keine Seite die Geschichtsschreibung der anderen übernommen, nur hingenommen. »Ich bin sehr zionistisch«, sagt die Lehrerin Naomi Vered. »Aber meinem Zionismus widerspricht nicht, dass ich die anderen verstehe. Mir fällt zwar auf, dass wir immer selbstkritisch sind und sie niemals. Aber sie haben vermutlich Angst und greifen uns an, weil sie leiden.«

Heute stehen die drei Hefte parat, in denen jede Seite in drei Spalten geteilt wurde: Rechts steht die israelische Sichtweise, links die palästinensische und in der Mitte leere Zeilen, in die der jeweilige Schüler seine eigene Meinung schreiben soll. Ein Vergleich der rechten und der linken Spalte zeigt, dass Israelis und Palästinenser nicht nur unterschiedliche Begrifflichkeiten haben und die historischen Ereignisse anders bewerten, sondern auch vollkommen anders darstellen. Die Israelis stellen die Fakten sachlich dar und zitieren aus historischen Dokumenten und Schulbüchern. Die palästinensische Darstellung ist emotional und enthält Zitate von Schriftstellern, Dichtern und Zeitzeugen sowie Zeichnungen und Fotos. Die Israelis definierten den Zionismus so: »Die nationale Bewegung des jüdischen Volkes, die vor dem Hintergrund der enttäuschten Emanzipation und des Antisemitismus an Bedeutung gewann und die historische Sehnsucht der Juden nach Zion (der biblische Name Jerusalems) und dem biblischen Land Israel zum Ausdruck brachte.« Die Palästinenser definieren den Zionismus als »eine drastische internationale Lösung des jüdischen Problems, die die jüdische Religion in einen nationalistischen Bezug zu einem jüdischen Staat verwandelte. Diese kolonialistische Bewegung wurde durch den Wettbewerb der europäischen Kolonialmächte in Afrika und Asien geboren und vom britischen Imperialismus genutzt.« »Die internationale Resonanz auf das neue Lernprojekt ist so groß«, sagt Naveh, »dass ich meine Arbeit einstellen könnte, um nur noch von einer Tagung in die andere zu reisen«. Die Hefte wurden bereits ins Englische, Französische, Italienische, Spanische, Katalanische und demnächst ins Deutsche übersetzt. Naveh erhielt Einladungen aus Bosnien, Albanien und Mazedonien. »Nur hier in Israel und Palästina will uns niemand, und so ist unsere Zukunft ungewiss.«

Und was sagen die Kinder über ihre neuen Unterrichtsmaterialien? »Kein einziger meiner palästinensischen Schüler würde zugeben, dass die Israelis Recht haben, aber manche sagen, dass sie nun die israelische Position besser verstehen«, erzählt Bader. Die israelische Lehrerin Vered hingegen sagt, den meisten ihrer Schüler war es nicht neu, dass die Palästinenser andere Sichtweisen auf Israels Unabhängigkeitskrieg und den Sechs-Tage-Krieg haben. »Was mich traurig und besorgt stimmte, war, dass sie zwar zuhörten, aber keinerlei Sympathie für die Palästinenser empfanden. Ich erzählte ihnen zum Beispiel von einem arabischen Vater, der seine bei der Vertreibung von 1948 verloren gegangene kleine Tochter suchte und wie er sie nach mehreren Tagen endlich fand – in einem Kreis tanzender Kinder. Meine Schüler blieben ungerührt von dieser Geschichte, die bei mir die Erinnerung an Erzählungen jüdischer Überlebender hervorgerufen hat. Aber ich habe keinen Zweifel daran, dass dieser Unterricht einen schmalen Spalt in der Mauer öffnet. Auch die radikalsten Kinder können die Probleme nun ausgewogener betrachten. Einer von ihnen sagte mir: ›Die Palästinenser haben Recht, dass sie die Realität so sehen, aber dennoch muss man ihnen keinen Zentimeter Land zurückgeben‹. Unser Ansatz ist zwar der richtige, aber er braucht Zeit. Ich arbeite mit einer Klasse drei Jahre, um Sensibilität für die andere Seite zu schaffen. Nicht unsere Schulmaterialien sind gefährlich, sondern die Chance, den Frieden zu verpassen – denn damit verdammen wir unsere Kinder dazu, einen neuen Krieg zu führen.«

Nir Keidar wollte wissen, was seine Schüler der neunten Klasse im Gymnasium des Kibbuz Givat Brenner von den neuen israelisch-palästinensischen Unterrichtsmaterialien halten. Hier sind seine Fragen und einige Antworten:

1. Ist es richtig, die israelischen Schüler über beide Sichtweisen des Konflikts zu unterrichten und warum?

Ja, damit wir nicht denken, dass wir immer Recht haben, und damit wir erfahren, warum die andere Seite sauer oder zufrieden ist.

Ja, weil ich nun verstehe, warum der Konflikt so groß ist und dass auch unsere Seite manches vertuscht.

Ja, nur so können wir uns ein wenig mit unseren Nachbarn identifizieren.

2. War es für dich schwierig, die palästinensische Geschichts-schreibung zu lernen? Inwiefern? Die Meinungen gingen auseinander, eine der Antworten:

Ja, weil sie die Dinge anders sehen und uns daher angreifen. Der ganze Konflikt ist ein Missverständnis.

3. Hat dich die palästinensische Sicht überrascht? Hast du eine Logik darin gefunden?

Nein, denn sie hat im Vergleich zur zionistischen Sicht keine Logik.

Ja, ein wenig. Sie ist schon irgendwie vernünftig.

Nein, jedes Volk sieht die Geschichte auf seine eigene Weise und entstellt sie für seine eigenen Zwecke, auch wir.

Ja, weil sie logisch ist. Wir sind doch alle Menschen und machen manchmal Fehler.

4. Kanntest du die zionistische Geschichtsdarstellung vor diesem Unterricht?

Nein, es war mir alles neu.

Teilweise. Ich wusste zum Beispiel nichts über die Kibbuzbewegung der 1920er-Jahre.

Ja, ich kannte sie, wusste aber nicht, wie sehr sie sich von der palästinensischen unterscheidet.

5. Hat sich deine Sicht des Konflikts während des Studiums geändert?

Nein, aber ich wusste nicht, wie groß und verwirrend er ist.

Ja, total! Ich habe gelernt, auch die Sicht der Palästinenser zu schätzen. Nun sehe ich die Sachen klar und kann allein entscheiden, wo die Gerechtigkeit liegt.

6. Was ist das Wichtigste, das du in diesem Unterricht gelernt hast?

Wie wichtig die Freiheit ist.

4. Ein demokratischer Staat für die Juden, ein jüdischer Staat für die Araber

4.1 Die Mauer zwischen Ramla und Ramle

Zu Beginn des Schuljahres 2007 schlugen aufgeregte jüdisch-israelische Eltern in der Stadt Ramla Alarm: Die Mauer, die ihr Viertel Ganei Dan vom benachbarten Juarish trennt, war eingebrochen! Sie fragten vorwurfsvoll, ob der Bürgermeister auf eine Katastrophe warte. »Sorgen Sie dafür, dass unsere Kinder wieder in Sicherheit spielen können«, forderte eine besorgte Mutter. Anfang November war es so weit: Die umgeworfene, zwei Meter lange Strecke aus Ziegelsteinen wurde wieder aufgebaut, die Normalität kehrte zurück.

Die einzige Mauer in Israel, die die Ruhe auf einem Kinderspielplatz bewahren soll, steht in der jüdisch-arabischen Stadt Ramla östlich von Tel Aviv. Die Betonwand ist vier Meter hoch und zwei Kilometer lang. Sie wurde 1995 von einem Bauunternehmen mit der Genehmigung des Bürgermeisters Yoel Lavi errichtet, um den damals neu entstandenen jüdischen Stadtteil Ganei Dan vom arabischen Juarish zu trennen. »Sonst wären viele Eigentumswohnungen in Ganei Dan leer geblieben«, sagt Adnan Jarushi, Ratsvorsitzender in Juarish. »Viele Juden kauften ihre Wohnungen, ohne den Ort zu besichtigen und ohne zu wissen, dass in Juarish damals ein Bandenkrieg tobte«, ergänzt Buthaina Dabit, die beim Sozialverein Shatil das Projekt jüdisch-arabische Städte leitet. Die Angst war berechtigt. Seit 1990 kämpften die beduinischen Großfamilien

Jarushi und Karaja um die Vorherrschaft auf dem Drogenmarkt in Juarish. Dabei starben 40 Menschen, die meisten von ihnen waren Unbeteiligte. Erst dem damaligen Infrastrukturminister Ariel Sharon gelang es, ein Waffenstillstandsabkommen zu vermitteln. Die 40 Karaja-Familien wurden in den Norden umgesiedelt, wo sie von der Regierung neue Wohnungen und eine finanzielle Entschädigung erhielten. Ihre Häuser wurden abgerissen. Die Ruinen stehen bis heute noch, obwohl sie eine Gefahr für die (arabischen) Kinder darstellen.

Seitdem hat sich sehr viel getan in Juarish. Der arabische Stadtteil erhielt – nach 50 Jahren – eine Kanalisation und die erste asphaltierte Straße. In Zusammenarbeit mit der jüdischen Gemeinde in der US-Partnerstadt Kansas City wurde die Grundschule renoviert. Als Nawal Abu Amer 1998 als Schulleiterin begann, studierte man »in Baracken, in denen Schlangen krochen, und saß auf Bänken, die jüdische Schulen entsorgt hatten«. Heute ist sie stolz auf das moderne Gebäude mit 70 PCs, einem Labor, einer großen Bibliothek und einem Sportplatz, was die Schüler der Stadtverwaltung verdanken. Die Zahl der Lehrer ist gestiegen und der Anteil der Schüler, die weiter zum Gymnasium gehen, hat sich verdoppelt. Das neue Jugendzentrum ist sehr aktiv. Nur das Stigma ist geblieben – und die Mauer.

Bürgermeister Yoel Lavi regiert Ramla seit 1993 mit eiserner Hand. Der ehemalige General und das Mitglied der rechtsnationalen Likud-Partei hat den Spitznamen »Bulldozer« – wegen seiner Tat- und Durchsetzungskraft sowie seiner undiplomatischen Art, vor allem Arabern gegenüber. Doch auch seine politischen Gegner erkennen, dass er die Stadt modernisiert, den Haushalt ausgeglichen und das Bildungssystem verbessert hat. »Er hat Ramla entscheidend nach vorne gebracht«, sagt ein Stadtkenner, der anonym bleiben will. »Vor seiner Zeit lag Ramla 20 Jahre hinter Israel, jetzt sind es nur drei Jahre. Es macht endlich Spaß, hier zu leben.« Besonders stolz ist Lavi nach eigenem Bekunden darauf, dass er fast 20.000 Neueinwanderer in die Stadt führte· Obwohl es ihm nicht gelungen ist zu verhindern, dass der Anteil der jüdischen an der gesamten Bevölkerung weiter sinkt, wurde er 2003 mit 85 % der Stimmen für eine dritte Amtszeit gewählt. Er ist der populärste Bürgermeister Israels, und das in einer »gemischten Stadt«, in der jeder fünfte Einwohner arabisch ist.

In fünf israelischen Städten leben Juden und Araber gemeinsam: Ramla, Haifa, Akko, Jaffa (ein Stadtteil von Tel Aviv) und Lod. Jeder zehnte Araber lebt in unmittelbarer Nachbarschaft zu Juden. Dabei ist Ramla die einzige Stadt in Israel, die von Arabern errichtet wurde – im Jahre 716. Der Ummayah Khalif Suliman Abd el Malik baute die Hauptstadt der Region Palästina auf Sand, Arabisch »Ramel«, und nannte sie »Ramle«. Die Stadt, die auf dem Weg zwischen Jaffa und Jerusalem liegt, hatte breite Straßen, Herbergen, ein Hamam und viele Feigen- und Dattelbäume. Sie überstand die Kreuzzüge, das Osmanenreich und das britische Mandat. Vor dem Krieg 1948 lebten in Ramle 17.000 Araber. Nach der israelischen Eroberung im Juli 1948 wurden die meisten vertrieben, nur 900 durften in der Stadt bleiben, die in Ramla umbenannt wurde. In den leer stehenden Häusern wurden 6.000 jüdische Einwanderer einquartiert. 1950 siedelte Israel Beduinen und Palästinenser aus dem Süden vorläufig nach Ramla um. »Wir lebten anderthalb Jahre in einem Zeltlager, bis der Staat das Dorf Juarish vorbereitete«, sagt der arabisch-israelische Ratsvorsitzende Jarushi. Da sie damals die Verteilung der Grundstücke mit der Landbehörde nicht schriftlich fixiert hatten, gelten die meisten später gebauten Häuser als illegal und werden immer wieder abgerissen.

Die Mauer umzingelt Juarish nicht von allen Seiten, aber die Bewohner fühlen sich eingesperrt. Obwohl Juarish seit 1965 ein Stadtteil Ramlas ist, erhielten sie jahrzehntelang keine Dienstleistungen und zahlten daher auch keine Gemeindesteuer. Mangels öffentlicher Flächen hat der Stadtteil bis heute weder einen Park noch ein Einkaufszentrum. Ein kleiner Kiosk bedient die Schule auf der anderen Straßenseite, für Brot und Milch muss man einige Kilometer fahren, und die einzige Kinderklinik ist in einer Privatwohnung eingerichtet. Aus der einzigen Zufahrtsstraße nach Juarish kann man nicht mehr in den jüdischen Stadtteil Ganei Dan abbiegen. Nach mehreren Beschwerden blockierte die Stadtverwaltung den Zugang für Autos in *Rechov Hashalom*, hebräisch: die Friedensstraße. Die Buslinie, die früher zumindest bis zur einzigen Einfahrt ins Viertel fuhr, machte lange Zeit einen Bogen um Juarish. Die 3.000 Bewohner mussten mehr als einen Kilometer zur nächsten Bushaltestelle laufen. Erst nachdem die Vereinigung für Bürgerrechte in Israel (ACRI) gegen diese Verhältnisse klagte, erhielten die arabischen Bewohner wieder Zugang zu öffentlichen Verkehrsmitteln. Die Kinder in Juarish haben Freunde und sogar Verwandte in Ganei Dan. »Was verboten ist, weckt selbstverständlich die Neugier der Kinder«, sagt die Schulleiterin Amer. Nachdem in Ganei Dan, direkt auf der »jüdischen Seite« der Mauer, ein kleiner Spielplatz entstand, wollten die arabischen Kinder mitspielen. Die größeren kletterten gelegentlich hinüber, die kleineren schauten frustriert zu. Dann schaltete sich die Natur ein: Allmählich schwemmte Regenwasser die Fundamente der Mauer aus. Die arabischen Kinder halfen nach und gruben drei schmale Tunnel. Die jüdischen Kinder verließen die Schaukel zugunsten des neuen Spiels. So krochen die arabischen Vierjährigen in eine Richtung, die jüdischen in die andere.

Auch die Erwachsenen beachteten die Betonregeln nicht mehr. Die ersten jüdischen Familien verkauften ihre Eigentumswohnungen – an interessierte Araber. Rund 30 arabische Familien leben bereits in Ganei Dan, sagt Amer. »Juden ziehen weg, weil sie nicht neben Juarish leben wollen, und Araber ziehen hin, weil der Preis günstig ist.« Für 130.000 Dollar erwarb Salam el-Kalak dort eine Vier-Zimmer-Dachgeschosswohnung und ist sehr zufrieden. Die jüdischen Nachbarn akzeptieren el-Kalak, nur die arabischen Kinder aus Juarish sind ihnen ein Dorn im Auge. Nawal Abu Amer wohnt in Ganei Dan seit fast 20 Jahren. »Ich komme mit den jüdischen Nachbarn sehr gut zurecht, und die Kinder gehen in den gleichen Kindergarten.« Ihr jüngster Sohn Wasim nutzte früher die

Tunnel, um den Weg zu seinen Großeltern in Juarish um zwei Kilometer abzukürzen. Sie selbst, seit Jahren im arabisch-jüdischen Dialog aktiv, feierte den Sieg des Lebens über die künstlich gezogenen Grenzen.

Die Ängste der jüdischen Erwachsenen galten jedoch mehr als die Spielfreude der Kinder. Die Eltern beschwerten sich und die Stadtverwaltung blockierte pünktlich zum Beginn des Schuljahres 2004 die gefährlichen Tunnel – zuerst mit Kakteen, später mit Erde. Der Weg der potenziellen vierjährigen Terroristen wurde versperrt, das Licht am Ende des Tunnels gelöscht. Die eingesperrten arabischen Jugendlichen klettern jedoch weiter mit Leitern über die Mauer, und die jüdischen Mütter am Spielplatz sind weiterhin besorgt. Könnte ein Pädagoge etwa mehr bewirken als eine zwei Kilometer lange Mauer?

Immer mehr israelische Ortschaften zäunen sich ein, um sich von Nachbargemeinden abzugrenzen, die wesentlich ärmer sind und deren Bewohner einer anderen Religion, Nation oder Kultur angehören. Seit November 2002 etwa trennt ein vier Meter hoher Erdwall das noble Villenviertel Keisarija (unweit des römischen Cäsarea) vom armen arabischen Dorf Jasar a-Zarka. Die Stadtverwaltung von Keisarija errichtete den »akustischen Wall« einseitig, um den Lärm aus dem Dorf zu dämmen, das heißt vor allem des Muezzins und der vielen öffentlichen Feste, bei denen immer wieder Freudenschüsse fielen.

Welchen Sinn macht die Mauer noch, nachdem die Gewalt in Juarish erfolgreich bekämpft wurde und immer mehr Araber auf der »jüdischen« Seite in Ganei Dan wohnen? »Nach meinen Erkenntnissen leben keine arabischen Familien in Ganei Dan«, behauptet Bürgermeister Lavi. »Die Mauer ist leider notwendig, weil die muslimischen Kinder und Jugendlichen gewalttätiger sind als andere Gemeinschaften. Sie verhindert die Reibereien zwischen den Kindern.« Schulleiterin Abu Amer ist verwundert über Lavis Unkenntnis und bestätigt: »Ich lebe mit meiner Familie in Ganei Dan und ich bin Araberin. Es gibt keine besondere Gewalt unter Kindern, aber wenn ein Kind in Juarish nichts hat und ein Kind auf der anderen Seite der Mauer alles, löst das Neid aus. Außerdem klettern die Juarish-Jugendlichen ohnehin über die Mauer, sodass diese keinerlei Konflikte verhindern kann«. Juarish sei trotz der Mauer ein Beispiel für jüdisch-arabisches Zusammenleben, sagt Ratsvorsitzender Jarushi. »Wir alle haben jüdische Freunde, die uns regelmäßig besuchen.« Täglich fragt er sich, warum die Mauer dennoch steht. Eine Antwort hat er nicht. »Wir brauchen die Mauer nicht«, beharrt Schuldirektorin Abu Amer. Sie hat mit ihrem »guten Freund« Lavi bereits zweimal darüber gesprochen, »aber er ist nur ausgewichen«. Insider sagen, dass der Bürgermeister dadurch die Ruhe im jüdischen Ganei Dan bewahren wolle. »Ohne die Mauer würden doch alle Juden wegziehen.« Das wäre ein schwerer Rückschlag für den Bürgermeister, weil er ständig darum kämpft, Juden nach Ramla zu bringen.

Yoel Lavi hat seine Stadt vorangebracht, nur ihr Image nicht. Er integrierte zwar viele Einwanderer, aber der Anteil der Juden geht kontinuierlich zurück: 1995 betrug er 81 %, Ende 2006 nur noch 75 %. Seit Jahren verlassen mehr Menschen Ramla, als sich dort niederlassen. Das liegt nicht an der Stadt, sondern an deren schlechtem Ruf, ist sich der Bürgermeister sicher. »Leider verwechseln die Israelis Ramla mit der palästinensischen Stadt Ramallah«, meint Lavi. »Dabei ist Ramla inzwischen eine der sichersten Städte in Israel, wird aber mit Kriminalität in Verbindung gebracht.« Um das zu ändern, wurde das Ramla-Gefängnis in Ayalon-Gefängnis umbenannt, nach dem lokalen Fluss. Die Haftanstalt darin wurde bereits 1981 von Ramla in Nitzan umbenannt, nach dem damaligen Leiter, der von einer Drogenbande ermordet worden war.

Nun bleibt nur noch der PR-schädliche arabische Stadtname. Der 1948 erfolgten Umbenennung in Ramla verlieh Lavi hinterher eine hebräische Bedeutung: »Ram La« heißt »Erhaben vor Gott«. Empört reagiert er, wenn man seine Stadt »Ramle« nennt, was die meisten Israelis tun, weil das Wort leichter auszusprechen ist. Um den Ruf seiner Stadt aufzupolieren, hat er beschlossen, den Stadtnamen zu ändern. »Ich habe großen Respekt vor den arabischen Stadtgründern und fördere diese Vergangenheit mehr als die Araber selbst«, sagt er. Und wie soll Ramla heißen? »Neve Ayalon« ist ein Vorschlag, die Ayalon-Oase. Aber würde dieser Name nicht an das gerade umbenannte Gefängnis erinnern?

Gerade die arabische Geschichte Ramlas, die mit dem Namen Ramle untrennbar verbunden ist, könnte der israelischen Stadt helfen, eine Touristenattraktion zu werden. Eine neue Initiative, Peace Route Ramla, von einer kanadischen Architekturprofessorin initiiert und von Bürgermeister Lavi unterstützt, soll die historische Altstadt restaurieren. Der so genannte »Weiße Turm« aus dem 8. Jahrhundert soll sogar auf die Liste des UNESCO-Weltkulturerbes gelangen. Wenn die Touristen nicht nur islamische und byzantinische Bauten sehen wollen, sondern auch die Mauer, müssen sie sich beeilen. Denn Bürgermeister Lavi ist optimistisch, dass sie eines Tages abgerissen wird, wenn sich die jüdischen Kinder am Spielplatz nicht mehr bedroht fühlen. Die Sozialaktivistin Dabit sagt dazu nur: »Wer gute Nachbarschaft will, muss Brücken zwischen Juden und Arabern bauen, keine Mauern.«

4.2 Dienen an der Heimatfront

Suha Matri ist eine der bekanntesten Krankenschwestern in Israel. Sie hat weder einem prominenten Patienten das Leben gerettet noch ihn geheiratet, weder im Lotto gewonnen noch in »Israel sucht den Superstar« das Herz der Zuschauer erobert. Die 19-Jährige leistet gerade ihren Zivildienst und ist – noch wichtiger – Araberin und – am wichtigsten – sie lässt sich namentlich interviewen. Das macht sie zu einer echten Rarität. Dass sich junge israelische Araber[72] fast dafür entschuldigen müssen, dass sie freiwillig Zivildienst leisten und darüber positiv in den Medien sprechen, liegt zum einen an der neuen staatlichen Zivildienstbehörde. Diese koordiniert ab 2008 den Zivildienst für jüdische und arabische Israelis, die keinen Militärdienst leisten müssen. Von arabischen Politikern wird sie boykottiert. Zum anderen liegt es am angespannten Verhältnis zwischen den 1,45 Millionen arabischen Israelis, den Behörden und der jüdischen Mehrheit. Seit im Oktober 2000 zwölf arabische Demonstranten von der Polizei erschossen wurden, hat das Misstrauen vieler Araber ihrem Staat gegenüber einen neuen Höhepunkt erreicht. Und seitdem arabische Jugendliche in mehreren Städten aus Solidarität mit dem palästinensischen Aufstand randalierten, sehen zwei Drittel der jüdischen Israelis in ihren arabischen Mitbürgern eine Sicherheitsbedrohung.

Die jüdischen Israelis wissen kaum etwas über die arabische Minderheit im Lande. Zwar ist jeder fünfte Israeli ein palästinensischer Araber, doch kommen diese zum Beispiel in nur 0,7 % der TV-Sendungen vor.[73] Auf den zentralen Nachrichten-Webseiten ist die Präsenz der arabischen Israelis ein wenig größer, allerdings kommen sie meist in einem negativen Kontext vor. Zum Lieblingsaraber avancierte die Figur des einzigen arabischen Ministers, Raleb Majadele. In der Satiresendung *Eretz Nehederet*[74] legt der Politiker seinen Anzug und die Israelfahne ab und enthüllt seinen Trainingsanzug mit dem Symbol der Nationalmannschaft. Dann rappt der Wissenschaft- Kultur- und Sportminister, wie sehr er Israel liebt, und attackiert die Nachbarstaaten: »Wir wollen Frieden, sie nicht, denn in Israel gibt's syrische Oliven, aber in Syrien keine israelischen.« Er singt eine Strophe aus der Nationalhymne Hatikva und wendet sich an den Staat persönlich mit der Botschaft: »Ich liebe dich«. Zum Schluss legt er ein blaues Dreieck zu den Dreiecken einiger Mädchen, um gemeinsam einen großen Davidstern zu bilden. So würden die Israelis ihre arabischen Mitbewohner am liebsten sehen.

Wenn sich zwei Israelis kennen lernen, fragen sie sich gleich, wo sie gedient haben. »Das Dienen ist zum Synonym für den Militärdienst geworden«, sagt Reuven Gal, Gründungsleiter der neuen Zivildienstbehörde. »Das Militär ist einfach überdominant.« So sehr, dass man selbst die Zivildienstbehörde mit Gal einem ehemaligen hohen Offizier anvertraut hat. Das israelische Sicherheitsdienstgesetz befreit religiöse Frauen vom Militärdienst. Zwar sollen sie laut dem Nationaldienstgesetz dafür einen zweijährigen Zivildienst leisten, doch wurde dies niemals durchgesetzt. 1971 beschloss die Regierung, dass Frauen freiwillig am »Nationaldienst« teilnehmen können. Im Jahr 2007 leisteten diesen Dienst etwa 10.000 Frauen, 7.800 von ihnen sind national-religiös. Auf das Urteil des Obersten Gerichts hin, das die Befreiung orthodoxer junger Männer vom Militärdienst als illegal erklärte, legalisierte das Parlament 2002 diese Praxis (»das Tal-Gesetz«), ermöglichte ihnen jedoch einen freiwilligen Zivildienst. 2003 wurde die Ivri-Kommission gegründet, die einen Zivildienst für alle Israelis empfiehlt, die vom Militärdienst befreit wurden. Das Militär solle weiterhin Priorität genießen, gleichzeitig solle die Zivilgesellschaft durch die Einbindung von Minderheitengruppen gestärkt werden. Vor diesem Hintergrund wurde Gal 2005 mit der Gründung der Zivildienstbehörde beauftragt, die im Frühjahr 2008 ihre Arbeit aufnahm.

Der Zivildienst ist keine Pflicht, sondern nur eine Option für Israelis, die vom Militärdienst befreit wurden. Wenn sie sich dafür entscheiden, dienen die Freiwilligen ein oder zwei Jahre im Sozial-, Gesundheits-, Jugend-, Bildungs- oder Familienbereich. Manche leisten ihren Dienst sogar in jüdischen Gemeinden im Ausland. Sie dienen ein Jahr 40 Stunden oder zwei Jahre 20 Stunden pro Woche. Dafür erhalten sie Unterhalts- und Wohngeld sowie ein Stipendium in Höhe von umgerechnet 1.250 Euro pro Dienstjahr. Sie genießen anschließend zudem große finanzielle Erleichterungen in Studium, Weiterbildung, Wohnungserwerb und erhalten eine Urkunde, mit der sich der Staat für ihre Hilfe bedankt.

Die israelische Armee Zahal (Hebräisch für »die Verteidigungsarmee für Israel«) ist längst nicht mehr eine Volksarmee: Sie rekrutierte zuletzt nur 54 % der 18-jährigen Israelis. Theoretisch könnte daher die neue Zivildienstbehörde ein Heer von Freiwilligen aufstellen: 18.000 arabische Israelis, 4.000 orthodox-jüdische und 4.000 national-religiöse oder säkulare Männer. »Ursprünglich wollte ich, dass jeder junge, vom Militärdienst befreite Freiwillige aufgenommen wird«, sagt Gal. »Natürlich haben die Beamten des Finanzministeriums diese Klausel gestrichen, aber die Regierung hat rund 250 neue Stellen pro Jahr versprochen.« Wie groß die Begeisterung für den neuen Service ist, zeigt die Tatsache, dass sich für die ersten neuen 250 Stellen bereits 750 Interessenten gemeldet haben. 2007 dienten bereits 289 Araber, für 2008 haben sich 560 angemeldet. In einer neuen Umfrage unterstützen drei von vier arabischen Israelis den Zivildienst, wenn die Absolventen die gleichen Vergünstigungen wie befreite Soldaten erhalten würden.[75]

Reuven Gal, der in Harvard zum Thema Stresssituationen promovierte, kann diese seine Spezialisierung in diesen Tagen gut gebrauchen. Denn arabisch-israelische Politiker, Vereine und Künstler starteten eine groß angelegte Kampagne gegen den Zivildienst. In einem Videofilm erhält ein junger Araber einen Brief, der an ein Einberufungsschreiben erinnert.[76] Während er liest, kommt ein Teufel zu Besuch, der ihm über die Diskriminierung der arabischen Israelis berichtet. Für den Fall, dass noch Zweifel bestehen, wird der Zuschauer aufgeklärt: »Nationaler Dienst ist der erste Schritt zum Militärdienst.« Die Botschaft ist: Ja zur ehrenamtlichen Arbeit durch arabische Vereine, aber keine Zusammenarbeit mit den israelischen Behörden.

Diese Kampagne erschreckte die jüdischen Israelis. Aber in einer von Gal 2001 durchgeführten Studie sagten jeder dritte Araber und zwei von drei säkularen Juden, sie würden Zivildienst leisten, wenn dies möglich wäre. Jeder fünfte Araber (aber drei von vier weltlichen Juden) würde das tun, um sich für den Staat einzusetzen; 38 % der Araber (und 12 % der säkularen Juden) wollten auf diese Weise ihrer eigenen Gesellschaft helfen. »Die große Diskrepanz zwischen Juden und Arabern bei dieser Studie ist auffällig und bringt zum Ausdruck, dass junge Araber aus der israelischen Gesellschaft hinausgedrängt werden«, schreibt Gal. »Das allein ist eine Berechtigung, ihnen im Rahmen des Zivildienstes die volle Integration in die Gesellschaft zu ermöglichen.«

Wie ein schlechter Witz klingt das für Jafar Farah, Direktor des Mossawa Advocacy Center für die arabischen Israelis, die für ihre Gleichberechtigung kämpft. »Wir sind für arabische Freiwillige zuständig und nicht die Regierung, die ohnehin alle arabischen Vereine finanziell benachteiligt.« Die Regierung könnte auch dadurch zur Gleichberechtigung beitragen, dass sie mehr arabische Arbeiter beschäftigt. »Sind wir Partner oder Untertanen? Das ist die Frage«. Mit der ultraorthodoxen Führung habe die Regierung verhandelt, die arabische jedoch ignoriert und nur im letzten Moment um eine Zustimmung für den Zivildienst gebeten. »Da sagten sie Nein und starteten eine Gegenkampagne, die die angeblich große Zustimmung zum Zivildienst als lächerlich entlarvt.«

Warum wurden keine Araber bei der Gestaltung des Zivildienstes in Israel konsultiert? Reuven Gal sagt, er versuche seit seinem Amtsantritt 2007 vergeblich, einen Dialog herbeizuführen. Auch die Ivri-Kommission, auf deren Empfehlungen der Zivildienst erst gegründet wurde, bemühte sich um das höchste arabisch-israelische Gremium, den »Kontrollausschuss«. Aber die Briefe wurden nicht einmal beantwortet. Trotz aller Bemühungen konnten nicht einmal die zwei Posten für arabische Vertreter in der zehnköpfigen Kommission besetzt werden. »Auch solche Araber, die ihre Unterstützung für unsere Idee äußerten, lehnten ab«, sagt Gal. »Einer kam zu einer unserer Sitzungen, zeigte sich mit dem Projekt einverstanden und bot seine ehrenamtliche Hilfe an, aber nur unter der Bedingung, dass sein Name nirgendwo auftaucht.«

Gleich bei der Besetzung der Gründungskommission nominierte Gal einen jungen Araber und später einen orthodoxen Juden, um klarzumachen, dass er mit den betroffenen Minderheiten zusammenarbeitet. Auch den Gesetzentwurf legte er dem arabischen Kontrollausschuss vor. Eine Stellungnahme erreichte ihn nie. Reuven Gal wirkt zurzeit wie der erste israelische Botschafter im arabischen und orthodox-jüdischen Israel. Seinen »Kunden« zuliebe bietet er sein von allen Seiten gelobtes Projekt zu günstigen Konditionen an. Denn langfristig sollen die Freiwilligen in gemischten Gruppen, nicht in den eigenen Kommunen arbeiten, um den Pluralismus in der israelischen Gesellschaft zu stärken und Brücken zwischen den einander fremden Menschen zu bauen. Tatsächlich begehren die Kunden die »Ware« – kompetente und motivierte Freiwillige auf Staatskosten. Dennoch will sie kaum jemand kaufen. Die meisten wollen nicht einmal im Laden gesehen werden, weil der angenehme Verkäufer für die falsche Firma arbeitet: den Staat Israel.

»Die arabische Führung fühlt sich bedroht, weil sie eine arabische Autonomie in Israel will«, sagt Sammy Smooha. Eine Studie des Soziologieprofessors von der Universität Haifa ergab, dass die Araber gespalten sind: Sie wollen eine kulturelle und keine territoriale Autonomie. Sie lehnen mit großer Mehrheit Israels Definition als jüdischen Staat ab und favorisieren ein binationales Israel, in dem sie nicht mehr eine Minderheit sein würden. Nur jeder Dritte findet es richtig, dass Israel der Staat des jüdischen Volkes ist. Nur jeder Sechste akzeptiert eine zionistisch-jüdische Demokratie innerhalb der Grünen Linie. Dabei markiert der Zionismus die Grenze in den Köpfen: 80 % der Juden, aber nur 3 % der Araber sehen sich als zionistisch an. In Smoohas Studie wirken Araber und Juden wie zwei Igel, die sich aneinander herantasten: Sie suchen die Nähe des anderen, tun es aber mit viel Vorsicht und Misstrauen. Dabei ist die arabische Hand eher ausgestreckt als die jüdische. 90 % der arabischen Israelis, aber nur 70 % der jüdischen wollen sich miteinander befreunden, sich gemeinsam organisieren und unterstützen den gegenseitigen Jugendaustausch.

Die arabische Kampagne gegen den Zivildienst stellt den humanitären Dienst – in Krankenhäusern, Schulen und Altersheimen – als eine Art Sklaverei für den zionistischen Staat dar. »Ich bin kein Diener«, verkündet ein Poster. Der Zivildienst sei »ein billiger Versuch«, die arabische Jugend »aus dem Schoss ihres Volkes zu entführen« und sei »nicht weit von der Einmusterung in die Besatzungsarmee«

entfernt, heißt es auf einem Flugblatt, das in arabischen Gymnasien verteilt wurde.[77] Die arabischen Freiwilligen seien »national und moralisch gescheiterte Sklaven«. Auf einer Tagung gegen den Zivildienst warnte der arabisch-israelische Politiker Jamal Zachalka, Vorsitzender des National Demokratischen Bündnisses, das sich gegen die Definition Israels als jüdischer Staat wendet: »Unsere Gesellschaft wird diese Freiwilligen als Leprakranke betrachten und sie ausstoßen.« Und in einem neuen Lied singt die arabische Rapband DAM zynisch: »Vielleicht könnte ich bei der Polizei helfen – als Roboter, um verdächtige Taschen auf Sprengstoff zu prüfen ... Oder im Altersheim? Aber hallo, werden Araber überhaupt so alt?! Das müsste doch ein Fehler Israels gewesen sein.« Der Refrain wiederholt die Worte »rechts, links«, um einen Militärmarsch zu imitieren.

In dieses Minenfeld tappte Atef Krinawi, Leiter des Vereins für Gleichberechtigung und Nationaldienst im arabischen Sektor, des einzigen arabischen der insgesamt sieben Zivildienstvereine. Der Beduine aus der südlichen Stadt Rahat hat kein Problem mit dem Wort »national« und zieht den alten Namen Nationaldienstbehörde dem neuen Namen Zivildienstbehörde vor. Er und die meisten seiner Verwandten leisteten Militärdienst »und ich bin stolz darauf, denn ich bekomme alle Rechte«. Er argumentiert: »Man kann nicht seine Loyalität teilen. Würde ich in Jordanien leben, würde ich in der jordanischen Armee dienen.«

Nach dem Dienst an der Waffe kämpfte der Finanzministeriumsbeamte ehrenamtlich vier Jahre lang um die Anerkennung seines Vereins für den Zivildienst, die im Mai 2007 erfolgte. Nun wendet er sich vor allem an arabische Interessenten aus ganz Israel, »und es gibt viele von ihnen«, versichert er. Krinawi hat nur 107 Stellen zu vergeben, aber 1.500 Interessenten, »denn auch wir wollen Teil dieses Staates sein. Unsere Bevölkerungsgruppe hat viele Probleme wie Drogen, Diebstahl und Mord. Da sind die Freiwilligen sehr willkommen.« Gleichzeitig aber werden die jungen Aktivisten bedroht, ihre Telefonleitungen wurden gekappt und es gab sogar

Schießereien. »Aber Angst habe ich nur vor Gott, und ich mache nichts Böses, sondern rette Menschen.« So wie Krinawi arbeitet auch Shlomo Bareket, der (jüdische) Rechtsberater des Vereins, ehrenamtlich, weil er im Zivildienst das Potenzial für mehr Gleichberechtigung auf dem Arbeitsmarkt in Israel sieht: »Die Lügenkampagne wirkt nur am Rande – einzelne scheiden aus, andere verschieben ihre Entscheidung. Aber langfristig wird der gesunde Menschenverstand siegen.«

Einige wenige prominente israelische Araber sprechen sich öffentlich für den Zivildienst aus. Die Parlamentsabgeordnete der Arbeitspartei, Nadia Hilo: »Ich bin dafür, weil der Zivildienst keine Pflicht ist, die Verbindung junger Menschen zu ihrer Kommune stärkt, das Ehrenamtliche hervorhebt und keine Voraussetzung für die Gleichstellung ist. Der Staat muss die Verantwortung übernehmen und nicht alles den Vereinen überlassen.« Und der arabische Publizist Nazir Majali erklärt: »Der Zivildienst ist eine gute Sache, solange das Militär und der Geheimdienst keinen Einfluss darauf haben. Unsere Kinder müssen dazu erzogen werden, etwas für ihre Heimat zu tun – und das trägt auch zur Gleichberechtigung bei. Der Erfolg der Gegenkampagne lässt sich damit erklären, dass das Vertrauen in die israelische Regierung gleich null ist. Gleichzeitig vertrauen die Araber auch ihrer eigenen Führung kaum.«

Der Optimist Gal glaubt, dass bald Ruhe um sein Projekt einkehrt und die jungen Araber, nicht die Politiker, mit den Füßen für das staatliche Projekt abstimmen. Wenn ihr Anteil an Freiwilligen den der jüdischen erreicht, wird der strebsame Botschafter Gal auch seinen Dienst als Erfolg bezeichnen.

4.3 Checkpoint Ben Gurion

Es sollte ein schönes Familienwochenende für die damals 52-jährige führende Politikerin der Arbeitspartei Nadia Hilo werden. Sie reiste zusammen mit ihrem Mann, dreien ihrer vier Töchter und einer einjährigen Enkeltochter nach Bulgarien. Doch bereits am internationalen Flughafen Ben Gurion bei Tel Aviv begann an jenem Tag im Jahr 2005 der Ärger. »Zuerst schaute man wiederholt auf meinen Pass, dann auf mich. Ich sah an ihrer Körpersprache, dass die Beamtin zögerte und sich fragte: Ist sie Araberin oder nicht?« Denn der Nachname Hilo wird sowohl von Juden als auch von Arabern getragen. Ein flüchtiger Blick ins Telefonbuch zeigt, dass manche israelischen Hilos in einem Kibbuz wohnen und daher eindeutig jüdisch sind. Andere sind in Nazareth zu Hause, ein klarer Hinweis darauf, dass sie Araber sind. Hilo wohnt in Jaffa, früher eine arabische Stadt, heute ein Stadtteil von Tel Aviv. Weder ihr Vorname noch ihr Aussehen verraten, dass die elegante, selbstbewusste Frau Araberin ist.

Nirgendwo sonst begegnen sich so viele israelische Juden und Araber wie in der Abflughalle des internationalen Flughafens Ben Gurion. Die israelischen werden von den ausländischen Fluggästen in getrennte Warteschlangen zugewiesen. Aber auf welche Seite gehörten die israelischen Bürger der Familie Hilo? »Die Beamten ermittelten höflich, was der Ursprung unseres Namens sei. Ich wusste, warum, und kam gleich auf den Punkt: Wenn Sie eigentlich fragen möchten, ob wir Araber sind, dann ist die Antwort ›Ja‹.« Die Beamten berieten untereinander und kamen zu dem Schluss, dass die Hilos aufgrund ihrer Herkunft nicht in die israelische Warteschlange gehören. »Ich fragte, warum, und er sagte, es tue ihm leid, aber das seien die Vorschriften.«

Nach den Parlamentswahlen 2006 kam Hilo als erste christlich-arabische Israeli in die *Knesset*. Die Abgeordnete der Arbeitspartei versuchte, die andauernden Beschwerden arabischer Israelis über die Sicherheitskontrollen am Flughafen Ben Gurion im Außen- und Sicherheitsausschuss des Parlaments zu diskutieren, wurde aber zurückgewiesen. Im März 2007 beruhigte sie Geheimdienstchef Eyal Diskin bei einem Treffen im Parlament – er berichtete von einem neuen System, das die individuelle intensive Durchsuchung vieler Passagiere, darunter Araber, erübrigen würde.

10,5 Millionen Passagiere nutzten 2007 den internationalen Flughafen Ben Gurion. Nur 623 von ihnen reichten eine Beschwerde ein, etwa über verlorene Gepäckstücke oder grobe Behandlung, sagte Shmuel Chafets, Vertreter der Flughafenbehörde *Reshet*.[78] Die Sicherheitsbeamten, die die Kontrollen durchführen, sind meist Studenten, die für die Flughafenbehörde jobben. Sie werden vom Geheimdienst ausgebildet. Zumindest statistisch gesehen teilen sie die allgemeinen Ansichten jüdischer Israelis über ihre arabischen Mitbewohner: 63 % halten die Araber im Lande für ein Sicherheitsrisiko.[79] 68 % lehnen einen arabischen Nachbarn ab und jeder zweite möchte nicht, dass arabische Freunde ihn zu Hause besuchen.

Die arabisch-israelische Gesellschaft ist eine pluralistische. Jeder Zehnte bezeichnet sich als streng religiös, jeder Vierte als gläubig, jeder Dritte jeweils als traditionell oder ungläubig.[80] Jeder zweite Araber in Israel definiert sich erstrangig nach seiner Religion – Moslem, Christ oder Druse; jeder vierte sieht sich primär jeweils als Palästinenser oder als israelischer Staatsbürger. Vor mehrere Definitionen gestellt, sehen sich fünf von sechs als israelischer Araber oder Palästinenser, nur jeder sechste definiert sich als Israeli gar nicht, 3 % wiederum definieren sich weder als Araber noch als Palästinenser, sondern als Israeli. Über 70 % sagen, dass sie in ihrer Lebensart und ihrem Verhalten mehr den jüdischen Israelis als den Palästinensern im Westjordanland und Gaza ähneln. Falls einmal ein Palästinenserstaat entsteht, würde nur jeder Zehnte dorthin auswandern.

Werden arabisch-israelische Fluggäste generell als Verdächtige behandelt? Auf der Grundlage von 70 aktuellen Beschwerden arabischer Israelis verfasste Rechtsanwalt Tarek Ibrahim von der Arab Association for Human Rights (HRA) eine erste Studie, die im Dezember 2006 erschien. Darin stellte er fest: Solche Durchsuchungen sind keine Ausnahmefälle, sondern eine systematische Politik.[81] Ibrahim schätzt, dass Hunderte israelischer Araber jährlich am Flughafen diskriminiert werden. Die meisten von ihnen reichen keine Beschwerden bei der Flughafenbehörde ein, heißt es in der Studie, weil sie nicht glaubten, damit die diskriminierende Politik beenden zu können.

Worüber beschweren sich arabische Fluggäste? Die Filmemacherin Ibtisam Ma'arana etwa, die Israel 2005 auf dem internationalen Filmfestival in Holland vertrat, hatte sich vor dem Rückflug mit der israelischen Fluggesellschaft El Al halb nackt ausziehen müssen. Sie fühlte sich für einen Moment wie die Palästinenser an den Checkpoints: »In diesem Moment war die Erniedrigung am größten: Ich vertrat Israel auf einem internationalen Festival. Wie können sie mich so erniedrigen, dachte ich. Am liebsten hätte ich meinen Pass und Personalausweis an den Staat zurückgegeben. Denn welche Bedeutung hat diese Staatsbürgerschaft, wenn ich so behandelt werde? Seitdem habe ich viele Einladungen aus den USA abgelehnt, weil ich weitere erniedrigende Durchsuchungen am Flughafen vermeiden wollte.«

Für den ehemaligen Direktor der Flughafenbehörde hingegen, Avi Kostelitz, sind die USA ein Beispiel dafür, dass die systematische Durchsuchung bestimmter ethnischer oder religiöser Gruppen am Flughafen, genannt »Profiling«, keine israelische Erfindung ist. Für die Amerikaner sind Israelis als Bewohner des Nahen Ostens anscheinend genauso gefährlich wie Araber. Der HRA-Bericht zeigt vor allem, wie wenig sich jüdische und arabische Israelis verstehen. Nur in einem Punkt sind sie sich einig: Sie alle wollen sicher fliegen und verstehen die Notwendigkeit der Sicherheitskontrollen. Aber jüdische Israelis haben kein Verständnis für die Empfindlichkeit der Araber und dafür, dass sie sich in ihrer Würde verletzt fühlen, wenn Fremde ihre intimen Gegenstände oder ihren nackten Körper sehen. Sie verstehen auch nicht, dass sich viele Araber nicht über die Sicherheitskontrollen als solche aufregen, sondern darüber, dass Juden davon prinzipiell befreit werden.

Dass gleiche Kontrollen für alle Passagiere praktisch unmöglich sind, stellte der ehemalige Geheimdienstchef Carmi Gilon in seinem Buch über den Geheimdienst fest.[82] Die Association for Civil Rights in Israel (ACRI) sieht das anders: 2007 klagte sie vor dem Obersten Gericht gegen die Flughafenbehörde, den Geheimdienst und das Verkehrsministerium, um einheitliche und gleiche Sicherheitskontrollen für alle Israelis durchzusetzen, ohne Ansehen der ethnischen oder nationalen Herkunft. In der Klageschrift wird Gilon zitiert:»Man kann von jedem Fluggast verlangen, sich bei der Untersuchung splitternackt auszuziehen. Theoretisch sind solche Entscheidungen möglich und, manche würden sagen, auch berechtigt. Aber eine solche Praxis würde dazu führen, dass man vor dem Flug mindestens acht Stunden warten müsste. Kein Fluggast wäre dazu bereit.«

Es herrscht viel Misstrauen zwischen israelischen Behörden und arabischen Israelis. So vermutet die HRA, dass die Befragungen der arabischen Passagiere lediglich dazu dienen, Informationen über Araber für den Geheimdienst zu sammeln, um sie künftig »enger zu kontrollieren«. Diese These verwarfen mehrere Sicherheitsexperten als völlig absurd.»Die Befragung dient ausschließlich der Sicherheit von Flug und Passagieren«, sagt Kostelitz.»Natürlich sind gründliche Befragungen unangenehm und manchmal haben Kontrolleure die Geduld verloren, aber sie wurden bestraft. Von einer Misshandlung kann keine Rede sein. Denn neben der Sicherheit ist es wichtig, die Fluggäste und die Fluggesellschaften gut zu bedienen, denn jede Verspätung einer Maschine verursacht schweren finanziellen Schaden.«

Angesichts der Beschwerden sowie mehrerer Klagen gegen die Flughafenbehörde *Reshet* engagierte diese arabische Mitarbeiter als Vermittler »für den Kontakt mit der Minderheitenbevölkerung«, wie es offiziell heißt. Diese mussten zum Beispiel im Februar 2007 einschreiten, um Rania Joubran Hilfe zu leisten. Bei der Ausreise wurde sie als »potenziell gefährlich« eingestuft, wovon ihr gelber Aufkleber zeugte. Als sie nachfragte, erhielt sie nach eigenen Angaben die schroffe Antwort, das sei nicht ihre Sache.[83] Die 26-jährige Juristin wird seit 2006 im Auswärtigen Amt als Diplomatin ausgebildet. Ihr Vater ist der einzige arabische Richter am Obersten

Gericht. Ihre rhetorischen Fähigkeiten setzte sie gleich ein und forderte, mit den Vorgesetzten zu sprechen. Diese kamen, aber ignorierten ihren Dienstausweis und setzten die gründliche Untersuchung fort. Erst als Joubran den Vertreter des Auswärtigen Amtes alarmierte, der zusammen mit dem Verbindungsbeamten für Minderheiten einschritt, wurde ihre gelbe Markierung mit einer rosafarbenen ausgetauscht. Joubran war flugs nicht mehr gefährlich. Während der Auseinandersetzung erklärte ihr ein Beamter, nicht alle Mitarbeiter des Auswärtigen Amtes seien gleich. Nach einem ähnlichen beleidigenden Zwischenfall auf der Rückreise, wo sie vor den Augen der anderen Passagiere »wie ein Räuber« behandelt worden war, schrieb sie einen Brief an Premierminister Ehud Olmert, in dem sie unter anderem fragte: »Hält der Staat, den ich im Auswärtigen Dienst dienen will, jeden israelischen Araber für einen Verdächtigen?« Eine klare Antwort darauf erhielt Rania Joubran nicht. Aber immerhin entschuldigte sich Olmert für die Unannehmlichkeiten und versicherte ihr: »Sie machen ihre Arbeit zuverlässig.« Er meinte die Diplomatin, nicht die Geheimdienstler. Olmert versicherte, sich darum zu bemühen, dass »solche Probleme sich nicht wiederholen«.[84]

Sind die ausführlichen Befragungen und Durchsuchungen arabischer Israelis am Flughafen notwendig für die Sicherheit? »Eindeutig ja, weil die vorhandene Technik nicht optimal ist«, meint der ehemalige Flughafendirektor Kostelitz. »Nein«, sagt hingegen ein langjähriger israelischer Geheimdienstexperte. »Fast alle letzten Geheimdienstchefs wissen genau, dass diese Befragungen den arabischen Fluggästen unnötiges Leid zufügen. Der Geheimdienst legte bereits einige Positionspapiere darüber vor, dass man den arabischen Israelis das Gefühl voller Gleichberechtigung vermitteln müsse. Er gibt zu, dass die Erniedrigung am Flughafen die Spannungen nur vergrößert und daher kontraproduktiv ist. Das Problem ist, dass keiner die Verantwortung übernehmen will, diese Befragungsmethode zu beenden. Man wartet stattdessen, dass der direkte Vorgesetzte, der Premierminister, dies tut.« Ein israelischer Sicherheitsbeamter war bereit, anonym Stellung zu den gängigen Übergriffen zu beziehen. Er zeigte sich darüber besorgt und vermutet, dass einige Kollegen gegen klare Vorschriften verstoßen. »Ich sehe ein, dass Menschen sich hier diskriminiert fühlen. Aber das sagt noch lange nicht, dass man sie diskriminieren wollte.«

Nicht die Absichten der Kontrolleure, sondern die Folgen der Kontrollen bei den Arabern sind wichtig, sagt ACRI-Rechtsanwalt Auni Banna, der die Klage beim Obersten Gericht einreichte. »Die Brandmarkung einer bestimmten Gruppe als gefährlich aufgrund eines Glaubens und ohne überzeugende Fakten ist illegal. Wenn jüdische Israelis sehen, dass arabische Passagiere ausgesondert und als potenzielle Täter behandelt werden, dann denken sie: Der Staat sorgt sich um meine Sicherheit und kontrolliert sie ausführlich, also sind die Araber anscheinend doch gefährlich«. Diese Klage beunruhigt das politische System. Auf einer Tagung sagte Minister Ami Ayalon, einst Chef des Inlandsgeheimdienstes, man müsse die Unterscheidung zwischen jüdischen und arabischen Passagieren am Flughafen beenden, »bevor das Oberste Gericht darüber entscheidet«[85]. Er betonte, man könne den Anweisungen des Geheimdienstes folgen und sich zugleich menschlich verhalten, »aber manche Inspektoren am Flughafen tun das nicht«.

Um die Behandlung arabischer Israelis am Flughafen zu verbessern, wurde 2006 eine gemeinsame Arbeitsgruppe von der Flughafenbehörde *Reshet* und The Citizens' Accord Forum Between Arabs and Jews in Israel (CAF) ins Leben gerufen.[86] Ibrahim Abu Shindi, Kovorsitzender des CAF, zählt die Verbesserungen auf: Das Forum klärt alle Kontrolleure über die Eigenheiten der arabischen Gesellschaft auf; drei *Reshet*-Mitarbeiter sind seit 2007 für die arabischen Passagiere zuständig; die Aufkleber für alle Passagiere haben eine Farbe, nur eine Zahlenkombination verrät ihre Herkunft; *Reshet* hat eine Webseite auf Arabisch lanciert; arabische Reisegruppen können sich rechtzeitig anmelden, sodass die Kontrollen erheblich verkürzt werden können. Diese Maßnahmen werden die Klagen gegen das Profil-System aber nicht stoppen. »Von mir aus können sie die Durchsuchten mit Kaffee und Kuchen bedienen«, sagt Kläger Auni Banna. »Das ist schön, aber wir stellen die Befragung infrage«.

Die Spannungen zwischen jüdischen Sicherheitsbeamten und arabischen Fluggästen werden in wenigen Jahren minimiert werden – durch amerikanische Technologie. Ein neues amerikanisches System, Hold Baggage Screening (HBS), kann das Gepäck des Reisenden nach verdächtigen Gegenständen absuchen und somit die langen Befragungen und Kontrollen arabischer Passagiere stark reduzieren. »Der Sicherheitscheck wird in ihrer Abwesenheit stattfinden«, verspricht *Reshet*-Sicherheitschef Shmuel Zakai.[87] »Nach der Genehmigung durch den Inlandsgeheimdienst wird die Testphase 2009 beginnen.«

4.4 Die ersten Araber im jüdischen Dorf

Das Ehepaar Adel und Iman Ka'adan aus der Kleinstadt Baka al-Gharbiya wollte umziehen, um seine Lebensqualität zu verbessern. Sein künftiges Haus im Dorf Katzir liegt nur wenige Kilometer entfernt. Dennoch schrieben die Eheleute mit ihrem Umzug Geschichte, denn als erste arabische Israelis gelang es ihnen, in ein jüdisches Kommunaldorf einzuziehen. Die Autofahrt dauerte aus diesem Grund zehn Jahre.

»Ich wollte meinen Kindern eine passende Umgebung und vor allem gute Bildungsmöglichkeiten bieten«, erinnert sich der 53-jährige Krankenpfleger. »In Baka al-Gharbiya fließen die Abwässer auf die Straßen, die Kanalisation ist durchlöchert und auch sonst fehlt es an Infrastruktur.« Der Weg zur Schule führt an überlaufenden Müllcontainern vorbei. Die 25.000-Einwohner-Stadt ist bankrott, weil viele Einwohner ihre Steuern nicht zahlten. Auch Iman, die als Lehrerin arbeitet, war vor allem mit der Ausbildung ihrer beiden Töchter unzufrieden: »Hier sind 40 Schüler in einer Klasse, es gibt keine PCs und die Wände sind voller Asbest. In Katzir betreuen zwei Lehrer die 17-köpfige Schulklasse und es gibt viele Computer. Das wollten wir auch für unsere Töchter.«

Eines Tages im April 1995 sahen die Ka'adans eine Zeitungsannonce über günstige Grundstücke im Kommunaldorf Katzir. Adel stieg ins Auto, fuhr die kurze Strecke dorthin und landete in einer anderen Welt: »Hier herrschte Ordnung, alles war so schön, so ruhig, die Aussicht gefiel mir sehr, aber am wichtigsten war, dass der Preis stimmte, 15.000 Dollar.« Adel Ka'adan fragte im Dorfsekretariat nach Anmeldeformularen. »Sie kannten mich vom Krankenhaus und sagten: ›Adel, wir möchten dich nicht hin- und herschicken. Daher reden wir Tacheles: Hier nimmt man keine Araber auf, es wäre daher schade um deine Zeit‹. Das war ein Fehler: Hätte ich Formulare ausgefüllt und nach einer Weile von der Aufnahmekommission eine Ablehnung erhalten, hätte ich sie einfach hingenommen. Die Absage hat mich sehr verletzt: Ich arbeite seit 32 Jahren nur mit Juden zusammen, habe sogar eine Auszeichnung vom Krankenhaus für meine Arbeit während des Libanonkriegs erhalten, wo ich vielen Soldaten und Zivilisten geholfen hatte. Ich gebe meine Seele für diesen Staat, ich atme die Juden den ganzen Tag und sie respektieren mich.«

Bereits als Zehnjähriger half Adel seinem Vater bei Bauarbeiten in Tel Aviv. Mit 18 zog er in die jüdische Stadt Bat Yam. Die Nachbarn waren gegen den neuen Mieter, aber die Vermieterin bestand darauf. »Sehr schnell waren sie zufrieden mit mir, ich pflegte den gemeinsamen Garten und wir lebten wie eine große Familie zusammen. Ich verstand: Wenn Menschen sich kennen, dann kommunizieren sie miteinander und finden den Weg zueinander.« Das Angebot einer Nachbarin, ihre Tochter zu heiraten, nahm er aber doch nicht an, weil die Nachbarin seinen Übertritt zum Judentum zur Bedingung machte. »Warum kann ich kein gleichwertiger Bürger sein?«

1991 stellte Bauminister Ariel Sharon den »Sterneplan« vor. Er wollte acht neue Dörfer entlang der Grünen Linie von Norden nach

Süden gründen und bereits bestehende Dörfer erweitern, um eine Pufferzone zwischen den arabisch-israelischen und den palästinensischen Ortschaften im Westjordanland zu bilden. Die Nähe dieser Dörfer zu Großstädten sollte für bürgerliche Familien einen Anreiz darstellen, inmitten einer gleich gesinnten Nachbarschaft ein eigenes Haus mit Garten innerhalb Israels zu beziehen, ohne ihre Arbeitsplätze aufgeben zu müssen. Die so genannten »kommunalen Orte« passten zum allgemeinen Zeitgeist in Israel nach 1967, weil diese im Gegensatz zu den Kibbuzim keinerlei ökonomische Beteiligungen beinhalteten. Das Zusammenleben beschränkte sich auf gemeinsame Ausflüge und Feste zum Unabhängigkeitstag. Zwar verfolgten nur wenige kommunale Orte eine gemeinsame Ideologie. Doch in den meisten filtern Aufnahmekommissionen die Interessierten.

Auch Katzir sollte ein kommunales Dorf werden. Die staatliche Landbehörde *Minhal Mekarkeei Israel*, die 92 % des Landes Israels – darunter Gründstücke geflohener oder vertriebener Araber – kontrolliert und verwaltet, verpachtete den westlichen Hügel 1986 an die Jewish Agency. Diese offizielle Einwanderungsorganisation wird durch Spenden in aller Welt unterstützt und setzt sich für die jüdische Besiedlung Israels ein, die Integration und Bildung der jüdischen Immigranten sowie die Verbindung zwischen Juden in der Diaspora und Israel. Sie investierte in die Infrastruktur und die Häuser des neuen Dorfes, dessen 250 Familien einen Verband gründeten. Laut Satzung durften nur solche Israelis Mitglieder werden, die den Militärdienst geleistet hatten oder davon befreit worden waren, in anderen Worten: nur jüdische Israelis. Ka'adan wollte dies nicht hinnehmen. Da er einen teuren Prozess aber nicht selbst finanzieren konnte, wandte er sich an den Menschenrechtsverein *Association for Civil Rights in Israel* (ACRI), der sich für ihn ehrenamtlich einsetzte. Nur die Gerichtsgebühren musste er selbst aufbringen.

Die Ka'adans hatten sich niemals nationale Ziele gesetzt oder den jüdischen Charakter Israels infrage gestellt. Weil die Diskriminierung ihrer Ortschaften in Israel eine Tatsache ist, hatten sie einfach nicht die Möglichkeit gehabt, den gleichen Lebensstandard wie in einem jüdischen Ort zu erhalten. Kommunale arabische Orte existieren nicht. Abgesehen von sieben Beduinendörfern in der Negev-Wüste hat Israel keinen einzigen arabischen Ort gegründet. Aber haben Juden nicht das Recht, in ihrer jüdischen Gesellschaft zu leben? Und wird dies durch die Anwesenheit einiger arabischer Nachbarn nicht unmöglich gemacht? Kann der Staat Israel physische Grenzen zwischen jüdischen und arabischen Bewohnern ziehen?

Wohl wissend, welches Minenfeld sie da betreten, versuchten die fünf mit dem Fall beschäftigten Richter zu schlichten – über vier Jahre. Adel Ka'adan, inzwischen Vater von drei Töchtern, glaubte nicht mehr an ein Urteil und renovierte das Haus in Baka al-Gharbiya. Im März 2000 dann fällten die Richter mit vier gegen eine Stimme ihr Urteil: Danach muss der Staat die Verteilung von Grundstücken – auch über einen Dritten wie die Jewish Agency – nach dem Gleichheitsprinzip durchführen. Er darf weder direkt noch indirekt aufgrund von Religion oder Volkszugehörigkeit diskriminieren. Sobald dieser Dritte Land nur an Juden verpachtet, verstößt der Staat gegen das Gesetz. Da aber die Bewohner Katzirs beim Einzug davon ausgegangen waren, dass nur Juden in ihrem Dorf leben dürften, wollten die Richter sie nicht ausdrücklich zwingen, die Ka'adans aufzunehmen. Sie reagierten daher auf das Argument des Einwohnerverbandes, dass die Familie nicht einmal versucht hätte, Mitglied des Katzir-Verbands zu werden. Die Richter appellierten in ihrem Urteil daher an den Staat, die Bitte der Ka'adans, sich in Katzir niederzulassen, noch einmal zu überprüfen, und zwar auf der Grundlage des Gleichheitsprinzips.

Das Urteil wurde als historischer Meilenstein für das Zusammenleben von Juden und Arabern in Israel gefeiert. »Endlich weiß ich heute, dass Israel Staat all seiner Bürger ist«, sagte Adel Ka'adan damals mit einem breiten Lachen. Er betonte aber zugleich, dies sei kein Sieg, da »man nur Feinde besiegt und niemand hier ist mein

Feind. Es ist richtig zu sagen: Die Wahrheit ist ans Licht gekommen.« Und die neunjährige Tochter Aya freue sich bereits darauf, mit neuen Kindern zu spielen und Hebräisch zu lernen. – Bei der Jewish Agency war man weniger erfreut. Die Siedlungsabteilung bildete eine Arbeitsgruppe, die im Juni 2000 einen Abschlussbericht verfasste. Darin heißt es:»Das Katzir-Urteil ermöglicht kaum noch eine Aussortierung von Bewohnern ohne dass dies als Diskriminierung verstanden wird. Die Aufnahmekommissionen erscheinen problematisch, die Formulierung von Aufnahmekriterien könnte als eine Umgehung des Gerichts gesehen werden. Daher scheint es am besten, keinen Lärm im System zu machen und das fortzusetzen, was man bereits tut.« Die bisherige Diskriminierung sollte also stillschweigend fortgesetzt werden. Für die Ka'adans bedeutete dies Nichtstun.

Im November 2000, acht Monate nach dem historischen Urteil, zog die ACRI erneut vor Gericht mit der Forderung, die Landbehörde wegen Missachtung des Gerichts zu bestrafen. Die Oberstaatsanwaltschaft versprach eine faire Behandlung vor der Kommission und tat ihr Bestes, die aufgeladene Stimmung in und um Katzir zu ignorieren. Zu Beginn der Zweiten Intifada hatten gewalttätige arabische Demonstranten die benachbarte Landstraße blockiert und sich Straßenschlachten mit der Polizei geliefert. Als an einem Abend der Strom in Katzir für drei Stunden ausfiel und der Stromkonzern aus Sicherheitsgründen keine Techniker entsenden wollte, vermuteten jüdische Bewohner einen Sabotageakt seitens arabischer Nachbarn und fühlten sich wie unter Belagerung. Vor diesem Hintergrund begegnete man den Ka'adans nun mit Misstrauen. Der damalige Dorfleiter erklärte, die Familie führe »einen politisch-nationalen Kampf mit möglicherweise saudischer und palästinensischer Finanzierung«. Im Dorf tauchten anti-arabische Graffitti auf, sagt Katzir-Bewohner Gili Haskin.

Die Richter verkündeten im April 2001, dass das arabische Ehepaar sich an den Katzir-Verein wenden solle, der wiederum innerhalb von zwei Monaten über ihre Aufnahme »ohne Berücksichtigung des nationalen Kriteriums« beschließen müsse. Im Juni 2001 traten Adel und Iman Ka'adan endlich vor die Kommission. »Sie bestand aus ganz einfachen Einwohnern, keinen Psychologen oder Soziologen. Da sie verlegen wirkten, ermunterte ich sie, alle nötigen Fragen zu stellen. Ich versprach, zum Pessachfest kein Brot zu essen (nach jüdischen Vorschriften) und am Gedenktag der gefallenen Soldaten zwei Minuten still zu stehen, wie es die Juden tun.« Und was würde er am Unabhängigkeitstag tun? »Ich feiere ihn nicht, weil ich weiß, dass ein anderes Volk an dem Tag seine Unabhängigkeit verlor. Aber Kriege dauern nicht ewig.« Ka'adan hatte das Gefühl, dass seine Antworten die Kommission zufrieden gestellt hatten.

In Katzir spielte man auf Zeit. Zuerst verlangte die Kommission von dem Ehepaar, seinen Lebenslauf auf Hebräisch, anschließend, ihn auf Arabisch einzureichen. Dann musste es auch noch einer grafologischen Prüfung zustimmen. Erst im November 2001 kam endlich die Antwort – eine negative. Die Kommission meinte, Iman Ka'adan würde nicht zur Dorfgesellschaft passen. Ihr Mann war aufgeregt: »Sie ist säkular, klug und offen. Was wollen sie, dass ich mich scheiden lasse und eine neue Frau nach ihren Kriterien bastle?« In Katzir atmete man auf. »Die Ka'adan-Geschichte ist zu Ende«, verkündete Ratsvorsitzender Dov Sandrov. »Wir haben die Bedingungen des Gerichts erfüllt und fair entschieden. Die Kommission konnte ganz sachlich die Frage prüfen, ob die Familie in die Katzir-Gesellschaft passt. Das wirkliche Thema ist aber nicht Ka'adan, sondern der jüdische Charakter Katzirs.«

Um ganz fair zu sein, erlaubte die Katzir-Kommission dem arabischen Ehepaar den Gang zu einem Berufungsausschuss der Landbehörde, verschleppte den Vorgang aber monatelang. Ins Fadenkreuz der öffentlichen Kritik gerieten unterdessen die Aufnahmekommissionen, die ohne jegliche Kontrolle auf Staatsland »Festungen« von Gleichgesinnten kreierten und dabei auch Juden ausschlossen – darunter Behinderte, alleinerziehende Mütter und Homosexuelle. Dies veranlasste die Landbehörde, anzukündigen, in Zukunft Grundstücke in größeren Dörfern wie Katzir auch ohne Aufnahmekommission zu vergeben. Als die Landbehörde diesen Vorsatz nicht in die Tat umsetzte, klagten die Ka'adans im September 2003 erneut und forderten, das von ihnen ins Auge gefasste Grundstück zum Preis von 1995 zu vergeben. Das wiederum lehnte der Katzir-Verein ab. Wenige Tage vor der Gerichtsverhandlung erklärte die Landbehörde, dass die Zustimmung der Dorfbewohner nicht mehr notwendig sei und die Familie sich in Katzir niederlassen könne. Weitere 15 Monate vergingen, bis im Dezember 2005 beide Seiten den Kaufvertrag für das Grundstück unterschrieben. Die zehnjährige Odyssee war damit zu Ende.

Adel Ka'adan sagt, er sei kein Don Quichote – er habe nur für seine Familie prozessiert, nicht damit Araber jüdische Dörfer besiedeln. Aber seine Klage führte zu mehr Gleichberechtigung für arabische Israelis insgesamt. Die Regierung bemüht sich zunehmend um arabische Ortschaften, um so die Abwanderung in jüdische Orte zu begrenzen. Die arabische Öffentlichkeit in Israel machte Ka'adan keinesfalls zum Helden, weil er keine nationalen Ziele verfolgte. »Auf dem Weg erhielt ich Unterstützung fast ausschließlich von Juden, nicht von Arabern. Andererseits kamen auch die Drohungen nur von Juden. Ich hatte Angst um mein Leben, ließ mich aber nicht erschrecken: Bei meinem Beruf habe ich doch täglich mit Leichen zu tun. Außerdem riefen mich jüdische Freunde immer wieder an und sagten: Komm und sei mein Nachbar.« Der lange Weg nach Katzir sei schwer gewesen, aber auch genussvoll. »Ich habe so viel gelernt – zum Beispiel über das Oberste Gericht und die Jewish Agency. Ich habe an Podiumsdiskussionen teilgenommen und stelle fest: Es ist schwer, Jude zu sein. Die Juden sind zweifelsohne ein kluges Volk, aber denken zu langfristig und machen sich zu viele Sorgen um die Zukunft. Wir Araber sind einfacher.«

Werden die Ka'adans und ihre mittlerweile fünf Kinder in Katzir freundlich aufgenommen? Adel sagt, er wolle leben und denke gar nicht an Probleme. Er suche gute Nachbarschaft und glaube, dass, wenn sich Menschen kennen lernen, ihre Vorurteile verschwinden.

»Ich komme gerade aus Katzir zurück. Ein Nachbar hatte vergessen, die Autoscheinwerfer auszuschalten. Da habe ich an seine Tür geklopft.« In Katzir haben sich die Gemüter inzwischen beruhigt, berichtet Dorfbewohner Gili Haskin. »Man hat Ka'adan die Hand gegeben und die Hoffnung geäußert, dass er in Ruhe unter den 800 Familien hier leben wolle. Er ist ein prima Kerl. Aber selbst als ein Linker, der bereit ist, Jerusalem zu teilen und die Golanhöhen zurückzugeben, finde ich es dennoch problematisch, dass Araber und Juden in kleinen Orten zusammenwohnen. Das führt zu nationalen und religiösen Konflikten, obwohl 90 % der Araber, die in einen jüdischen Ort umziehen wollen, dies tun, um ihre Lebensqualität zu verbessern. Besser wäre, die Regierung würde mehr für die arabischen Ortschaften tun.«

Der Krankenpfleger Adel Ka'adan baut sein Haus langsam – aus finanziellen Gründen. Wenn seine knappe Zeit es ihm gestattet, reflektiert er manchmal seine eigene schizophrene Identität: »Morgens verlasse ich das Haus als Araber, im Krankenhaus bin ich ein Jude – so nennt man mich dort. Abends sehe ich die Nachrichten im Fernsehen und erinnere mich, dass ich Palästinenser bin. Aber bereits vor 35 Jahren, als ich meinen Beruf lernte, brachte man mir bei, jeden Patienten als Menschen zu behandeln, egal welche Religion oder Herkunft er hat. Ich möchte daher mein jetziges Haus hier an einen Juden verkaufen, um zu beweisen, dass auch Araber zusammen mit Juden leben können. Wenn Juden hierherziehen, wird sicherlich eine neue Straße gepflastert und die Straßenbeleuchtung repariert. Mein Haus in Katzir wiederum wird eine Begegnungsstätte werden für freundschaftliches Zusammenleben.«

5. Israelis und Juden – ein schwieriges Zusammenleben

5.1 Zwei Welten in einem Dorf

Wenn man ganz Israel als Mikrokosmos erleben will, geht man am besten nach Yavne'el. Jahrelang lebten in diesem Dorf südwestlich des Sees Genezareth europäischstämmige und orientalische Juden, Religiöse und Säkulare, Beamte und Bauern friedlich miteinander. Hier gründeten zionistische Pioniere bereits 1901 eines der ersten Dörfer; und hier siedelten sich 1986 radikale ultraorthodoxe Israelis an, die einen Kulturkrieg anzettelten. Nach vielen Jahren heftigen ideologischen Kampfes kehrte die Ruhe nach Yavne'el zurück. Die alten Zionisten und die jüngeren Ultraorthodoxen leben zwar nicht miteinander, aber immerhin nebeneinander. Die lokale Tradition spielt eine wichtige Rolle für Jonathan Kostizky. Er ist einer der wenigen Israelis, der den Gründer des Dorfes Yavne'el, in dem er zeitlebens wohnt, persönlich kannte: Es war sein Großvater Avraham, der bereits 1901 eine der ersten zionistischen Siedlungen mitgründete. Seit seiner Geburt 1929 lebt Jonathan neben dem Basalthaus seiner Familie an der Hauptstraße, *Rehov Harishonim* (hebräisch: Die Straße der Ersten). Jonathans Sohn Avik, Dorfbürgermeister von 1993 bis 2003, setzte die Tradition nicht zuletzt in seinem Namen fort: »Avik« ist die Abkürzung für »Avraham, der Sohn von Jonathan Kostizky«. Die Tradition spielt in diesem 3.400-Seelen-Dorf eine übergeordnete Rolle. Daher ist der jetzige Dorfvorsteher, Roni Cohen, für die Kostizkys »kein echter Einheimischer«. Dabei wurde er in dem Dorf geboren, wohin seine Eltern 1949 aus Tunesien eingewandert waren.

Die 5,4 Millionen jüdischen Israelis[88] lassen sich in fünf Gruppen einteilen: 6 % definieren sich als ultraorthodox, 10 % als orthodox, 13 % als traditionell-religiös, 28 % als traditionell nichtreligiös und 43 % als säkular[89]. Die Säkularen erfüllen keine oder ganz wenige religiöse Gebote; die Ultraorthodoxen so viele wie möglich und lehnen die weltliche Kultur und den Militärdienst ab; die Religiösen erfüllen die Gebote und sehen sich zugleich als Zionisten, leisten Militärdienst und öffnen sich säkularer Kultur; und die Traditionellen gehen an den Feiertagen, manche auch am Sabbat in die Synagoge, leben zugleich in der säkularen Kultur Israels.

Die knapp 350.000 Ultraorthodoxen, an ihrer schwarzen Kleidung leicht erkennbar, befolgen die jüdische Gesetzgebung *Halacha* nach strengen Vorschriften osteuropäischer Prägung. Sie grenzen sich geografisch ab und gründen ihre eigenen Synagogen, Religionsschulen, *Mikwen* (rituelle Tauchbäder), koschere Lebensmittel-, Textil- und Religionsbuchläden[90]. Die Ultraorthodoxen lassen sich in drei große Strömungen einteilen, denen jeweils viele kleine und oft verfeindete Gruppen angehören: Die *Chassidim*, die *Litauer* und die *Orientalen*. Die allermeisten Litauer stammen nicht aus Litauen, folgen jedoch der Weltanschauung des Rabbiners Elijah Ben Salomon Salman, dem Gaon von Wilna, der dort im 18. Jahrhundert wirkte und dem intellektuellen Talmudstudium den Vorrang gab. Den emotionaleren Chassidismus lehnte er scharf ab. Der von Israel Ben Elieser zur gleichen Zeit gegründete mystisch ausgeprägte Chassidismus hingegen stellt das religiöse Gefühl, das persönliche Erlebnis und die Mystik an vorderste Stelle. Zudem spielen hier die Rabbiner als Leitfiguren zentrale Rollen. Die *Orientalen* oder sephardischen Juden sind die Nachfahren der aus Spanien Vertriebenen und Einwanderer aus den arabischen Staaten. Die meisten von ihnen sind traditionsbewusst.

Die Breslauer *Chassidim* in Yavne'el bestehen ausschließlich aus »Rückkehrern zur Religion«, also »bekehrten« säkularen Juden, die zum orthodoxen oder ultraorthodoxen Judentum zurückkehrten. Das Judentum kennt, im Gegensatz zum Christentum, keine Mission oder Bekehrung unter Andersgläubigen, sondern nur von »reuigen« Juden. Diese *Chassidim* pflegen einen Personenkult um ihren Rabbiner Eliezer Shick. »Sie verfolgen eine hemmungslose spirituelle Art der Religion«, sagt der Soziologieprofessor Zvi Sobel, Autor eines Buches über Yavne'el.[91] »Sie laufen mitten in der Nacht in die Natur, schreiend, singend und weinend – es ist alles sehr emotionalisiert.«

1986 kam der Rabbi Shick mit seinen Anhängern nach Yavne'el. Zuerst war es nur ein Dutzend Familien, dann kaufte er ein Grundstück an der Hauptstraße, wo die Nachfahren der Dorfgründer leben, und baute eine Religionsschule und Synagoge. Später folgten dem Rabbi weitere Familien, die Dutzende von Häusern erwarben und inzwischen ein separates Bildungssystem errichtet haben. Sie nutzten dabei die langjährige Abneigung der orientalischen Einwanderer gegen die aschkenasische Elite. Dass die Breslauer ihre Synagoge direkt an der Hauptstraße errichteten, kam für manche der (ungläubigen) Gründerfamilien einer Gotteslästerung gleich. Für Zvi Sobel ist dies ein Beispiel dafür, wie sehr sich Israel säkularisiert hat: »In alten Zeiten wäre dort niemand am Shabbat auf dem Pferd geritten, nicht einmal die radikalsten Kritiker der Religion.« Aber früher waren auch die Orthodoxen friedlicher – und zionistisch. »Unsere Vorfahren haben die Diaspora verlassen, um auf dieser Erde zu leben, in die sie ihren Schweiß und ihr Blut steckten, und ›sie‹ (die Breslauer) errichten die Diaspora hier wieder«, sagt Jonathan Kostizky. Am meisten ärgert ihn, dass die Orthodoxen die Gedenkzeremonien am Tag der Gefallenen Soldaten boykottieren. Er beklagt zudem, dass »sie« im ganzen Norden betteln und so den Ruf Yavne'els ruinieren. Die Anschuldigungen weist Asher Toledano, der Vertreter des Rabbis Shick, energisch zurück. »95 % der Chassidim arbeiten in den beiden Schulen und Kindergärten, schreiben Thorarollen oder arbeiten in unserem eigenen Lebensmittelladen, als Schlächter oder Koscherinspektoren. Einige verbreiten die Schriften des Rabbiners. Und nur 25 Familien beziehen Sozialgeld.«

Als Amtsträger bekämpfte Avik Kostizky die Breslauer mit allen Mitteln: Er erstattete mehrere Anzeigen wegen Gewalt, er organisierte Demonstrationen, mobilisierte die Medien und die anti-religiöse Partei Shinui, lehnte alle Anträge auf eigene orthodoxe Schulklassen in der Dorfschule ab, sperrte ihnen alle Fördermittel, verhinderte ihre Bauprojekte und hing sogar am Eingang zum Rathaus ein Schild auf:»Kein Eingang für Ultraorthodoxe«. Diese aggressiven Methoden feuerten aber die Breslauer an, die auf Befehl des Rabbis zunehmend nach Yavne'el strömten.

Der Kulturkampf in Yavne'el erreichte 1995 seinen Höhepunkt – in der Nacht, in der Yitzhak Rabin ermordet wurde. Mit Tränen in den Augen erinnert sich Rutha, Jonathans Frau:»Ich hörte gerade die Verkündung seines Todes und lief zu Hause schockiert herum, da begann auf der Straße ein Geschrei: ›Gott sei Dank‹, ›Gott sei Dank‹«.[92] Jonathan ergänzt:»Sie hupten aus Freude und sangen: ›So sollen all deine Feinde zugrunde gehen, Israel‹ und ›Freude an Israel, Gott sei gesegnet‹.« Ihm platzte der Kragen:»Rabin war mein Kommandant, ein lieber Mensch. Ich wollte sie umbringen. Ich rannte mit meinem Sohn hinaus, und wir schlugen sie mit dem Stock so hart, bis er zerbrach.« Und wie erklärt er den unglaublichen Hass gegen Rabin?»Sie sind wild.«

Der ehemalige Offizier der Luftwaffe Asher Toledano fand 1985 während seines Militärdienstes den Weg zu Gott und kam 1987 nach Yavne'el. Heute vertritt er die Ultraorthodoxen im Dorfrat und leitet die beiden orthodoxen Schulen, in denen 140 Jungs und 109 Mädchen getrennt studieren. Toledano betont, dass die meisten Breslauer in Yavne'el zur Religion umkehrten, aber dennoch die Verbindungen zu ihren nichtreligiösen Familien aufrechterhielten. Die Männer mit den langen Schläfenlocken und den großen, weißen gestrickten Kippas erschreckten die säkularen Israelis lange vor den Bauern in Yavne'el. Denn sie hatten freiwillig die säkulare Welt zugunsten der Orthodoxie verlassen und damit den Zionismus geschwächt.[93]

Die Yavne'el-Gruppe um Rabbiner Shick ist klein und umstritten. Nicht zuletzt, weil der Rabbi seine Chassidim dazu drängte, rund 20 Kinder im Alter von 12 bis 16 Jahren zu verheiraten, um sie vor sexuellen Verführungen zu schützen. Das israelische Gesetz erlaubt Eheschließung erst ab 17 Jahren. Die Verhaftung eines Rabbiners 2003, der diese Hochzeiten organisierte, führte zu einer Selbstentlarvung der Chassidim in einem Zeitungsbericht, der in Israel große Aufregung auslöste.[94] Ein Vater erzählte zum Beispiel, dass der Rabbi ihm per Fax anordnete, seinen 15-jährigen Sohn mit einer Gleichaltrigen zu verheiraten. Und was sagten die Kinder? Die Frage wunderte den Vater der Braut:»Keinen Pieps, denn der Gerechte hatte entschieden. Auch sie sagte: Was er beschlossen hat, mache ich.« Die Polizei verhaftete den»Gerechten« bei seiner Anreise. Eine Zeit lang musste er Israel fernbleiben, schließlich wurden die Ermittlungen 2006 ohne Klage eingestellt. Shicks gute Kontakte mit der mitregierenden orthodoxen Shas-Partei, zu deren Bildungssystem auch die Breslauer Schule gehört, ersparten ihm eine Gefängnisstrafe.

Die Kreispolizei musste öfter in Yavne'el tätig werden. Zwei Wagen, darunter Avik Kostizkys, wurden in Brand gesetzt, zwei Scheunen ebenso; der Sicherheitschef wurde mit Steinen beworfen, ein Bauer geschlagen, der auf seinem Traktor am Shabbat arbeitete, der lokale Rabbiner wurde bedroht und mehrere Autoreifen zerstochen. Die Orthodoxen sehen sich als Opfer einer säkularen Hetzkampagne.»Ihre Kinder wurden ermuntert, an den Locken unserer Kinder zu ziehen und unsere Frauen anzuspucken«, sagt der orthodoxe Schulleiter Asher Toledano:»Avik ließ im Wahlkampf Aufkleber mit dem Slogan platzieren: ›Avik – und dann ist es vorbei‹«. Avik heißt der israelische Hersteller eines Mittels gegen Flöhe.

Kurz vor den letzten Kommunalwahlen 2003 ergriff Dorfvorsteher Avik eine letzte Rettungsmaßnahme. Er reiste in die Ukraine, um 50 säkulare jüdische Familien zu finden und sie zu überreden, sich in Yavne'el niederzulassen,»als eine Verstärkung gegen die Wachstumsrate der Breslauer«. (Diese zählen bereits 600

Erwachsene und 450 Kinder). Aber nur eine Familie kam. Die Orthodoxen schlossen die Reihen mit den gemäßigt Religiösen und stürzten Avik Kostizky. Sein Nachfolger ist Roni Cohen. Mit seiner Wahl entspannte sich die Situation über Nacht, obwohl die Nächstenliebe sich in Grenzen hält. »Wie ein Wunder verschwanden bereits in jener Nacht die Schilder der Breslauer«, freut sich Cohen. An Wunder glaubt der Likud-Funktionär aber nicht. Seine Lebensmaxime lautet: Leben und leben lassen. So ist die Hauptstraße am Shabbat offen, das Jugendzentrum und das Schwimmbad ebenso. Die Öffnungszeiten wurden erweitert, sodass die Chassidim während der Woche von 8 bis 10 Uhr und von 18 bis 22 Uhr schwimmen können. Auch die Grundstückspreise stiegen, weil die relative Ruhe Investoren anzieht. Die Touristen kommen weiterhin und finden bei vielen Familien Fremdenzimmer und die verarmten Bauern verkaufen ihre Grundstücke oder Häuser an Orthodoxe. »Sie bitten mich um Gäste, aber schämen sich dafür«, sagt Toledano. »Ich kann sie verstehen. Es fällt ihnen schwer, dass Orthodoxe in einem landwirtschaftlichen Dorf herumlaufen. Aber das ist der Judenstaat und jeder Jude darf überall wohnen.«

Der neue Dorfvorsteher Roni Cohen will die neue Ruhe ausnutzen, um die Unabhängigkeit Yavne'els zu bewahren, indem er, die Einwohnerzahl auf 5.000 vergrößert. Dazu plant er, demnächst 280 bürgerliche Familien zu integrieren. Er ist überzeugt, dass Yavne'el ein Beispiel für gutes Zusammenleben ist. Obwohl kein »echter Yavne'eli«, zollt er den Dorfgründern Tribut: Der große Park, sein nächstes großes Projekt, wird an die Dorfgründer erinnern.

5.2 Eine Orthodoxe mit Schattierungen

Der Morgen des 8. November 1995 hat das Leben der orthodoxen Jerusalemer Politologin Tzvia Greenfield verändert. In der Nacht zuvor, gegen 22 Uhr, ging sie mit ihrem Mann und einigen ihrer fünf Kinder zum israelischen Parlament, um dem zwei Tage zuvor ermordeten Ministerpräsidenten Yitzhak Rabin am Sarg die letzte Ehre zu erweisen. »Ich dachte, dass wir in zwei Stunden wieder zu Hause sein würden, aber am nächsten Morgen standen wir immer noch dort, zusammen mit Tausenden Israelis.« In ihrem Buch *Sie haben Angst*[95] beschreibt sie die Szene:

»An jenem Montag ließen immer mehr Menschen ihr Tun sein und gingen zum Ram-Hügel in Jerusalem, um dem Ermordeten ihre Trauer und ihr Beileid auszudrücken, ihren Schock, Schmerz und Horror über das Verbrechen. Zehntausende aus ganz Israel blockierten den Weg ins Parlamentsgebäude. Auf dem Hügelgipfel gingen sie eilig an dem mit der israelischen Fahne umhüllten Sarg vorbei. Die riesige Menschenmenge bildete schweigend eine Schlange entlang des Hügelrands. Mit dem faden Licht des Morgengrauens kamen die ersten Schaulustigen, die meisten Ultraorthodoxe aus den benachbarten Stadtteilen. Sie gingen eilig vorbei und schauten die stillen Massen erstaunt und aus einer Distanz an, vor allem die wenigen Betenden mit Kippa und Tefillin. Sie bemühten sich zu begreifen, was diese Religiösen mit der großen Masse der Säkularen gemeinsam haben könnten.

Plötzlich nähert sich einer Gruppe von Betenden ein etwa 30-jähriger Ultraorthodoxer mit einem langen schwarzen Mantel und rundem Hut, und spricht sie an. Es schien, als ob er ihnen eine Moralpredigt hält und sie zu überreden versucht. Ein Betender macht eine scharfe Handbewegung aus Wut. Der Ultraorthodoxe zuckt zurück und wird still. Das Gebet wird fortgesetzt. Dann macht der Mann zwei Schritte zu ihnen, beugt sich nach vorne, erhebt sein blasses Gesicht zu der Betergruppe und ruft zu ihnen laut in glühendem Zorn: ›Rabin ist ein Mörder! Rabin ist ein Mörder!‹«

An jenem Morgen beschloss Greenfield, in die Politik zu gehen, um als streng orthodoxe Jüdin für liberale Werte und Demokratie zu kämpfen. Sie schrieb ein kritisches Buch, in dem sie den Antizionismus der Ultraorthodoxen anprangerte. Der Erfolg ihrer schonungslosen Abrechnung war umso größer, weil von einem Insider geschrieben. Aber als eine linke Orthodoxe, die ihre Thesen gegen die eigene Gruppe intelligent und mutig in aller Öffentlichkeit darstellt, wurde sie zu einem Hassobjekt bei vielen Religiösen und Orthodoxen, zu einer Verräterin, die es daher zu diskreditieren galt.

Tzvia Greenfield sei gar keine Orthodoxe, hieß es, denn sie habe zu Hause einen Hund. Greenfield seufzt: »Es ist sehr schwer, einer soziologischen Gruppe anzugehören, die keine Haustiere hält. Hunde gelten als unreine Tiere und dürfen daher nicht in die Synagoge. Aber das Haus ist keine Synagoge.« 17 Jahre lebte Greenfield zusammen mit der Hündin Laddy, die vor drei Jahren starb, was Greenfield wieder die Rückkehr ins orthodoxe Judentum hätte ermöglichen können. Aber die Familie nahm stattdessen Bellow auf, die Hündin des Sohnes, der in den kommenden drei Jahren in Oxford studiert. Die Briten lehnen ausländische Hunde fast so streng ab wie orthodoxe Juden. Der unkoschere Hund mit dem literarischen Namen Bellow kommt mit der charismatischen Straßenkatze Boban sehr gut zurecht. Greenfield ist eben ein politischer Mensch mit einem Herz für Tiere. Sie ist auch Vorsitzende des von ihr gegründeten Vereines »Für den Lebenden« (Lemaan Hachai), der für abgelehnte Haustiere ein Zuhause vermittelt. Woher kommen so viele ausgesetzte Tiere in einem orthodoxen Stadtteil Jerusalems? »Von Juden, die gerade orthodox wurden.«

Auch die fünfjährige Paulette liebte ihren kleinen Hund. Bei einem deutschen Bombenangriff im Zweiten Weltkrieg verlor das französische Mädchen ihre beiden Eltern und das Hundchen. Während sie den toten Welpen streichelte, kam der zehnjährige Michel und die beiden befreundeten sich. Er nahm sie mit auf den Bauernhof, wo er seine Eltern überredete, das Waisenkind aufzunehmen. Michel hat Paulette geholfen, mit ihrer Trauer fertig zu werden, indem er ihr half, den toten Hund zu begraben. Die beiden Kinder sammelten andere tote Tiere und begannen einen Tierfriedhof anzulegen, wobei sie die Kreuze aus dem lokalen Kirchhof stahlen.

Das Jerusalemer Filmtheater Edison war eine prachtvolle Kulturstätte mit bemerkenswerten Kronleuchtern und einem riesigen

Samtvorhang. Nur hier konnten sich 1957 Paulette und Tzvia begegnen – für Greenfield eine prägende Erfahrung. Denn das Kino gehörte ihrem Onkel und die beiden Kassiererinnen waren ihre Tanten. »So konnte ich jede Woche hier umsonst einen neuen Film sehen, manchmal sogar dreimal. Im *Edison* verbrachte ich einen Großteil meiner Kindheit.« An eine Szene aus René Cléments Klassiker *Verbotene Spiele* [96] erinnert sie sich auch heute noch: »Gleich nach der Ermordung ihrer Eltern spricht das Mädchen ein Gebet aus dem Buch der Psalmen. Diese Szene hatte mich sehr aufgewühlt und schockiert, weil das Mädchen mit einem Kreuz spielte und daher erkennbar keine Jüdin war. Plötzlich stellte ich fest, dass uns beide der Glaube an Gott verbindet, denn diesen Psalm sangen wir in unserer Familie jeden Shabbat Nachmittag während der dritten Mahlzeit, und er war Teil meiner persönlichsten religiösen Erfahrung.« Dass ein orthodoxes Mädchen ins Kino geht, war schon damals absolut ungewöhnlich. Greenfields Eltern waren nicht begeistert, »aber die beiden Tanten wollten, dass wir ungewöhnliche Kinder werden. Ich als Jüngstes von fünf Kindern habe auch die meisten Filme gesehen – französische und amerikanische – und so eine ganz neue Welt entdeckt.« Greenfield ist bis heute ein Filmfreak und plant sogar, ein Buch übers Kino zu schreiben, »obwohl ich ziemlich orthodox bin«.

Nach der jüdischen Gesetzgebung waren die »Kinospiele« nicht verboten. »Die Rabbiner waren dagegen, weil dies ein fremdes Phänomen ist, uns schlecht beeinflussen könnte und in ihren Augen Zeitverschwendung.« Aber nicht nur die Grenzen der Orthodoxie verschieben sich in Jerusalem, das immer frommer wird. Auch die physischen Grenzen zwischen orthodoxen und nicht-orthodoxen Juden verändern sich. Der Stadtteil Zichron Moshe, an dessen Hauptstraße Jesha'ayahu (Jesaja) sich das Kino befand, wurde 1905 von religiösen und säkularen Zionisten gegründet, die hier friedlich nebeneinanderlebten. Im Haus gegenüber, der Lämel-Schule, besiegten 1914 die jungen zionistischen Lehrer die älteren im »Sprachenkrieg« und setzten das Hebräische als Unterrichtssprache an Stelle des Deutschen. Heute residiert dort eine Religionsschule, in der man nur Jiddisch spricht.

1932 wurde direkt gegenüber *Edison*, die größte und modernste Kulturstätte Jerusalems eröffnet, die einzige mit einer Klimaanlage. Kurz davor vereinbarten alle drei Filmhäuser, den Shabbat nicht zu entweihen. Aber durch die große Nachfrage wurden die Kassen bereits vor dem Ende des Ruhetags eröffnet. Die Veranstaltungen selber – auch klassische Konzerte, Theateraufführungen, Shows und Lesungen – fanden in der Regel nach dem jüdischen Ruhetag statt. Jeden Samstagmorgen wurde dort in den 50er-Jahren ein Vortrag gehalten, und da die Redner im großen Saal oft nicht klar zu hören waren, entweihte die Leitung den Shabbat heimlich.[97] In der Blumenvase auf dem Tisch versteckte man ein kleines Mikrofon, von dem die meisten nichts wussten. Denn das Einschalten eines elektrischen Geräts gilt als Arbeit und die ist am Shabbat verboten. Eines Tages kam ein Referent aus Tel Aviv, der in dieses Geheimnis nicht eingeweiht worden war. Er redete und lief gleichzeitig auf der Bühne hin und her. Ein Zuhörer beschwerte sich: »Lauter! Man hört nichts!« Der Redner war verlegen, aber gleich darauf rief ihm ein orthodoxer Zuhörer zu: »Sprich in die Blumen!« Die Besucher der unmittelbar angrenzenden Synagogen protestierten und wurden dabei von radikalen anti-zionistischen Ultraorthodoxen unterstützt. Sie forderten, dass die Kassen am Shabbat geschlossen blieben und keine Plakate unkeuscher Damen gezeigt würden. Massendemonstrationen und Steinwürfe gegen die Entweihung des Shabbat wurden mit polizeilicher Gewalt durchbrochen. Diese wöchentlichen Straßenschlachten einigten alle Orthodoxen in Jerusalem gegen das Kino. Den Sieg über die säkulare Vergnügungsstätte werden sie aber auf andere Weise erringen.

Die hohe Geburtenrate der Orthodoxen und die allmähliche Abwanderung der Säkularen veränderten den Stadtteil. Zwei Brandanschläge (1965 und 1975) und die Schließung des benachbarten Platzes am Shabbat durch den Bürgermeister Teddy Kollek (1965) leiteten den Niedergang des Hauses ein. Nach der Eröffnung modernerer Kulturhäuser wie das Jerusalem-Theater 1971 beschränkte sich *Edison* ohnehin auf Filme. Kurz nach der Einführung des ersten privaten Fernsehkanals ging bei *Edison* 1995 das Licht aus. 2006 wurde die Immobilie verkauft – ausgerechnet an Satmar Chassidim[98]. Diese radikale ultraorthodoxe Gruppe lehnt den Zionismus und den Staat Israel ab, boykottiert die Wahlen und nimmt nicht einmal israelische Personalausweise an. Die »Eroberung« des zionistischen Symbols feierte eine ultraorthodoxe Zeitung mit der Schlagzeile: »Edison ist in unseren Händen«. Im Juni 2006 wurde das Gebäude abgerissen und an seiner Stelle entsteht ein großer Wohnkomplex ausschließlich für die Satmar. Im August 2007 feierten 20.000 Chassidim zusammen mit dem aus New York eingereisten Rabbiner Aharon Teitelbaum bei der Grundsteinlegung den »Sieg über die unreine israelische Regierung im Kampf um die Heiligkeit Jerusalems«. Vom historischen Gebäude bleibt nur die denkmalgeschützte Fassade mit der historischen Uhr, die die Zeit mit hebräischen Buchstaben anzeigt. Diese Uhr steht seit Langem und erinnert auf diese Weise an ein vergangenes Jerusalem.

Seit 1980 ist Jerusalem einschließlich der 1967 annektierten palästinensischen Stadtteile laut Grundgesetz die ungeteilte Hauptstadt und das Regierungszentrum Israels. In Wirklichkeit ist die Stadt jedoch geografisch dreigeteilt – zwischen dem palästinensischen Osten und dem jüdischen Westen, aber auch zwischen dem orthodoxen Norden und dem säkularen und religiösen Süden. Die Grenzen zwischen Israelis und Palästinensern sind durch Mauer und Zaun festgelegt, und darüber verhandeln Politiker beider Seiten. Die Grenzen zwischen den jüdischen Bevölkerungsgruppen sind jedoch fließend und hängen von demografischen Faktoren ab. Diese Grenze verlagerte sich in den letzten Jahren nach Süden und verläuft entlang der Hauptstraße *Derech Jaffo*. Ob man diese Grenze überschreitet, merkt man an der Kleidung der Passanten und der Zahl der Antennen auf den Dächern. In nördlichen säkularen Enklaven kämpfen die Eltern um den Erhalt der weltlichen

Schule. Der Architekt David Krojanker sagt:»Zuerst kommen die Religiösen, dann moderne Orthodoxe und bald ist ein Stadtteil komplett orthodox. In umgekehrter Richtung passiert so etwas jedoch nicht«.[99]

Als Greenfield und ihr Mann, ein orthodox gewordener Kinderarzt, 1985 in den bürgerlichen Jerusalemer Stadtteil Har Nof einzogen, lebten dort noch wenige Säkulare. Die Bewohner hielten eine Abstimmung über die Schließung der Hauptstraße am Shabbat. Greenfield, die am Shabbat nicht einmal den Fahrstuhl benutzt und sicherlich kein Auto, stimmte dagegen.[100] Sie fand es unmenschlich den Säkularen gegenüber.»In einer demokratischen Gesellschaft kann ich nicht meine Präferenzen auf Kosten anderer erfüllen.« Die überwiegende Mehrheit war anderer Meinung, die Straße wurde gesperrt und die Säkularen verließen allmählich den Stadtteil, in dem heute 30.000 Orthodoxe leben.

Die zionistischen Juden (Säkulare und Nationalreligiöse) sind in Jerusalem bereits in der Minderheit. Nach einer aktuellen Studie zählen sie nur knapp 44 % der 746.000 Einwohner.[101] Die 167.000 Orthodoxen zusammen mit den 252.000 Arabern stellen die Mehrheit dar. Seit 2003 ist mit Uri Lupolianski der erste ultraorthodoxe Bürgermeister im Amt. In den vergangenen Jahren verließen Jerusalem jährlich 6.000 Menschen mehr als hinzogen. Wenn sich die jetzige Tendenz fortsetzt, wird Jerusalem immer religiöser. Die Ultraorthodoxen stellen fast ein Viertel der Jerusalemer Bevölkerung dar, aber 39 % der Kinder sind ultraorthodox.[102] Im letzten Jahrzehnt ging die Zahl der zionistischen Schüler um 10 % zurück, die der Ultraorthodoxen nahm um ein Drittel zu.

Auch Tzvia Greenfields fünf Kinder studierten anfangs in ultraorthodoxen Schulen. Aber die»Ultraorthodoxe mit Schattierungen« trifft persönliche Entscheidungen selbstständig, eine Seltenheit in der immer konformeren ultraorthodoxen Welt. Sie studierte Philosophie und Geschichte und erwarb inzwischen einen Doktortitel in politischer Philosophie. Vor Jahren nahmen die Greenfields die beiden Söhne aus der ultraorthodoxen Religionsschule und schickten sie auf eine national-religiöse Institution. Unter anderem wollten sie, dass ihre Jungen Militärdienst leisten: »Die Armee ist ein Teil der israelischen Staatlichkeit, damit wir uns verteidigen können und nicht wie Lämmer zur Schlachtbank geführt werden. Das widerspricht nicht meinem Streben nach Frieden.« Aber auch in der neuen Schule tauchten Probleme auf. Eines Tages hieß es, alle Schüler werden den Shabbat in einer Siedlung verbringen. Greenfield, eine Kritikerin der Siedlungspolitik, lehnte ab, wurde zur Schulleitung zitiert, wo sie klarmachte, dass sie »eine gute Jüdin« sei. Die Kinder blieben zu Hause. »Ich muss betonen, dass, obwohl die Schulleitung absolut für die israelische Kontrolle des Westjordanlandes ist, sie die Kinder keineswegs bestrafte. Und den Kindern sagte ich: ihr solltet lernen, Individualisten zu sein, denn ihr werdet immer in der Minderheit sein.«

Tzvia Greenfield predigt eine humane, moralische und weltoffene jüdische Orthodoxie, ist Vorstandsmitglied der Menschenrechtsorganisation B'Tselem und eine der ersten Unterzeichnenden der Genfer Initiative eines symbolischen israelisch-palästinensischen Abkommens. Sie unterstützt gleichgeschlechtliche Eheschließungen, schaut Fernsehen und liest säkulare Zeitungen, verehrt Immanuel Kant und hört gern REM und Nirwana. Gleichzeitig ist sie Mitglied einer ultraorthodoxen Synagoge, hält strenge Koschergesetze, trägt eine Perücke und betont, dass sie ohne die Thora nicht leben könnte und sich in der frommen Welt zu Hause fühlt. Sie betont, dass die Kriminalität bei Ultraorthodoxen extrem niedrig ist und die gegenseitige Hilfsbereitschaft sehr groß, dass sie als Einzelne anständige, herzliche und rücksichtvolle Menschen sind. Das Problem sieht sie eher im ultraorthodoxen Kollektiv – dieses sei misstrauisch, rücksichtslos und auffordernd. »Sie verschließen sich aus Angst um ihre konservative Lebensart. Sie machen sich keine Illusionen, dass Ultraorthodoxe nach einer Öffnung zur säkularen Welt die Religion verlassen. Daher leben sie in einer enormen psychologischen Defensive. Im Ausland verlassen sie die Religionsschulen nach der Eheschließung, in Israel bleiben sie, um vom Militärdienst befreit zu werden.«

Bereits vor dem Mordanschlag auf Rabin erlebte Greenfield den grenzenlosen Hass der Ultraorthodoxen gegen den Premier auch in der eigenen Familie. Die Ultraorthodoxen spielten zwar eine marginale Rolle in den gewalttätigen Aktionen gegen den Friedensprozess. Ihre Gewalt begrenzte sich auf Brandanschläge gegen Bushaltestellen mit unkeuschen Plakaten, benachbarten unkoscheren Restaurants und Autos, die am Shabbat fuhren. Die potenzielle politische Gewaltbereitschaft der Ultraorthodoxen ist dennoch so hoch wie ihre Ablehnung der demokratischen Werte. So unterstützten 70 % der Ultraorthodoxen illegale Aktionen bis hin zur Gewaltanwendung gegen den Friedensprozess – im Vergleich waren 45 % der Religiösen und 40 % der Säkularen dieser Ansicht.[103] Zwei Drittel der Ultraorthodoxen unterstützen eine Theokratie in Israel, nur 19 % der Religiösen und niemand der Säkularen war dieser Meinung. Nur 39 % der Ultraorthodoxen, aber eine knappe Mehrheit der Religiösen und drei Viertel der Säkularen würden eine Demokratie unterstützen, deren Politik sie ablehnen.

Greenfield glaubt, dass diese Haltung aus Angst und Unkenntnis resultiert. Um orthodoxen und religiösen jüdischen Israelis die humanistischen und demokratischen Werte zu vermitteln, gründete sie 1993 das *Mifne*-Institut (hebräisch für Wende). »Einen Tag in der Woche kommen 100 intelligente, charismatische Jugendliche um die 20, um über Humanismus in der jüdischen Kultur und die Entwicklung der demokratischen Philosophie zu lernen.« Nur Ultraorthodoxe besuchen das Wendeinstitut nicht. »Auch wenn in jedem Programm ein oder zwei kamen, diskutierten sie endlos über historische Fakten, die sie einfach nicht wahrhaben wollten. Es scheint, als ob es in diesem Alter zu spät ist, das zu verbessern, was das ultraorthodoxe Bildungssystem zerstört hat.«

Tzvia Greenfield wurde niemals angegriffen, erhielt aber mehrere Morddrohungen, auch weil sie in einem Interview erzählte, dass das Institut auch von der Europäischen Union gefördert wird. »Eines der unangenehmsten Telefonate war von einem Deutschsprechenden. Er sagte, ich würde liquidiert, weil ich Arabern helfen würde, Juden zu ermorden, und damit Verrat beginge. In Synagogen hielt man Predigten gegen mich. Sie bat dennoch niemals um Polizeischutz und sagt, sie befürchtet keinen Mordanschlag:»Ich bin zu unwichtig, damit jemand eine lebenslange Haftstrafe meinetwegen riskieren würde.« Die Webseite ihres Instituts wurde gelöscht, nachdem sie immer wieder mit Hassreaktionen überschüttet worden war. Mit der Zeit brachte der Erfolg der Demokratiekurse jedoch auch für Greenfield eine kleine Wende. Der Vater eines Absolventen, Vorsteher der großen Synagoge in Har Nof, lud sie ein, um am Shabbat im Bethaus einen Vortrag zu halten.»Ich freute mich über die ungewöhnliche Einladung, sagte jedoch, dass ich nur dann komme, wenn der Synagogenrat zustimmt.« Der Termin fand nicht statt. Zu groß war die Wut gegen die selbstkritische Dame.

Bei den letzten Parlamentswahlen machte Greenfield erneut Geschichte als orthodoxe Frau in der linksliberalen Meretz-Partei. Sie gewann den sechsten Listenplatz, wurde von vielen Säkularen bejubelt, verfehlte aber im März 2006 knapp den Sprung in die *Knesset*. Zwölf Jahre nach dem Mordanschlag an Rabin lässt sie der Vorfall an seinem Sarg nicht los. Was könnte einen Juden zu diesem konzentrierten grenzenlosen Hass führen? Warum konnte er keinerlei Mitleid mit dem Ermordeten fühlen?»Es ging bei ihm nicht speziell um Rabin, sondern um einen bemerkenswerten säkularen Staatsmann«, sagt sie.»Dass ausgerechnet die Zionisten durch die Staatsgründung die säkulare Lösung für das jüdische Volk fanden, ist für die Ultraorthodoxen ein historisches und theologisches Problem.«

Der ultraorthodoxe Rabin-Hasser ist kein Einzelfall. Obwohl Umfragen unter Ultraorthodoxen selten sind, weil die Forscher auf wenig Kooperation stoßen, zeigt eine Studie des Tami Steinmetz Center for Peace Studies einen direkten Zusammenhang zwischen der Religiosität der Israelis und ihrer Unterstützung des Oslo-Prozesses.[104] Während 54 % der Säkularen die Versöhnung mit den

Palästinensern unterstützten, waren es nur 18 % der Religiösen und nur 9 % der Ultraorthodoxen. Zwei Drittel der säkularen Israelis sagten, das palästinensische Volk wolle Frieden, aber nur ein Drittel der Religiösen und knapp 5 % der Ultraorthodoxen teilten diese Ansichten. Während sich 59 % der Säkularen als Linke definierten, taten dies nur 10 % der Religiösen – und kein einziger Ultraorthodoxer. Immer zum Jahrestag der Ermordung Rabins macht sich Tzvia Greenfield Sorgen um den jüdischen Fundamentalismus, dessen Macht sie durch Aufklärung einschränken will.

5.3 Jüdin werden – zweimal

Es ist nicht leicht, Jude zu werden, aber in Israel ist es besonders schwer. Auf der Mauer der Altstadt von Akko, die sogar die Belagerung Napoleons überstanden hat, erlebte Sophie Lagnier 1996 eine Erleuchtung. »Ich fühlte, dass diese besondere Erde meine Heimat ist. Und weil hier der Judenstaat ist, dann bin auch ich Jüdin.« Dabei war die 19-jährige Französin, die aufs Meer blickte, gerade deswegen in Akko, weil die ehemalige Kreuzritterburg für Christen bedeutend ist. Diese ihre erste Israelreise unternahm sie mit einer Gruppe junger Katholiken. »Für die anderen war es eine Auslandsreise, für mich jedoch eine Inlandsreise.« Zurück in der noch formalen Heimat erwartete Lagnier, dass ihr »Akko-Syndrom« bald verpuffe, denn sie war »sehr gern« Christin, ihre Familie und all ihre Freunde ebenfalls, auch mit der Kirche kam sie gut zurecht.

Als das jedoch nicht geschah, begann sie 1997 Hebräisch, jüdische Geschichte und Tradition zu studieren. Sie wollte Jüdin werden. Nach einem Jahr wandte sie sich an den orthodoxen Rabbiner. Er wollte sie aber nicht empfangen. Sein reformierter Kollege[105] zeigte sich immerhin gesprächsbereit, wollte aber wissen, wer ihr jüdischer Freund sei. Als sie sagte, sie habe keinen, erwiderte der Rabbi: »Dann komm zurück, wenn du einen gefunden hast.« Hat sie wirklich einen jüdischen Freund nur dafür gesucht? »Ja«, lacht sie. »Und gleich einen netten Israeli gefunden.« Lagnier begann die Synagoge zu besuchen und setzte ihr Religionsstudium in Berlin fort. Nach weiteren sechs Monaten Studien organisierte der damalige liberale Rabbiner in Berlin, Walter Rothschild, ein Religionsgericht, *Beit Din*, für die Prüfung in London. Das Examen im März 1999 war schwer, »aber die vier Rabbiner behandelten mich mit Toleranz und Respekt«. Sie wollten wissen, wer sie ist und was ihre Großeltern im Zweiten Weltkrieg getan haben; sie fragten nach jüdischen Feiertagen und Begriffen; sie erkundigten sich danach, wie sie als Jüdin leben wolle. Was würde sie zum Beispiel am Weihnachtstag tun? »Natürlich der Einladung meiner christlichen Familie folgen«, sagte sie direkt. Die Rabbiner berieten zwei Stunden – und gaben ihr die Konversionsurkunde. Nun blieb nur noch das Eintauchen ins Ritualbad (*Mikwe*). »Ich ging ins kalte Wasser als Christin. Im Wasser war ich mit mir allein zum ersten Mal als Jüdin. Das war ein außergewöhnliches Gefühl.« In der Berliner Synagoge durfte sie zum *Shawuot*-Fest mit der Thorarolle tanzen – »sie war schwer, aber es war wunderbar! Denn sie alle gaben mir so viel Respekt«.

Zurück in Lyon trennte sich Lagnier von ihrem Freund, obwohl die beiden endlich dem gleichen Volk angehörten. »Das verlief nach gemeinsamem Plan«, versichert sie. Ihre besorgten Eltern wandten sich an einen Priester, der sie beruhigte: Sie könne tun, was sie wolle, für die Kirche bliebe sie christlich. Ein Psychologe, zu dem sie ihre Tochter schickten, bestätigte: Sie sei auch als Jüdin ganz normal.

Nun sollte der ursprüngliche Traum in Erfüllung gehen: die Auswanderung nach Israel. Denn nur aus diesem Grund wurde sie überhaupt Jüdin. Ihre erste Reise folgte 2000 im Rahmen des *Taglit*-Programms[106], einer Initiative des ehemaligen Justizministers Yossi Beilin mit dem Ziel, die jüdische Identität junger Juden in der Diaspora und ihre Verbindung zu Israel zu stärken. Jeder Jude im Alter zwischen 18 und 26 darf umsonst Israel 10 Tage lang besuchen, bedeutende Orte besichtigen und israelische Studenten und Soldaten treffen. Gefördert wird die zionistische Initiative von jüdischen Mäzenen und Organisationen. Seit 2000 hat sie über 150.000 Studenten aus 52 Staaten nach Israel gebracht. Die Noch-Französin leistete ihren ersten ehrenamtlichen Dienst für Israel – drei Wochen in der Armee und sechs Wochen bei der medizinischen Hilfsorganisation *Magen David Adom* (Roter Davidstern). »Ich wollte den regulären Militärdienst leisten, aber die orthodoxen Rabbiner legten ein Veto ein: Frauen tun so etwas nicht, hieß es.«

Sophie Lagnier wollte nun rasch auswandern, um als Jüdin im Judenstaat zu leben. Die israelische Einwanderungsbehörde Jewish Agency[107] verwies sie an eine französische Einwanderungsgruppe. Von den 18 waren 13 »reinjüdisch«, fünf wollten konvertieren, zwei weil sie nur einen jüdischen Vater hatten, zwei, um einen Juden zu heiraten, und Sophie, weil sie Israel so liebte. Morgens studierte sie Hebräisch mit der Einwanderungsgruppe in der Siedlung Neveh Daniel, nachmittags fuhr sie dreimal pro Woche nach Jerusalem für die Konversionsgruppe. Auf den orthodoxen Übertritt schaute Lagnier mit großer Freude. Warum soll denn eine Jüdin noch mal Jüdin werden? »Damit meine Kinder eines Tages in Israel keine Probleme meinetwegen bekommen, wenn sie manche für Nichtjuden halten. Damit ich in Israel überhaupt heiraten kann und damit Juden nicht meinetwegen untereinander streiten.«

Nach dem Gesetz der Religiösen Gemeinschaft, vom britischen Gouverneur Palästinas 1927 erlassen, muss jeder Konvertit die Zustimmung des Oberhaupts der Gemeinschaft einbringen, der er sich anschließen will.[108] Nur auf diese Weise wird der Übertritt legal. Im Falle von Juden war dies laut Konversionsgesetz (*Chok Hahamara*) das Oberrabbinat. Dieses Gremium erkennt jedoch nur orthodoxe Rabbiner und Übertritte an. Allein das Oberrabbinat regelt die Eheschließungen und Scheidungen von Juden in Israel – von Staatsbürgern wie Einwohnern, und zwar nach religiösem Recht.[109] Die Grundlage dafür ist ein berühmter Brief des damaligen Vorsitzenden der Jewish Agency, David Ben Gurion, an die Führung der nichtzionistischen ultraorthodoxen Partei *Agudat Jisrael*, damit sie sich vor der UN-Kommission der Gründung des Staates Israel nicht widersetzt. Der Brief vom 19. Juni 1947 bildet die so genannte Status-quo-Vereinbarung, um die die Israelis seitdem immer wieder ringen.

»Die UN-Genehmigung für die Staatsgründung wird unmöglich sein, wenn die Gewissensfreiheit nicht für alle Bürger garantiert ist und nicht klargestellt wird, dass es keine Absicht gibt, einen theokratischen Staat zu gründen. Andererseits schätzen wir ihre Forderungen, die auch vielen zionistischen frommen Juden Sorgen bereitet. Die Position der Jewish Agency ist:

1. Shabbat. Es ist klar, dass der Shabbat der gesetzliche Ruhetag im jüdischen Staat sein wird. Natürlich dürfen die Christen und Menschen anderer Religionen an ihrem wöchentlichen Feiertag ruhen.

2. Koscher. Wir müssen alles unternehmen, um zu gewährleisten, dass alle öffentlichen Einrichtungen für Juden koscheres Essen anbieten.

3. Personenstandsfragen. Wir erkennen, wie ernst und problematisch das Problem ist und werden alles unternehmen, um hier die tiefen Bedürfnisse der frommen Juden zufrieden zu stellen, um Gott behüte[110] die Entzweiung des Hauses Israel zu verhindern.

4. Bildung. Jede Bildungsströmung wird volle Autonomie erhalten. Der Staat wird selbstverständlich ein Minimum an Pflichtfächern festlegen – zum Beispiel Hebräisch, Geschichte, Wissenschaften – und die Einhaltung dieses Minimums kontrollieren. Zugleich wird jede Strömung die Bildung selbständig gestalten können und das religiöse Gewissen keineswegs verletzt.«

Da sich Israel als jüdischer Staat betrachtet und weil die zionistische Ideologie die »Zusammenführung der Exilgemeinschaften« (*Kibbuz Galujoth*) propagiert, öffnet Israel seine Tore jedem Juden. Die schrumpfende jüdische Mehrheit zwingt, aufgrund der hohen Geburtenrate der arabischen Moslems, die Politik zum Handeln.

143

Daher wird die Einwanderung aktiv gefördert, nicht zuletzt durch die Jewish Agency. Das Rückkehrgesetz (1950), das wohl wichtigste zionistische Gesetz, stellt fest: »Jeder Jude ist berechtigt, ins Land einzuwandern.«[111] Nur solche Juden werden ausgenommen, die »gegen das jüdische Volk wirken bzw. die allgemeine Gesundheit oder die Staatssicherheit gefährden«, was fast niemals vorkam.

Doch wer ist Jude? Aus zwei Gründen wurde das im Gesetz nicht definiert. Zum einen brauchte der neue, arme und von feindseligen arabischen Staaten umgebene Staat Einwanderer. Zum anderen waren darunter auch Überlebende des Holocaust, die zwar nach der jüdischen Gesetzgebung (*Halacha*) nicht jüdisch waren, von den Nationalsozialisten dennoch als Juden angesehen und verfolgt worden waren. Ein historisches Urteil des Obersten Gerichts führte schließlich 1970 zu einer Veränderung des Rückkehrgesetzes, die vor allem aufgrund der Masseneinwanderung aus den GUS-Staaten große Auswirkungen auf die israelische Gesellschaft und Politik hat. Die Richter akzeptierten die Klage des israelischen Offiziers Benjamin Shalit gegen das Innenministerium, das sich geweigert hatte, seine beiden Kinder als Angehörige des jüdischen Volkes einzutragen. Die Beamten hatten dies abgelehnt, weil die Mutter keine Jüdin war – sie sah sich selbst als religionslos. Die Richter beschlossen mit knapper Mehrheit, dass, weil die Kinder als Juden in Israel aufwachsen und als solche betrachtet werden, zumal ihre Mutter sich nicht als Nichtjüdin ausgibt, sie als Juden eingetragen werden müssen. Damit die Nationalreligiöse Partei in der Regierung bleibt, wurde das Rückkehrgesetz ihrer Forderung entsprechend wie folgt eingeschränkt:

Art. 4b: »Gemäß diesem Gesetz ist ›Jude‹, wer von einer jüdischen Mutter geboren wurde oder zum Judentum übergetreten ist und keiner anderen Religion angehört.«

Um die Einwanderung gemischter Familien andererseits nicht zu gefährden, wurde das Gesetz mit dieser Formulierung erweitert:

Art. 4(a): »Die Rechte eines Juden laut diesem Gesetz … und nach jedem anderen Gesetz werden auch auf die Kinder und die Enkel des Juden übertragen, seinen Ehepartner, den Ehepartner der Kinder und der Enkel des Juden. Ausgenommen wird nur derjenige, der Jude war und freiwillig konvertierte.

Art. 4(b): Es besteht kein Unterschied, ob ein Jude, hinsichtlich dessen das Recht auf Einwanderung laut Art. 4a (a) gefordert wird, noch am Leben ist oder nicht, oder selbst eingewandert ist oder nicht.«

Die Neueinwanderin Sophie Lagnier, die im August 2003 in Israel landete, war hingegen absolut koscher. Zusammen mit der Gruppe der französischen Juden ging sie ins Innenministerium, wo sie den ersten kleinen Triumph über die Gruppenmitglieder feierte, die sie aufgrund ihrer Reformkonversion nicht als Jüdin anerkannt hatten. »Der Beamte bat mich darum, in einem Satz zu schreiben, dass ich mich jüdisch fühle und Israeli werden wolle – nur für die Akten. Dann gaben sie mir den israelischen Personalausweis. Als die Gruppe sah, dass darin das Geburtsdatum nach dem jüdischen Kalender stand, waren sie schockiert. Denn manche von ihnen hatten nur einen jüdischen Vater und in deren Ausweisen stand ihr Geburtsdatum nach dem allgemeinen Kalender. Plötzlich war ich jüdischer als sie. Ihre früheren Drohungen, dass, wenn ich mich nicht nach ihrem Wunsch verhalte, man mich aus Israel ausweisen würde, waren zunichte.«

Israel gab der neuen Bürgerin Lagnier alle Rechte eines Einwanderers: Ein monatliches Stipendium, einen kostenlosen Hebräischkurs und berufliche Ausbildung, Hilfe bei der orthodoxen Konversion und den steuerfreien Erwerb eines Autos oder einer Wohnung, was Lagnier gar nicht brauchte. Denn ihr provisorisches Zuhause war ein Wohnmobil in der Siedlung Neveh Daniel im Westjordanland, das sie mit einer anderen Neu-Israelin teilte. Morgens lernten sie Hebräisch, nachmittags die Thora. Mit dem Bus fuhr sie dreimal pro Woche eine Stunde nach Jerusalem, um an speziellen Konversionsstunden teilzunehmen.

Als ersten Schritt ins orthodoxe Judentum bat sie der sephardische Siedlungsrabbiner David Mamou darum, einen hebräischen Namen anzunehmen. »So nannte man mich dort Mirjam, nach meinem zweiten Geburtsnamen, bei der Arbeit Sophie und die russische Putzfrau nannte mich Sonja.« Aber auch mit einem koscheren Namen erweckte Mirjam viel Misstrauen, denn sie studierte zu viel, korrigierte Rabbiner Mamou einmal vor der Klasse, telefonierte mit Freunden auf Englisch und Deutsch und lernte als einzige Texte blitzschnell auswendig. »Bei einem Besuch in Paris wandte sich Mamou an die Jewish Agency, damit sie meine Akten durchforsten, denn ich sei vielleicht eine Spionin. Die Beamten entgegneten, ich sei dann wohl eine sehr schlechte Agentin, wenn mich alle für eine halten.«

Stattdessen erwies sich die Mitbewohnerin im Wohnmobil als effektive Agentin. Sie informierte den Rabbi, dass Mirjam einen Freund habe, was nicht stimmte. »Das war natürlich verboten, es wäre denn, er konvertiere ebenfalls, besuchte die Synagoge jeden Shabbat und führte ein orthodoxes Leben. Auf der Frankreichreise erkundigte sich der eifrige Rabbi bei Mirjams Bekannten und notierte: Er sei nichtreligiös. Als die Mitbewohnerin bei Mirjam eine nicht koschere Essigflasche entdeckte, musste sie das Wohnmobil verlassen, obwohl sie von der Unreinheit der Säure nicht gewusst hatte. »Man wollte mich weghaben. Ich wusste, dass, wenn ich die Konversion mit der Gruppe beginne, ich durchhalten musste, weil sonst der Rabbi gegen mich aussagen könnte und somit den Übertritt verhindern. Ich weinte ständig, fiel in Depression und nahm sieben Kilo zu.« Jüdisch werden auf orthodoxe Art erwies sich auch bei den anderen Frauen als gesundheitsschädlich – alle nahmen drastisch zu, verdoppelten den Zigarettenanteil oder schluckten Antidepressiva. Zum Glück hatte Mirjam bereits einmal konvertiert und wusste, dass das religiöse Judentum auch bessere Seiten hat.

Die Masseneinwanderung aus der ehemaligen Sowjetunion rückte die Frage der Konversionen ins Zentrum der israelischen Politik. Mitte der 1980er-Jahre konvertierten nur wenige ausländische Freiwillige, die sich in den Kibbuzim verliebten und dort als Jüdinnen bleiben wollten.[112] Für sie wurden 1974 spezielle Konversionsgerichte gegründet, die sich nur um diese Angelegenheiten kümmerten. 1995 wurden sie durch das Oberrabbinat wieder aktiviert, um die Tausende nichtjüdischer Einwanderer zu konvertieren, die aufgrund des liberalisierten Rückkehrgesetzes nach Israel kommen durften, weil sie mit Juden verwandt waren. Im Juni 2007 einigten sich alle Konversionsexperten darauf, dass diese Maßnahmen gescheitert seien.[113] »Die Zahl der nichtjüdischen Einwanderer und ihre in Israel geborenen (nichtjüdischen) Kinder ist bereits größer als die Zahl der Konvertiten im gleichen Jahr«, stellt Micha Roi fest, Geschäftsführer des Itim-Instituts, das Israelis in jüdischen Ritualen berät – Geburtszeremonien, Bar-Mitzwas, Hochzeiten, Beerdigungen und Konversionen.

Die letzten Regierungen setzten sich für die Konversionen der vielen Einwanderer besonders ein. Der damalige Premierminister Ariel Sharon zog das Konversionsamt an sein Büro heran und verdreifachte den Jahresetat innerhalb von drei Jahren auf umgerechnet über fünf Millionen Euro. Damit werden die intensiven Konversionskurse finanziert, die 500 Stunden Bibelunterricht und jüdische Tradition beinhalten, welche von 40 Beamten-Rabbinern – alle orthodox, einige sogar ultraorthodox – erteilt werden.[114] Als dessen Leiter wurden zionistische Rabbiner nominiert, die staatliche Interessen höherstellen als ultraorthodoxe Rabbiner. Dennoch wuchs die Zahl der Übertritte unter GUS-Einwanderern kaum. Im Jahr 2000 konvertierten 906 Einwanderer, 2006 waren es 1.020. Die rund eine Million Einwanderer aus den GUS-Staaten stellen mit Abstand die größte Gruppe der Ankömmlinge, aber auch die größte Anzahl von Nichtjuden dar. Gleich nach dem Zusammenbruch der Sowjetunion kamen 1990 knapp 200.000 Immigranten, aber 2006 nur noch knapp 20.000.[115] Waren im Jahr 1990 nur 6 % der GUS-Einwanderer Nichtjuden, war es 1995 bereits jeder Dritte, 1999 jeder Zweite und in den letzten Jahren schätzungsweise drei Viertel. Dabei sind die meisten Älteren jüdisch, die meisten im fruchtbaren Alter nichtjüdisch. Ende 2006 lebten in Israel bereits 310.000 »andere« (also weder jüdisch noch arabisch), die fast 5 % der Bevölkerung ausmachten.[116] 242.000 von ihnen wanderten als Familienangehörigen von GUS-Juden ein, die anderen wurden in Israel geboren. Etwa 27.000 christliche Einwanderer kamen hinzu.

Warum gelingt es dem Judenstaat nicht, im nationalen Interesse möglichst viele Einwanderer zügig und unbürokratisch ins Judentum einzugliedern? Weil die Rabbiner fordern, dass nicht nur sie, sondern auch ihre Lebenspartner die jüdischen Gesetze strikt einhalten. Und weil sie fordern, dass sie ihre Kinder in religiöse Schulen schicken. »Das sind keine religiösen Forderungen nach der jüdischen Gesetzgebung«, stellt der ausgebildete orthodoxe Rabbiner Roi fest. »Und diese Forderungen sind für die meisten russischen Einwanderer völlig inakzeptabel und daher wollen immer weniger übertreten. Nicht einmal eine große PR-Kampagne 2005 konnte dabei helfen. Fest steht: Die orthodoxen Rabbiner, die im Namen der Einheit des Volkes die Konversion durchführen, spalten das Volk.«

Aber wie können sie ein Volk spalten, wenn die nichtjüdischen Einwanderer diesem Volk nicht angehören? »Sie gehören doch, soziologisch gesehen, zum Volk«, sagt Asher Cohen, Politologe an der Bar-Ilan-Universität und Autor der Studie *Israelische Assimilation*. »In der Diaspora assimilieren die Juden und verlassen die jüdische Tradition. In Israel ist es umgekehrt, sie assimilieren in die jüdische Umgebung. In vielen gemischten Familien feiern sie die jüdischen Feiertage, sprechen Hebräisch, gehen in die Armee und werden ›soziologische Juden‹. Gleichzeitig sind sie keine ›halachischen[117] Juden‹ und können hier zum Beispiel nicht heiraten. Das ist sozialer Sprengstoff. Nehmen wir den religiösen Eliasaf, dem sein Kamerad Boris erzählt: ›Meine Mutter ist nichtjüdisch, nur mein Vater ist Jude. Ich bin nach Israel im Rahmen des Rückkehrgesetzes gekommen. In Russland galt ich als Jude, weil man dort die Nationalität nach dem Vater bestimmt. Wir wurden aus diesem Grund sogar verfolgt. Und hier sagt man mir, ich sei kein Jude. Aber ich verhalte mich nicht anders als meine Freunde aus Tel Aviv oder dem Kibbuz.« Was würde der religiöse Eliasaf tun? »Die Rabbiner unter Druck setzen, ihnen sagen ›Bald gehe ich zusammen mit Boris auf Patrouille. Ohne Zweifel würde er sein Leben gefährden, um mich zu retten, falls ich im Kampf verletzt würde. Ich würde übrigens genauso handeln. Also löse mein Problem‹.

Seit diesem Gespräch im Februar 2003 haben weder die Rabbiner noch die Politiker das zionistische Paradox gelöst: Israel holt jährlich Tausende von Einwanderern, um die jüdische Existenz im Lande zu stärken, die seit 1999 mehrheitlich Nichtjuden sind. Einat Hurvitz, Leiterin der Rechtsabteilung des Israel Religious Action Center (IRAC) der Reformbewegung in Israel, sagt, dass jährlich rund 150 Israelis bei einem reformierten Rabbiner übertreten, Tendenz langsam steigend. »Anders als die Orthodoxen glauben wir, dass jeder Mensch seine jüdische Lebensart selbst bestimmen soll – auf der Grundlage der *Halacha* und in Anpassung ans moderne Leben. Manche fahren zum Beispiel am Shabbat Auto, andere nicht«. Die kleinen reformierten und die konservativen Gemeinden in Israel führen nach eigenen Angaben jährlich rund 150 Übertritte. Weder übernimmt der Staat die Kosten dafür, wie bei orthodoxen Konversionen, noch werden sie vom Innenministerium anerkannt, obwohl das Oberste Gericht sie genehmigt hat. Die gleichen im Ausland durchgeführten Übertritte werden seit 2002 in Israel anerkannt. Die einjährige Konversion ist kostenpflichtig, der Absolvent erhält eine Urkunde und darf sogar beim reformierten Rabbiner heiraten. Er gilt aber nicht als Jude, wird als ledig registriert und erhält keine Staatsbürgerschaft. Und weil es in Israel weder Zivilehen noch Standesämter gibt, muss er im Ausland heiraten.

Der Staat kann die orthodoxen Rabbiner sehr wohl umstimmen, das beweist der Erfolg des militärischen Konversionsprogramms, in dessen Rahmen seit 2002 rund 2.200 Soldaten im Dienst konvertiert wurden[118]. Die Militärrabbiner akzeptierten, dass die Vorbereitungskurse in einem militärischen Rahmen stattfinden und wesentlich kürzer sind. Sie erklärten sich bereit, die Kasernen als das Zuhause der Soldaten zu betrachten, weil in allen Kasernen nur koscheres Essen angeboten und der Shabbat eingehalten wird. Mit dem Erfolg wurden auch weitere zivile Rabbiner rekrutiert, die strenger vorgehen. Sie verlangen, dass die Soldaten sich verpflichten, auch nach Dienstende ein orthodoxes Leben zu führen. Wenn diese Rabbiner sich nicht durchsetzen würden, erwartet die Armee jährlich 5.000 Konversionen durchzuführen. Der Weg zur Konversion aller 100.000 nichtjüdischen Soldaten ist dennoch lang.

So hoffte Sophie Lagnier, binnen neun Monaten ihren Konversionskurs beenden zu können, zumal sie ein ähnliches Studium im Ausland bereits absolviert hatte. In Jerusalem lernte sie nicht nur jüdische Gesetze und Traditionen.»Man brachte uns bei, dass Araber und Christen wie Tiere keine Seele haben, dass Juden von Natur aus gegen die Araber sein müssen und dass ganz Israel den Juden gehört. Als ich sagte, diese Einstellungen seien ignorant, war der orthodoxe Rabbi schockiert. Immer wieder machte er mir klar, dass ich bei den Reformern viel Falsches studiert hätte. Sie fragten mich immer wieder, was ich von Jesus halte. Zum Jahresende verweigerte er mir die Genehmigung zur Abschlussprüfung. Ich sei noch nicht dazu bereit, dürfte aber auch den Kurs nicht fortsetzen. Die beiden Freundinnen mit den orthodoxen Freunden hingegen durften übertreten und heiraten. Nach neun Monaten warf man mich ganz einfach aus dem Wohnmobil.«

Aber Lagnier wollte nicht nachgeben. Durch eine Freundin gelang sie an Shir Chadash (»Neues Lied«), eine modern-orthodoxe Gemeinde amerikanischer Einwanderer in Jerusalem. Bald integrierte sie sich in die neue Gemeinde, sammelte Empfehlungsbriefe und bat regelmäßig den Jerusalemer Rabbiner Jan Peer um Hilfe beim Übertritt.»Die drei Rabbiner des Religionsgerichts stellten sich stur und meinten, ich lebte nicht streng orthodox. Meine ehemalige Mitbewohnerin gab ihnen persönliche Briefe, die sie von mir geklaut hatte.«

Auch ein Treffen zwischen Rabbiner Peer und dem Rabbiner im Religionsgericht, Avraham Selem, brachte nichts. »Peer musste sich anhören, er sei gar kein orthodoxer Rabbi, denn er habe keinen Bart.« Peer schlug einen orthodoxen Übertritt in New York vor, Lagnier lehnte ab: »Ich fürchtete, sie werden es in Jerusalem nicht anerkennen.« Schließlich stellte sich heraus, dass ein orthodoxer Arbeitskollege Lagniers führende Rabbiner im Oberrabbinat persönlich kannte. Am Nachmittag des 1. September 2005, zwei Jahre nach Beginn des Konversionsprozesses, durfte sie endlich vor Gericht.

An dem Tag meldete sich das rabbinische Gericht bei Lagnier: Man wollte den Termin auf den Vormittag vorverlegen. Aber es war unmöglich, die acht orthodoxen Zeugen in letzter Minute umzustimmen. Das Oberrabbinat gab nach, ließ sie alle jedoch anderthalb Stunden im Flur warten. Nun war es so weit. Die drei Rabbiner stellten ungewöhnlich viele Fragen zum Thema Keuschheit: Darf ein Mann eine fremde Frau nackt sehen? »Nein, nur seine eigene.« Darf eine Frau einen fremden Mann nackt sehen? »Ja, denn Männer müssen nach dem jüdischen Gesetz nicht keusch sein.« Die Rabbiner wollten zudem wissen, ob Lagnier bei einem Auftritt der Chippendales anwesend war, einer Entertainment-Show speziell für Frauen, bei dem junge muskulöse Männer in einer Mischung aus Tanz, Gesang und Striptease auftreten. »Zwei Jahre zuvor hatte mich eine jüdisch-orthodoxe Freundin zu ihrem Polterabend in Tel Aviv eingeladen. Erst als ich da war, erfuhr ich, was auf dem Programm stand. Meine Mitbewohnerin hatte später die Eintrittskarte bei mir gefunden und den Rabbinern zugespielt. Ich beschloss die Wahrheit zu sagen, da sie wohl meine Zuverlässigkeit testeten. Sie sagten, ich hätte einen Fehler begangen; ich gestand ihn ein.«

Über eine Stunde fragten die Rabbiner nach und nach. »Zwei waren gegen mich, einer neutral. Theoretisch konnten sie so lange Fragen stellen, bis ich scheiterte.« Reuven Hammer, Leiter des konservativen rabbinischen Gerichts, bestätigt diese Praxis der Orthodoxen.[119] »Das Problem ist offensichtlich nicht der Konvertierende, sondern der Rabbiner«, schreibt er. »Oft werden Konvertiten abgelehnt, weil sie winzige Gesetze nicht kannten, von denen die meisten frommen Juden noch nie gehört haben. Solche Praktiken verstoßen gegen das jüdische Gesetz.«

Nun kam aber doch die letzte Frage zu einem bestimmten Segensspruch. »Da der Beginn dieses Spruchs bei mehreren Anlässen ähnlich ausgesprochen wird, sagte ich nur den letzten Teil. Der Rabbi schrie: ›Das ist falsch! Mach es noch mal!‹ Ich brach in Tränen aus, sprach aber weinend den Segensspruch zu Ende«. Jetzt musste Lagnier heraus und die Zeugen mussten erklären, woher sie sie kannten und ob sie sie für eine Jüdin hielten. Endlich durfte sie zurück. »Der eine Rabbi sagte, ich sollte einen Schwur aussprechen, der andere sagte beiläufig die Worte, auf die Lagnier seit Jahren gewartet hatte: Wir nehmen dich. Du bist unsere Schwester.« Ihre Freude hielt sich dennoch in Grenzen, denn sie rechnete mit weiteren Hindernissen. So sehr war sie verunsichert, dass sie zur allerletzten Station, dem Ritualbad (*Mikwe*), mit zwei Zeuginnen erschien, die auch Fotos machten (Männer müssen sich auch einer Beschneidung unterziehen). »Ich brauchte einen Beweis, weil sie alle meine Gerichtsunterlagen abgenommen hatten.« Nun begann das Zittern um die Urkunde und die Angst, die Rabbis hätten doch noch eine böse Überraschung. Nach vier Monaten fasste Lagnier den Mut und ging persönlich hin. Die Urkunde lag bereit – anscheinend kannten die Beamten des Rabbinats ihre Adresse nicht. Nach einer achtjährigen Odyssee war der lange Weg zum Judentum zu Ende. Aber die Angst bleibt. »Ich habe neulich in der Zeitung gelesen, dass eine Konvertitin bei der Scheidung, 15 Jahre nach dem Übertritt, erfuhr, dass ihr Übertritt nicht koscher war. Die Rabbis urteilten, dass weder sie noch ihre drei Kinder jüdisch seien. Seitdem begleitet mich diese Angst, dass man mich heimlich beobachten könnte und die Rabbiner bei meiner Hochzeit den Übertritt für illegal erklären.«

Lagniers Angst ist berechtigt. »Das Rabbinat in der Stadt Petach Tikwa hat fünf Konvertiten die Registrierung zur Eheschließung verweigert, weil sie der Ansicht waren, dass diese kein religiöses Leben führen«, sagt Micha Roi. »Es reichte, dass eine Frau in Hosen kam, um sie auszuschließen, oder dass sie Auto am Shabbat fuhr, oder ihre Kinder in nichtreligiösen Schulen angemeldet hatten.« Ohne eine Registrierung können Juden in Israel nicht heiraten. Roi plant jetzt eine Klage gegen die unwilligen Beamten.

Auf dem langen Gang durch die rabbinischen Behörden lernte Sophie Lagnier nicht nur vieles über das Judentum, sondern auch einiges über Konversionen in Israel. Sie bereut den orthodoxen Übertritt nicht, obwohl er »sehr unangenehm« war und ihre Gesundheit sehr beeinträchtigt hat. »Beim reformierten Übertritt hat man mich mit Würde behandelt, beim orthodoxen unmenschlich. Für die orthodoxen Rabbiner war ich so lange schuldig, bis ich das Gegenteil beweisen konnte; bei den Reformierten war das umgekehrt.« Da nur wenige Frauen Lagniers Leidensweg folgen würden, um jüdisch zu werden, muss Israel das Monopol der Orthodoxen bei Konversionen, Eheschließungen und Scheidungen beenden. Die reformierten und die konservativen Gemeinden müssen die gleichen Rechte erlangen.

5.4 Hakenkreuze im Heiligen Land

Als das Sowjetimperium zusammenbrach, verließ Zalman Gilichensky Kischinau, die Hauptstadt Moldawiens, und wanderte 1989 nach Israel aus. Noch unter den Kommunisten war der ausgebildete Maler und Kunstlehrer 1985 zu seinen jüdischen Wurzeln zurückgekehrt. Er wurde orthodox, unterrichtete Hebräisch und organisierte zionistische Aktivitäten. »Die Gesandten der *Jewish Agency* versprachen uns weder Geld noch Arbeit oder eine Wohnung, nur eines: In Israel werde es keinen Antisemitismus geben.« Da trafen sie bei Gilichensky einen empfindlichen Nerv. »Seitdem ich mich erinnern konnte, wurde ich tagtäglich von den Nachbarkindern und im Kindergarten geschlagen und mit Steinen beworfen. Alle meine jüdischen Bekannten hatten ähnliche Erfahrungen gemacht. Die Schändung jüdischer Friedhöfe war eine der harmloseren antisemitischen Vorfälle. Offiziell hat es dies aber niemals gegeben, weil nach der kommunistischen Ideologie der Antisemitismus gar nicht existieren konnte.« Dass er in Israel seine Freizeit mit der Jagd nach Antisemiten verbringen würde, hätte der freundliche, gelassene Mann in seinen kühnsten Träumen nicht ahnen können.

Die Bilder, die in den letzten Jahren die Israelis immer wieder erschreckt haben, riefen alte Erinnerungen hervor: Hakenkreuze in einer Synagoge, ein verbranntes Religionsbuch, ein junger Israeli in Uniform macht den Hitlergruß, Graffiti wie »Tod den Juden«, junge Männer mit Tätowierungen wie »88«, die Abkürzung für »Adolf Hitler«. Ein israelischer Soldat gründet die erste Neo-Nazi-Webseite im Lande, jüdische Grabsteine werden abgerissen und Gebetskapseln (*Mezuzot*) gestohlen, die fromme Juden an die Türpfosten stellen, ein aufgebrachtes Publikum singt auf einem Konzert einstimmig und auf Russisch: »Hänge die Juden und rette Russland.« Mehrere Buchläden in Jerusalem bieten *Mein Kampf, Die Protokolle der Weisen von Zion*, Werke des Schweizer Holocaustleugners Jürgen Graf sowie anti-jüdische CDs und Videos an.

Kurz nach seiner Landung in Israel las Zalman Gilichensky in der russischsprachigen Zeitung über einen Fall des Antisemitismus gegen Neueinwanderer. Ein Vorfall hat den Religionslehrer für russischsprachige Einwanderer dazu gebracht, sich aktiv einzumischen. Er erfuhr von einem 13-jährigen Jungen, der in seiner Klasse als Jude täglich geschlagen und erpresst worden war. »Alle seine Kommilitonen waren nichtjüdische Einwanderer. So sehr hatte er gelitten, dass er seinen Eltern sagte, er möchte nicht mehr Jude sein, sondern Christ. Sie haben sich bei der Schulleitung beschwert, aber nichts geschah und der Junge musste die Schule wechseln.« Die Kindheitserinnerungen holten Gilichensky ein, und er wollte seine Stimme erheben und einen Film darüber drehen.

»Ein befreundeter Produzent schlug mir 1999 vor, eine Anzeige zu schalten, um herauszufinden, ob es sich um ein einmaliges Phänomen handle. Zwei Monate lang schaltete er ein kleines Inserat in der größten russischen Tageszeitung in Israel, *Westi*:»Wenn Sie auf Antisemitismus jeglicher Form gestoßen sind, rufen Sie an.« Er erhielt daraufhin Hunderte von Anrufen.

Mithilfe einiger Freunde gründete Gilichensky den Verein »Damir«[120], das Informations- und Hilfszentrums für Opfer des Antisemitismus. Drei Ziele wollte er damit verfolgen: ein Bewusstsein für dieses Phänomen in der Öffentlichkeit und besonders bei jüdischen Einwanderern schaffen, den Opfern juristischen und seelischen Beistand leisten und die Behörden auffordern, antisemitische Erscheinungen zu verhindern und die Randalierer zu bestrafen. Zu diesem Zweck organisierte er einige Demonstrationen, an denen höchstens 40 Menschen teilnahmen. Bis 2006 ignorierten die nationalen hebräischsprachigen Medien das Thema weitgehend, nur die russischsprachigen und die Lokalzeitungen berichteten regelmäßig über diese »Einzelfälle«.

Gilichensky war sehr frustriert.»Wir schickten Material an alle Parlamentarier, Ministerien und Polizeistationen, erhielten aber kaum eine Antwort, und wenn, dann keine sachliche.« Als er seine Informationen der Jewish Agency für ihre Website anbot, erhielt er eine höfliche Absage:»Wir wissen, dass in unserem Land antisemitische Vorfälle passieren, berichten aber grundsätzlich nur über antisemitische Vorfälle im Ausland.« Er ging 2001 ins Jerusalemer Büro der Anti-Defamation-League, einer der größten jüdischen Organisationen, die den Antisemitismus bekämpft.»Ich übergab der Büroleiterin und ihrem Mitarbeiter mein Material und sie versprachen, es für ihren Jahresbericht zu verwenden. Darin kam aber kein Wort über Antisemitismus in Israel vor.«[121]

Die Parteien der russischen Einwanderer befürchteten, die Berichte über Neo-Nazis würden das ohnehin schlechte Image der Immigranten noch verschlechtern. Sie hielten Gilichenskys Aktivitäten für Provokationen und warfen ihm vor, er erfinde einen nicht vorhandenen Antisemitismus und mache aus einigen Randerscheinungen einen Flächenbrand. Sein Ziel sei es, das Rückkehrgesetz zu verschärfen, um die Einwanderung nichtjüdischer Verwandter zu verhindern. Um die Mauer des Schweigens zu brechen, lancierte Gilichensky 2004 seine Webseite mit dem medienwirksamen Namen http://pogrom.org.il. Darin veröffentlicht »Damir« viele Zeitungs- und Fernsehberichte über und von israelischen Neo-Nazis, die ihre brutalen Angriffe zu den Klängen deutscher Punkmusik selbst gedreht haben. In eigenen Hintergrund- und Meinungstexten auf Hebräisch, Russisch und Englisch erklärt er das Phänomen ausführlich. Die Fotos, die er entdeckte, bebilderten zahlreiche Artikel.[122] Die Gewaltfilme der Neo-Nazis, die er aufstöberte, wurden in zahlreichen TV-Berichten als Exklusivmaterial ausgestrahlt.[123] Diese Berichterstattung – und vor allem die ersten antisemitischen Vorfälle in der Armee – zeigte endlich ihre Wirkung außerhalb der russischen Öffentlichkeit in Israel. So gelang es Gilichensky mitzuhelfen, dass der Einwanderungsausschuss des Parlaments drei Sitzungen zum Thema »Neo-Nazi Bewegungen unter Einwanderern in Israel« abhielt. Seine Erkenntnisse, dass es sich um mehr als Einzelfälle handle und diese allein unter GUS-Einwanderern stattfinden, setzten sich langsam durch, zumal niemand sonst so engagiert gegen das Problem kämpfte.

Die erste Sitzung, an der die sechs Ausschussmitglieder und zwölf Experten teilnahmen, zeigt mehr über den Umgang mit den israelischen Neo-Nazis als über die Hooligans selbst.[124] Ein Polizeivertreter, Chaim Fadlon, gab zu: »Das Phänomen an sich wurde nicht untersucht, nur einmal wurde jemand festgenommen und ermittelt. Wir haben einen christlichen Soldaten ermittelt, der am Holocausttag in Uniform den Hitlergruß machte.« Ein Antisemitismusexperte berichtete aus der Presse: Die Parlamentsgarde entdeckte Hakenkreuze im neuen Flügel des Parlamentsgebäudes, der sich noch im Bau befand.[125] Der inzwischen verstorbene Abgeordnete Juri Stern brachte die Situation auf den Punkt und markierte die unsichtbaren Grenzen der israelischen Gesellschaft: »Die Polizei ermittelt das

Phänomen nicht, weil diese Vorfälle im ›russischen Planet‹ in Israel stattfinden, und für diese interessiert sich die Polizei nicht.«

»Wir Israelis lieben die Einwanderung, aber nicht die Einwanderer«, sagte einmal Ephraim Kishon. Die Provokationen und Gewalt der Neo-Nazis in Israel sind eine zugespitzte Reaktion aus Frustration, die viele russische Einwanderer teilen, weil sie sich von der jüdisch-israelischen Mehrheitsgesellschaft abgelehnt fühlen. So auch Parlamentsmitglied Yosef Shagal von der russisch-nationalen Partei *Yisrael Beitenu* (hebräisch: unser Haus Israel), der 1970 einwanderte. Der Journalist spricht von einer Glasmauer, die ihn von der israelischen Medienelite trennt und darüber, dass der durchschnittliche Israeli die russischen Einwanderer als Kriminelle, Drogenabhängige und Prostituierte sieht. »Gerade in Israel, wo uns alle Türen offen stehen sollten, sind sie alle zu.«

Dov Kontorer, Kolumnist der größten russischsprachigen Zeitung Westi, schrieb: »Trotz des Erfolgs vieler GUS-Einwanderer im Parlament und in den Rathäusern stellten sie fest, dass die wirkliche Macht woanders liegt und ihnen weiterhin versperrt bleibt: in der Wirtschaft und der Wissenschaft, in der Justiz und der Staatsanwaltschaft, in der Armee- und Polizeispitze, in den Geheimdiensten und den hebräischsprachigen Medien.[126] Das verbittert viele Einwanderer.«

Mit jeder Einwanderung kamen auch Nichtjuden nach Israel, die sich in der jüdischen Gesellschaft assimilierten. Das Problem verschärfte sich mit der Masseneinwanderung ab 1989. Denn ab den 1970er-Jahren beschleunigte sich in der Sowjetunion die Tendenz zu Mischehen so sehr, dass kaum noch ein Einwanderer zwei jüdische Elternteile hat, schreibt der Historiker Dan Shapira.[127] Nach der patriarchalischen sowjetischen Tradition erbte ein Kind die Nationalität seines Vaters – die Kategorie »Religion« existierte im kommunistischen Staat nicht. Nach der jüdischen Gesetzgebung wiederum geht die Religion nach der Mutter. So wuchsen im Sowjetreich koschere Juden als Nichtjuden auf und gerade diejenigen, die nach der jüdischen Gesetzgebung als Nichtjuden gelten, weil die

Mutter nichtjüdisch ist, galten als säkular-nationale Juden – frei von jeglicher Religion, aber gleichzeitig Opfer von Antisemitismus: Denn die Nationalität erschien in jedem offiziellen Dokument, sogar in der Anwesenheitsliste der Schulklassen. Denjenigen, die nur eine jüdische Mutter hatten und trotzdem ganz koschere Juden waren, blieb hingegen diese Diskriminierung erspart. In Israel wurden die sowjetischen Nichtjuden zu Juden und umgekehrt. Viele von ihnen entdeckten oder erfanden einen jüdischen Großvater, manche brachten antisemitische Ideen mit.

Warum zeigen die meisten Israelis kaum Interesse an den antisemitischen Vorfällen, die sie, wenn sie in Europa stattfinden, aufs Schärfste verurteilen? »Weil dieses Phänomen das Image Israels beschädigt, wonach Israel ein sicherer Hafen für das jüdische Volk gegen Antisemitismus ist«, sagt Gilichensky. »Wenn hier der Antisemitismus so virulent ist, welche Existenzberechtigung hat dieser Staat?« Israelische Politiker und die Einwanderungsbehörde Jewish Agency befürchten zudem wohl eine öffentliche Debatte um das fast heiliggesprochene Rückkehrgesetz und um die Einwanderungspraxis: Für jeden jüdischen Einwanderer aus den GUS-Staaten bringt die Organisation inzwischen drei nichtjüdische mit. Hinzu kommt, dass die Behörden und Parteien nicht in den braunen Apfel beißen wollen. Mit der Zauberformel »Einzelfälle« kehrten sie jahrelang alle antisemitischen Straftaten unter den zionistischen Teppich, zumal er nur Randgruppen der Gesellschaft betraf. Die meisten Opfer waren Gastarbeiter, Obdachlose, alte Einwanderer, Drogenabhängige, Punks und Ultraorthodoxe, die keine Anzeigen erstatteten, weil sie der Polizei eher misstrauten. Die israelischen Eliten und Machtzentren interessieren sich kaum für Minderheiten in Not.

Die Stadt Petach Tikwa wurde 1878 als älteste jüdische Siedlung im damaligen Palästina gegründet. Ein Jahrhundert später schrieb die Stadt wieder Geschichte: die ersten Synagogen in Israel wurden hier geschändet. Fast die Hälfte der 185.000 Einwohner Petach Tikwas sind religiös und ultraorthodox, die mit 25.000 russischsprachigen und äthiopischen Neueinwanderern zusammenleben. Seit 2003 liefern sich Gruppen von Neo-Nazis Schlägereien mit einheimischen Punks und mit Ultraorthodoxen. Im Mai 2006, nur zehn Tage nach dem Holocaust-Gedenktag, wurde die Große Synagoge geschändet. Unbekannte hatten mehrere Hakenkreuze an den Wänden, den Bänken und sogar auf Gebetsbücher gesprüht[128].

Um die Bandenkriege russischer Jugendlicher zu unterbinden, entstand 2003 in Petach Tikwa ein Jugendclub, in dem sich 150 Teenager regelmäßig treffen, musizieren, tanzen und Sport treiben. Koordinatorin Bela Alexander zeichnete das Profil dieser Einwanderer: verwirrte, entwurzelte Jugendliche mit einer tiefen Identitätskrise, sie sind keine Juden, manche tragen sogar Kreuze um den Hals. Oft ist der Vater in Russland geblieben, die Mutter ernährt die Familie allein, die Armut ist groß. In den Parks trinken sie Wodka und musizieren, manchmal kommt es zu Gewalt. Auch Igor Rochlin verbrachte seine Freizeit im Jugendclub. Aus seinen Erfahrungen mit den Glatzköpfen machte er den Kurzfilm *Unser Krieg*, der als Erster diese antisemitische Welt in Israel bekannt machte. Der Streifen, in dem fast nur Russisch gesprochen wird, war die Abschlussarbeit des 17-Jährigen in der Filmabteilung des »Achad Haam«-Gymnasiums in Petach Tikwa.

Unser Krieg beginnt auf dem Rabinplatz in Tel Aviv an Israels Unabhängigkeitstag 2005. Andrej, ein kahl geschorener Jugendlicher, läuft herum und ignoriert die Israelfahnen und die tanzenden Menschen. Sein Bruder ist beim Militärdienst gefallen. Andrej sah es als ein Zeichen der Diskriminierung gegen die Russen. Immer wieder beschimpfen gebürtige Israelis die »Russen«, die zunehmend mit Hass reagieren, der mit jedem Wodka ungezügelter wird. Nachts sitzt Andrej vor dem Computer und liest *Mein Kampf*. Andrej rasiert seinen Kopf, zieht Khakihosen und Springerstiefel an und verbringt seine Nächte mit den Kumpeln im Garten rauchend und trinkend. »Wir sind alle eine Art von Nazis«, sagt er seiner Freundin Anna. Isolation und der Hass auf Israel steigen. Nur die

Musik ist deutsch: Die Gruppe Rammstein – ihr Name wurde neben die Hakenkreuze in der Synagoge gesprüht.

»Diese Schändung hat mich nicht schockiert, denn es lag in der Luft«, sagt Igor Rochlin, der 19-jährige Regisseur und Drehbuchautor des Films *Unser Krieg*. Rochlin, der 1991 mit seinen jüdischen Eltern nach Israel kam, ist heute Soldat und fühlt sich als Israeli. Er lebt in Petach Tikwa und kannte die gewaltsamen Vorfälle bereits bevor die Synagoge geschändet wurde. Er betont zugleich: »Das ist kein Phänomen, es sind Einzelfälle, aber man muss sich darum kümmern, damit es nicht zum Phänomen wird.« Und wie? Durch Jugendzentren für russische Neuzuwanderer, die ihnen Musik-, Tanz-, Sportaktivitäten und Workshops anbieten und sie von den Gärten fernhalten. »Alle Gewalttäter haben eines gemeinsam«, sagt Rochlin: »Sie wurden hier nicht integriert.«

Unser Kampf war der erste israelische Film, der Entwurzelung, Gewalt und Judenhass mancher russischer Einwanderer beleuchtete. Im Mai 2006 gewann er in Los Angeles den internationalen Oscar für Jugendfilme und den Publikumspreis. Filmkritiker Gidi Orsher, Vater des Filmproduzenten Yuval Orsher, sagt: »Es ist erstaunlich, wie genau dieser Film das aktuelle Geschehen voraussah.« Die Schule hatte dennoch manche Probleme damit. Yuval ergänzt: »Wir mussten auf den Originaltitel, *Mein Kampf*, verzichten und viele Schimpfwörter im Dialog entfernen.« Das Gymnasium feierte auf seiner Webseite den Oscar für den Film, »der die Integrationsschwierigkeiten eines Neueinwanderers aus der Sowjetunion zeigt«.[129] Die Neo-Nazis wurden mit keinem Wort erwähnt und die Schulleitung weigerte sich, mir den Film zu schicken.

Zalman Gilichensky, der nach Israel kam, um dem Antisemitismus zu entkommen, bleibt in Israel und kämpft weiter um eine bessere Gesellschaft. Er warnt, dass Antisemiten in Israel noch gefährlicher sein können als im Ausland, weil manche Täter Zugang zu Schießwaffen hätten und weil es in Israel so viele Synagogen und jüdische Friedhöfe gibt. Das Phänomen muss bekämpft werden, betont Gilichensky, für eine Einschränkung des Rückkehrgesetzes ist es bereits zu spät.

Der hartnäckige israelische Neo-Nazi-Jäger Gilichensky konnte endlich auch Erfolge verbuchen. Im Mai 2007 legte Parlamentsmitglied Colette Avital eine Gesetzesinitiative vor, die breite Unterstützung genießt, um israelischen Nazi-Sympathisanten die Staatsbürgerschaft abzuerkennen.[130] Im Juni 2007 initiierte sie eine Gesetzesänderung, um nationalsozialistische Symbole zu verbieten.[131] Die Medien und das Parlament setzten die Polizei so unter Druck, dass sie Gilichensky um einen umfassenden Bericht über die Neo-Nazis gebeten hat. Im September 2007 wurden acht mutmaßliche Neo-Nazis festgenommen, fast alle waren Nichtjuden im Alter zwischen 17 und 20 aus mehreren Städten. Die Beamten beschlagnahmten Sprengstoff, Waffen und Propagandamaterial. Der Anführer der Bande, der seine Gewaltpatrouillen während seines Militärdienstes und mit dem Armeegewehr durchführte, wurde nach seinem ersten Verhör aus der Armee entlassen. Zwei Tage später war er bereits in seiner alten Heimat – Russland.

5.5 Die neue Nation der Israelis

Uzzi Ornan will Israeli werden. Der emeritierte Linguistikprofessor wurde 1923 in einer jüdischen Familie in Jerusalem geboren und erhielt mit der Staatsgründung Israels 1948 eigentlich die israelische Staatsangehörigkeit. Aber Ornan fühlt sich als Angehöriger der israelischen Nation. Das Innenministerium erkannte jedoch die israelische Nation nicht an und weigerte sich, Ornan als Angehörigen dieser Nation zu registrieren. Die Liste der in Israel anerkannten Nationen durfte er nicht erhalten. Diese sei geheim, hieß es. Erst nachdem er vor Gericht gezogen war und auf Nachfrage einer Journalistin hin, durften die Israelis endlich erfahren, welche Nationen bzw. Völker in ihrem Staat legal sind. Die Ergebnisse überraschen.[132]

Aus Sicherheitsgründen muss jeder Israeli ab dem 16. Lebensjahr einen Personalausweis mit sich tragen und ihn nach Aufforderung eines Polizisten, Soldaten oder Bürgermeisters vorzeigen. Auch Touristen müssen sich, wenn aufgefordert, ausweisen. Gegen Ende des britischen Mandats, als der jüdische Aufstand stärker wurde, erhielten die Einwohner im damaligen Palästina Personalausweise. Die Identität des Bürgers wurde anhand der Rubrik »Rasse« festgestellt, zum Beispiel »Jude«. Um diese Rubrik, nach der Staatsgründung 1948 in »Volkszugehörigkeit« verwandelt – nicht zu verwechseln mit der Nationalität – wurden mehrere politische Kämpfe geführt. 1995 klagten mehrere Israelis, die bei reformierten oder konservativen Rabbinern zum Judentum übergetreten waren, aber die Beamten weigerten sich, sie in den Personalausweisen als Juden einzutragen. Das Oberste Gericht entschied erst 2002 zugunsten der Kläger und ordnete an, sie als jüdisch in ihrer Religion und Volkszugehörigkeit zugleich einzutragen. Der ultraorthodoxe Innenminister Eli Yishai weigerte sich und fand eine originelle Lösung: Er ließ 2003 die Volkszugehörigkeit aus den Personalausweisen streichen und mit acht Sternchen ersetzen. 2004 lehnte das Gericht die Klage einer Frau ab, die die Wiedereinführung des Wortes »Jude« im Personalausweis verlangte. Die Begründung: Die Registrierung sei nur eine statistische Eintragung und keine Deklaration, ob jemand jüdisch sei. Damit Polizisten, Soldaten und Bürgermeister weiterhin zwischen Juden und Arabern unterscheiden können, wird bei Juden auch das Geburtsdatum nach dem jüdischen und nicht nur nach dem allgemeinen Kalender eingetragen.

Die meisten Israelis werden als Juden oder Araber registriert – Palästinenser erkennt man hier noch nicht an. Andererseits erfasst man gern sowohl Ostdeutsche als auch Westdeutsche – Mauer hin oder her. Die Beamten des Innenministeriums registrieren ebenso gern einen Österreicher oder Schweizer, auch einen Belgier oder Briten –, einen Flamen, Wallonen oder Engländer aber nicht. Die Beamten sind mit der Registrierung recht flexibel: Man ist als Tscheche hier willkommen, auch als Slowake oder Tschechoslowake. Sogar ein Jugoslawe oder ein »Hongkonger« wird aufgenommen, falls es ihn noch oder bereits gibt. Das Volk muss nicht einmal groß oder bekannt sein: Israel erkennt einen Samariter[133], Assyrer, Tataren und sogar Hebräer (dank Uzzi Ornan) an – insgesamt sind dies 135 Nationen, nur kein Israeli.[134] Warum eigentlich nicht? Darüber debattierten die Gerichte seit dem Jahr 2003.

Uzzi Ornan ist ein freundlicher und kreativer, aber ein ideologisch sehr gefestigter Mensch. Er ist ein israelischer Patriot, ein Kämpfer für die hebräische Sprache und ein überzeugter Säkularer. Geboren wurde er 1923 in Jerusalem als Uziel Halperin. Seinen neuen Namen erfand er spontan, als er in der rechtsnationalen Untergrundgruppe *Etzel* gegen die britische Armee kämpfte.[135] Als er und sein Kommandant Arie Itzhaki 1939 Briefbomben bastelten, wurde Itzhaki schwer verletzt, Halperin nur leicht, erzählt Itzhaki. »Als die Briten ihn fanden, war er bereits erblindet und fragte: ›Bist du es, Uzzi?‹ Daraufhin begannen die britischen Polizisten überall nach ›Uzzis‹ zu suchen. In der Nacht lag ich noch im Krankenhaus, aber am nächsten Morgen früh hatte mich der Etzel-Kommandant der Region entführt, eine halbe Stunde bevor die Polizei kam. Einige Monate später erfuhr ich, dass man mir einen falschen Personalausweis zugesteht, und suchte mir einen neuen Namen.« In der Bibel fand er den Namen des kanaanäischen Königs von Jerusalem, die vor der israelitischen Eroberung Jebus hieß. Aus seinem Vornamen entnahm der gottlose Teenager die Endung »El«, hebräisch für »Gott«. So wurde Uzzi Ornan neu geboren.

Nach fünf Jahren im Untergrund wurde er festgenommen und in Straflagern in Afrika interniert – bis zur Gründung des Staates Israels. Seinen neuen Namen behielt er, denn »Ornan« passte zu seiner damaligen Ideologie in der kleinen Gruppe der rechtsnationalen »Kanaaniten«, benannt nach den nichtisraelitischen Völkern des Landes Israel (Kanaan) vor der israelitischen Eroberung. Die Kanaaniten glaubten, dass die gebürtigen jüdischen Einwohner des Landes Israel, die Sabras, den Kern einer neuen territorialen Nation bilden. Die Hebräer seien von den Juden (und daher von den Zionisten) ausgegangen ebenso wie die ersten Amerikaner von den Angelsachsen. Sie wollten mit ihren nichtarabischen Verbündeten – den Maroniten, Drusen und Kurden – die sunnitischen Araber besiegen, den »Vorderen Orient« erobern und dort die nationale hebräische Sprache und Kultur erzwingen.

Zur gleichen Zeit wirkte der gleichaltrige Revolutionär Uri Avnery, 1923 in Deutschland geboren. Avnery betrachtete sich ebenfalls als Teil der im Lande entstandenen Einwohner hebräischer Nation, die aus dem jüdischen Volk hervorgegangen war. Die Gruppe »Im Kampf«, die er um 1945 gründete, erkannte das jüdische Volk an und unterstützte die jüdische Einwanderung. Die Kanaaniten, obwohl die meisten von ihnen aus Europa stammten, lehnten die Emigration ab! Avnery erkannte auch die arabische Nationalbewegung an und sah sie als Partner im Kampf gegen die herrschenden Kolonialmächte. Er wollte zusammen mit ihnen den Unabhängigkeitskampf führen und einen gemeinsamen Staat in Palästina gründen, der später in den »semitischen Raum«, den Nahen Osten, integriert werden sollte. »Wir wollten keinen binationalen säkularen Staat, sondern eine neue hebräisch-arabische Nation gründen«, betont Avnery. 1948 wurde jedoch der Staat Israel gegründet, der Krieg mit den Arabern brach aus, und der inzwischen eingemusterte Revolutionär erkannte: Man kann zwar aus einem Ei ein Omelett, aber von einem Omelett kein Ei machen. Seitdem unterstützt er eine Zwei-Staaten-Lösung.

60 Jahre später bündeln die alten Revolutionäre ihre Kräfte zusammen und mobilisieren Tausende Israelis, um eine neue, bescheidenere Vision zu verwirklichen: die offizielle Anerkennung der israelischen Nation. Der säkulare Aktivist Ornan, der nach jahrzehntelangen Kämpfen gegen die Ultraorthodoxen in Jerusalem eine Ruhepause einlegte, begann gerade ein neues Leben. 1989 wurde er mit 66 Jahren wieder zweifacher Vater, zog nach Galiläa und erfand eine einzigartige Suchmaschine, die genauer als Google sein soll und beim Flugzeughersteller Boeing bereits Interesse erweckt

hat. 1991 lancierte er sein Manifest *Ich bin Israeli.* Damit sammelte er Unterschriften von jüdischen und einigen arabischen Israelis, die namentlich ihre Zugehörigkeit zur israelischen Nation attestieren wollten. Ornans Ziel ist es, wie in modernen Demokratien üblich, auch in Israel den Begriff der Nation an die Staatsangehörigkeit zu koppeln. Nur undemokratische Staaten definieren die Nation nach der ethnischen, religiösen oder kulturellen Zugehörigkeit. In der Sowjetunion zum Beispiel waren die Juden eine von vielen Nationen.

Ornan will mit seiner Initiative alle Israelis gleichstellen – Juden, Araber und nichtjüdische GUS-Einwanderer. »In einer Demokratie ist die Herkunft, die ethnische und religiöse Zugehörigkeit eine private Angelegenheit, die nichts über seine Bürgerrechte oder Pflichten bestimmen soll«, sagt Ornan. »Juden in aller Welt haben dafür gekämpft, dass in ihren Ausweisen die Markierung ›Jude‹ entfernt wird. Durch die verlogene Definition Israels als ›jüdischer und demo-kratischer Staat‹ diskriminiert man hier zwischen Juden und Nichtju-den. Dies trifft besonders Araber. Es ist absurd, dass Premierminis-ter Ehud Olmert, von den israelischen Staatsbürgern gewählt, verkündet, dass er zuallererst ein Jude und erst dann Israeli sei.« Sein Partner Avnery wiederum will durch die Zulassung des israeli-schen Staatsvolkes Israel normalisieren. »Die oberste Definition soll die politische Zugehörigkeit sein, in diesem Fall zur israelischen Gesetzgebung«, sagt Avnery. »Darunter kommt das Volk, die Kultur und Herkunft – zum Beispiel jüdisch.« »Die Juden sind eine Mischung aus Religion und Ethnie, aber keinesfalls eine Nation und können die Mehrheit der israelischen Nation bilden. Die Interessen Israels sind nicht immer die der jüdischen Diaspora. So waren die meisten Israe-lis für den Irakkrieg, die meisten US-Juden dagegen. Ich würde mich auch freuen, wenn israelische Araber – manche von ihnen bezeich-nen sich als israelische Palästinenser – sich dieser Nation anschlie-ßen und nicht eine nationale Minderheit bleiben.«

Rund 3.000 Israelis schlossen sich Ornans neuer Nation an und viele versuchten, der erste Israeli zu werden – vergeblich. Ornan selbst erhielt vom Innenministerium eine Absage mit der Begründung, in der Tabelle der Nationen sei kein »Israel« enthalten. Im November 2001 bat er um einen Blick in die Liste, wurde aber mit der Begründung zurückgewiesen: »Diese Informationen sind geheim.« Nach einer monatelangen Verzögerung verklagte er das Ministerium auf der Basis des Gesetzes, das jedem Bürger die Informationsfreiheit garantiert. Plötzlich durfte im Mai 2002 eine Journalistin das Staatsgeheimnis doch erfahren, kurz danach auch der Kläger. Ornan freute sich, darin die Nationalität »Hebräer« zu finden. »1949 arbeitete ich für die erste Volksbefragung. In einem Formular habe ich in die Rubrik Nation ›Hebräer‹ geschrieben, aber in meinem Ausweis stand kurz danach ›Jude‹. Ich wandte mich an den Direktor des Innenministeriums und er ordnete die Beamten an, mich doch als ›Hebräer‹ einzutragen.« In der Rubrik ›Religion‹ steht bei mir seitdem ›religionslos‹«. Warum reichte ihm die Eintragung als »Hebräer« nicht aus? »Weil bei einem anderen Urteil die Richter festgestellt haben, dass zwischen ›Hebräer‹ und ›Jude‹ kein Unterschied besteht.« Schließlich heiße der Vater der Nation, Abraham, in der Thora »Abraham der Hebräer«.[136]

Nachdem ein neuer, liberaler Innenminister sein Amt angetreten hatte, versuchte es Ornan im März 2003 wieder – und wurde wieder abgewiesen. »Jede solche Veränderung bedarf der Zustimmung des Parlaments, und dies ist nicht die Zeit, eine offene Diskussion über ein solch heikles Thema zu beginnen«, hieß es. Daraufhin verklagten Ornan und 37 Mitstreiter, darunter Juden, Araber und Drusen, das Innenministerium vor dem Obersten Gericht[137]. Unter den Politikern, Akademikern und Künstlern war auch der Musiker Alon Olearchik, der seit fast 40 Jahren die israelische populäre Musik prägt, nicht zuletzt mit der legendären Band »Kaveret«, obwohl er kein Jude ist. Mit dabei war auch der renommierte Dramatiker und Schriftsteller Joshua Sobol. »Vor der Staatsgründung war es klar, dass die hebräische Sprache eine neue Identität und eine seelische Heimat schafft«, sagt er. »Man kämpfte damals für einen hebräischen Staat, nicht für einen jüdischen. Auch heute noch ist das Hebräische die dominante Sprache der vielen ethnischen Gruppen in

Israel, ich persönlich habe 40 gezählt. Die Sorge um das jüdische Ansehen Israels ist eine Folge der Klerikalisierung nach dem Krieg von 1967, als man begann, unsere Existenz hier biblisch zu begründen. Ich brauche diese religiösen Argumente nicht.«

Im Mittelpunkt der Klage, die eine Trennung zwischen Staat und Religion anstrebt, steht der israelische Personalausweis. Dieses kleine Dokument in einer blauen Hülle wird vom Staatswappen, der Menora, geziert: dem siebenarmigen Leuchter, einem der wichtigsten religiösen Symbole des Judentums. Unter der von zwei Olivenzweigen dekorierten Menora steht auf Hebräisch »Israel« und in den zwei offiziellen Sprachen, Hebräisch und Arabisch[138], »Innenministerium« und »Personalausweis«. Das Dokument beweist, dass der Besitzer sich legal in Israel auf Dauer aufhält – egal, ob Staatsbürger oder nicht – und mindestens 16 Jahre alt ist. Viele Jahre konnte man ohne Personalausweis nicht wählen, und aus Sicherheitsgründen muss man in vielen Bürogebäuden den Ausweis zeigen.

Die umstrittenste der persönlichen Informationen im Ausweis ist die Rubrik »Nation« (nicht mit Nationalität zu verwechseln), die immer wieder politische Krisen ausgelöst hat. Vor dem Hintergrund des israelisch-arabischen Konfliktes diente diese Spalte zur Unterscheidung zwischen Juden und Arabern.[139] Seit 2003 wurde das Wort »jüdisch« oder »arabisch« durch acht Sternchen ersetzt – im Einwohnerregister ist sie noch vorhanden. Ein Jahr zuvor verordnete das Oberste Gericht dem Innenminister, Menschen als Juden einzutragen, die keinen orthodoxen Übertritt gemacht hatten, sondern einen reformierten oder konservativen. Nachdem die ersten sieben nichtorthodoxen Konvertiten als Juden registriert wurden, drohte der ultraorthodoxe Innenminister Eli Yishai mit einer Regierungskrise, woraufhin ein Parlamentsausschuss anordnete, die Angaben über die Nation zu streichen. Diese und auch die Religionszugehörigkeit werden weiterhin im Bevölkerungsregister eingetragen. Das orthodoxe Oberrabbinat verfügt über die Angaben der Juden und verhindert, dass Juden (nach orthodoxer

Sichtweise) und Nichtjuden in Israel heiraten. Damit die Sicherheitsbehörden weiterhin zügig einen Juden von einem Araber unterscheiden können – und dazu dient das Dokument oft – wird das Geburtsdatum nach dem hebräischen Kalender nur für Juden eingetragen. Das Oberste Gericht überwies die Angelegenheit an das Landgericht. Im Oktober 2007 scheiterte die Vertreterin des Staates mit dem Argument, die Frage sei politisch und nicht justiziabel. Die Kläger betonten, sie seien keine Sekte, die eine imaginäre Identität erfinden wollen, sondern lebende Israelis, die Anerkennung durch die Behörden verlangen, um die Trennung zwischen den israelischen Juden und Arabern zu beenden. Diese sei ein Nährboden für Entfremdung, religiöse Radikalisierung und Feindseligkeit. »Dass Israel die israelische Nation verleugnet, sich selbst also nicht anerkennt, ist merkwürdig und gefährlich«, hieß es. Diese Absurdität verdeutlichten die Kläger so: »Die Tatsache, dass wir vor diesem Gericht stehen, hat eine Auswirkung auf unser Verhandlungsthema. Vor welchem Gericht klagen wir? Vor dem israelischen Obersten Gericht, nicht vor einem jüdischen Gericht. Die Richter haben keine Befugnis über jeden Juden, sondern nur über die israelischen Juden und alle Israelis. Daher versteht es die ganze Welt, dass dies das israelische Oberste Gericht ist.«

Seit Jahrzehnten lehnen die israelischen Gerichte jeden Versuch ab, Israels Definition als jüdischen Staat infrage zu stellen. Einige Gesetze untermauern diesen Anspruch. Zum Beispiel darf seit 1985 eine Partei nicht an Wahlen teilnehmen, die Israels Existenz als Staat des jüdischen Volkes verneint. Das Bürgerschaftsgesetz bevorzugt Juden gegenüber Nichtjuden. Im Gesetz des zionistischen Weltverbandes und der Jewish Agency erwartet Israel, dass sich »alle Juden« am Aufbau des Staates und der »Masseneinwanderung des Volkes« beteiligen. Ob die Richter eine semantische Brücke zwischen dem Staat Israel, dem jüdischen Volk und der israelischen Nation errichten, um die Selbstdefinition Israels und seine Verbindungen zur jüdischen Diaspora herzustellen? Bei der Sitzung Ende Oktober 2007 lehnte der Richter die Position der Staatsanwaltschaft ab und ließ die Klage zu. Er forderte sie auf zu erklären, wie die »Liste der Nationen« entstanden war. Uzzi Ornan hofft weiter, dass das israelische Gericht die neue Nation der Israelis anerkennt, an der alle Israelis teilhaben können – Juden, Araber und Atheisten wie er.

5.6 Das Land der Kinder

Für Kathrin war immer klar: Sie würde eine Mutter werden, und zwar eine gute. »Mutter sein war ein Teil der Erfüllung, die ich mir für mein Leben erhoffe.« Außerdem wollte sie auf die einzigartige Liebe einer Mutter zu ihrem Kind nicht verzichten. Mit 33 Jahren beschloss Kathrin, ihre Wünsche in die Tat umzusetzen. Als lesbische Deutsche in Israel war das keine leichte Aufgabe. Daher wandte sie sich an *Horut Acheret* (hebräisch: Alternatives Elternsein), einem Verein für künftige Eltern, die in einer gewöhnlichen Partnerschaft nicht leben wollen oder können und der bereits zur Geburt von 90 Kindern beitrug.[140] Über ein Jahr fuhr sie immer wieder nach Tel Aviv, wo sich alle zwei Wochen zwei Dutzend Männer und Frauen zum Kennenlernen trafen. Sie tauschen sich aus über Fragen, die künftige Eltern beschäftigen – Partnerschaftsvertrag, Wohnort, Kindergarten. Die Teilnehmer sind aber keine Singles, die hier die große Liebe suchen. Die meisten Männer sind bekennende Homosexuelle, die meisten Frauen zwar Heteros, aber mit Mitte 30 an der tickenden biologischen Uhr orientiert. Alle in der Runde wollen Vater oder Mutter werden, alle bekommen Telefonlisten und gehen auf Jagd nach den passenden Genen.
»Die ganze Sache ist höchst pragmatisch«, sagt Kathrin. »Du guckst auf Erbanlagen und ob der Mann ein guter Vater sein könnte.« Sie musste sich jedes Mal überwinden, einen der Herren tatsächlich anzurufen. »Viermal ist es dann zu einem gemeinsamen Kaffeetrinken gekommen.« Dass auch unter den säkularen Tel Aviver Gays die jüdische Tradition Grenzen markiert, überraschte

Kathrin sehr. »Drei Männer lehnten mich ab, nicht als Deutsche, sondern weil ich eine christliche Ausländerin bin, die vielleicht eines Tages mit dem Kind nach Deutschland zurückkehren würde.« Die Mitbegründerin und Ko-Leiterin der »Alternativen Eltern«, Racheli Bar-Or, betont, dass hier keinerlei Rassismus im Spiel sei. »Man will nur das Beste für sein Kind, das es mit einem Homovater und zwei getrennten Wohnungen ohnehin nicht leicht hat. Daher wollen die Männer jüdische Kinder.« Nur ein Mann war an Kathrin interessiert, »ein ganz netter eigentlich«. Leider hat Prince Charming sein Coming-out noch nicht gemacht, ein Verstoß gegen die Regeln des Vereins. »Es war ihm einfach zu viel, seiner Mutter zu sagen: ›Ich bin schwul ... und übrigens hier ist dein nichtjüdischer Enkel‹.«

Kathrins nächste Station war die Samenbank eines großen israelischen Krankenhauses, weil dort alle Spenden und Spender medizinisch untersucht werden. »In Deutschland war es damals für eine nicht verheiratete Frau unmöglich, eine Samenspende zu bekommen. In Israel stellte man keine Fragen. Auch der Preis war für alle Religionen gleich, umgerechnet 120 Euro.« Gerade das Treffen mit dem Arzt in der Abteilung für männliche Fruchtbarkeit war freundlich, ja sogar persönlich. »Ich bat um einen hübschen Mann, erklärte ihm, dass in Sachen Intelligenz nichts zu befürchten sei, da die ja ohnehin von der Mutter kommt. Ich hatte eine Zeit im jemenitischen Viertel in Tel Aviv gelebt und die meisten meiner Nachbarn ausgesprochen apart und nett gefunden. So lag das für mich auf der Hand.« Aber nicht für den Mediziner. Denn die sephardischen (orientalischen) Samenspender laufen lange nicht so gut: Israelische Frauen würden Aschkenasim (europäischstämmige Juden) präferieren. »Da ich keinen Jemeniten fand, nahm ich einen Perser, einen Wirtschaftsstudenten.« Die Namen der Spender sind in Israel geheim, dennoch erhalten die künftigen Mütter mehrere Details über sie: Größe und Gewicht, Haarfarbe und Blutgruppe, Körperbau und Augenfarbe, Herkunft, Religion und Beruf oder Studienfach. Kathrin brauchte über ein Jahr lang eine intensive Hormonbehandlung, ehe sie endlich schwanger wurde.

Pünktlich zum neuen Millennium kam Benjamin auf die Welt. Er ist inzwischen sieben. »Es hätte nicht besser kommen können. Diese Jahre, in denen ich meinen Sohn aufwachsen sehe, sind die besten meines Lebens.« Kathrin empfahl ihren anonymen Spender einer deutschen, ebenfalls in Israel lebenden Freundin gleich weiter. Und es klappte wieder. »Jetzt betrachten sich ihre zweijährige Tochter und Benjamin als Geschwister.« Nur eine Frage beschäftigt Kathrin: Soll sie den biologischen Vater suchen? In einem kleinen Land wie Israel wäre das nicht allzu schwer, und das Krankenhaus hat es ihr nicht verboten. Doch der Vater wäre wohl nicht amüsiert – er hat 140 Samenportionen gespendet, wie Kathrin herausgefunden hat. Sie selbst erwarb 15, bis sie schwanger wurde. Statistisch gesehen hat der »Perser« neun ihm unbekannte Kinder gezeugt. Nichts erschreckt diese Männer mehr als ihre Entlarvung. Sobald sich Israel Großbritannien und Schweden anschließt und jedem 18-Jährigen auf seinen Wunsch hin die Identität seines biologischen Vaters preisgäbe, würde sich kein Spender mehr melden, davon zeigen sich die Experten überzeugt.

Der ansteigende Individualismus, der ungebrochen zunehmende Kinderwunsch vieler israelischer Singles und die Öffnung der Samenbanken für nicht verheiratete Frauen führten zur Gründung von 13 Samenbanken. Hier dürfen Männer im Alter zwischen 19 und 25 nach medizinischen Untersuchungen ihren Samen spenden. Das ist übrigens die einzige Organspende, die honoriert wird, und zwar mit umgerechnet rund 60 Euro. Dafür muss er ein Interview überstehen sowie einen Gesundheitstest und zwei Bluttests in einem Zeitraum von sechs Monaten[141] über sich ergehen lassen. Nur gesunde, unbestrafte Singles, die niemals Drogen genommen haben und in deren Familien niemand geisteskrank war, werden zugelassen. Wer diese Hürden nehmen kann, darf mehrmals Hand anlegen und bis zu 2.500 Euro verdienen – steuerfrei.

Wie viele Kinder darf ein Spender zeugen? Diese Zahl halten alle Samenbanken streng geheim. Das Gesundheitsministerium setzt kein Limit, die Krankenhäuser begrenzen die Zahl auf 20 Schwangerschaften per Spender. Aber der Staatsrevisor fand heraus, dass einige Spender bis zu 26 Kinder auf die Welt brachten.[142] Sie könnten auch ganz legal in mehreren Banken spenden. Damit erhöht sich die Chance von Ehen unter Verwandten, die aber auch im kleinen Israel statistisch sehr unwahrscheinlich sind. Die Künstlerin Hagar Goren wollte es noch genauer wissen. Als sie selbst auf diese Art Mutter werden wollte, begleitete sie den Prozess mit der Videokamera.[143] Sie fand heraus, dass die Samenbanken nach dem Yom-Kippur-Krieg 1973 entstanden waren, um Kriegswitwen zur Mutterschaft zu verhelfen und dass die meisten jüdischen Frauen einen athletischen Spender mit blonden Haaren und blauen Augen und über 1,80 Meter suchen. In der Hebräischen Universität hat sie eine Annonce ausgehängt, in der sie umgerechnet 20 Euro für ein halbstündiges Interview anbot. Fünf Männer meldeten sich. Goren ließ sie durch einen Freund befragen, schaute nur kurz in den Raum und entdeckte: Sie alle sahen gut aus. Alle sagten, sie spendeten nur wegen des Geldes und es wäre ihnen egal, ob Kinder dadurch geboren würden oder nicht.

Auch Amnon wollte immer Vater sein, obwohl er seit 17 Jahren bekennender Schwuler ist.[144] Bereits bei seinem ersten Besuch der »Alternativen Eltern« entdeckte er die gleichaltrige Inbar. Romantisch war die Begegnung nicht, an Sex dachte er niemals, dennoch gingen sie immer wieder aus. Wenige Monate später ging es zum Partnerschaftsvertrag. Die Tochter Omer wurde in Nizza an der romantischen Cote d'Azur gezeugt – zu Weihnachten 1997. Während der ersten zehn Monate lebte das Trio zusammen. Danach lebten sie zwei Straßen voneinander entfernt. Zweimal in der Woche holt Amnon seine Tochter vom Kindergarten zu sich. Ansonsten lebt er als ganz normaler Homosexueller. »Wir drei sind eine Familie«, sagt er.

Nichts einigt die 5,4 Millionen jüdischen Israelis mehr als ihr Wunsch nach Kindern und Familie. »Die offizielle Gehirnwäsche um Kinder hier ist einmalig auf der Welt«, sagt Bar-Or. »Der Druck auf kinderlose Frauen ab 35 nimmt stark zu. Das Judentum ist auch im Gehirn des radikalsten Religionsgegners verankert, und in der Bibel ist die Fortpflanzung eine gute Tat: ›Seid fruchtbar und mehret euch‹, heißt es. Der demografische Dämon tut das Seine«.

Dreimal im Jahr, zum jüdischen und christlichen Neujahr sowie zum Unabhängigkeitstag, verkündet das Zentrale Statistikamt (Lamas) die Einwohnerzahl Israels, den jüdischen und arabischen Bevölkerungsanteil und die Zahl der Einwanderer vom letzten Jahr. Die Angst vor einer Überfremdung durch Araber ist so groß, dass die Zahlen eine politische Bedeutung haben. Die Unterscheidung zwischen Juden und Arabern zieht sich durch die ganze Studie hindurch: Man vergleicht zum Beispiel die Zahl der jüdischen und arabischen Eheschließungen und Scheidungen, den durchschnittlichen Kinderanteil (höher bei Arabern, aber die Kluft nimmt ständig ab). Anlässlich des Internationalen Kindertages 2006 lernten die Israelis, wo der höchste Anteil an Kindern ist – in der ultraorthodoxen Siedlung Betar Ilit waren 63 % der Bewohner Kinder unter 17 Jahren – und wo der niedrigste: in Tel Aviv (21 %).[145] Sie erfuhren, dass der Kinderanteil in Israel fast doppelt so hoch ist wie in Deutschland. Die Statistiker wussten auch, was der populärste Name eines neugeborenen Jungen in Israel im vergangenen Jahr war: Mohammad. Um die leicht besorgten jüdischen Israeli zum nächsten Internationalen Kindertag 2007 zu beruhigen, trennten die Statistiker die Kindernamen: Mohammad siegte wieder bei den moslemischen Jungs, Itai konterte bei den jüdischen.[146] Eine Tabelle erklärte, dass Mohammad in ganz Israel siegte, weil 13,3 % der moslemischen Eltern ihre Jungen so genannt haben. Auf der anderen Seite der statistischen Trennlinie optierten nur 2,5 % der jüdischen Eltern für den Namen Itai. Die biblischen Vorväter standen hier nicht hoch im Kurs: Moses kam auf Platz sieben, Abraham auf den 15. und Isaak weit abgeschlagen auf den 22. Rang.

Die massive Einwanderung aus den GUS-Staaten hat die Kluft zwischen der staatlich anerkannten Form der Familie – ein Mann und eine Frau, miteinander verheiratet, leben zusammen mit ihren Kindern – und der Realität erheblich vergrößert. Um diese Kluft zu überbrücken, gründete Rechtsanwältin Irit Rosenblum 1998 den Verein *Mishpacha Chadasha*, hebräisch: Neue Familie. Ihr Ziel ist die Anerkennung aller Formen der Familien und Partnerschaften in der Gesellschaft und durch den Gesetzgeber. Inzwischen beantwortet das siebenköpfige Team (sechs Frauen, ein Mann) 15.000 Anfragen jährlich.

Im August 2002 wurde ein 22-jähriger israelischer Soldat im Gazastreifen erschossen. Da er mit seinen Eltern häufig darüber gesprochen hatte, dass er eine Familie gründen wolle, froren sie gleich nach dem Tod sein Sperma ein. Dann wandte sich die Mutter an die Öffentlichkeit, um eine passende gebärfreudige Frau zu finden. Von den 40 Kandidatinnen wurde eine 35-jährige Single-Frau gewählt, die ohnehin Mutter werden wollte. Über vier Jahre kämpfte die Rechtsanwältin Irit Rosenblum vor Gericht, um die Befruchtung zuzulassen. Das Urteil im Januar 2007 war historisch: Zum ersten Mal durfte eine Frau das Kind eines Mannes gebären, den sie nicht gekannt hat – und auf Bitte seiner Eltern. Rosenblum feierte das Urteil dadurch, dass sie ihre neue Erfindung, das »biologische Testament«, in der Öffentlichkeit hervorhob. Darin stellen Männer fest, dass sie mit ihrem Sperma ein Kind zeugen wollen – mit der eigenen Partnerin oder einer Unbekannten. Infolge des Libanonkrieges 2006 zeigen immer mehr junge Israelis Interesse daran. Rosenblum fordert, dass der Staat die Samenspende eines jeden Soldaten bei seiner Einmusterung bis zu seinem 45. Lebensjahr finanziere, »weil er im Militärdienst sein Leben für den Staat gefährdet«.

Der »unbeherrschbare Drang« der Israelis nach Kinderkriegen ist laut Rosenblum eine normale Reaktion auf die kriegerische Realität. »Außerdem leben wir am fruchtbaren Mittelmeer und sind trotz des wachsenden Individualismus immer noch eine traditionelle Gesellschaft, in der Kinderkriegen ein ziviler Kult ist. Wir möchten durch Kinder die Erinnerung an uns fortpflanzen, weil wir Juden immer verfolgt wurden.« So ist Israel der einzige Staat weltweit, der jeder Frau das kostenlose Gebären von zwei Kindern durch künstliche Befruchtung ermöglicht. Die Krankenkassen übernehmen die Kosten. Rosenblum schätzt, dass jährlich rund 2.000 Kinder auf diese Art zur Welt kommen.

Dazu hatten zwei lesbische und politisch engagierte Frauen, die seit 1989 zusammenleben, wesentlich beigetragen. Tal und Avital Jarus-Hakak, eine Dozentin für Verhaltenstherapie und eine Zahnärztin, verbesserten durch ihren Kampf vor Gericht die Chancen aller israelischen Frauen auf Mutterschaft. »Wir wollten immer Kinder und hätten das durch das Sperma eines willigen Bekannten machen können«, sagt Tal.[147] »Aber da wir uns beide als Familie betrachteten, wollten wir kein drittes Rad am Wagen. Daher passte uns ein anonymer Spender, der nicht eines Tages entscheidet, dass er doch der Vater ist und sein Recht auf das Kind fordert.« Das Paar beschloss, dass Tal als Erste gebärt. Ab 1992 durften in Israel auch unverheiratete Frauen eine Samenspende erhalten, aber sie mussten vor der Behandlung ein Attest eines Psychiaters und einer Sozialarbeiterin vorlegen, wonach sie fähige Eltern sein können. Tal blieb die Kommission erspart. »Ein befreundeter Arzt hat mir die Protektion organisiert«, erzählte Tal. 1991 brachte sie durch eine künstliche Befruchtung ihren Sohn Ar'el auf die Welt. Als nächste kam Avital – als Unverheiratete brauchte sie die Genehmigung der Kommission. »Der Psychiater hörte, dass sie Zahnärztin ist und sprach mit ihr hauptsächlich über seine Zahnprobleme«, sagt Tal. So wurde 1994 Avitals Sohn Yahel geboren.

Als Tal wieder an der Reihe war, sagt sie dem zuständigen Arzt, sie möchte eine Spende, sei aber nicht bereit, sich der Kommission vorzustellen, nur weil sie unverheiratet sei. Nachdem der Arzt die Behandlung verweigerte, zog sie 1996 mithilfe des Menschenrechtsvereins ACRI zusammen mit anderen unverheirateten Frauen vor das Oberste Gericht. Sie verklagten das Gesundheitsministerium wegen der diskriminierenden künstlichen Besamung. »Dann genehmigte mir das Ministerium ausnahmsweise die Samenspende, und ich wurde schwanger.« 1997 wurde der Test abgeschafft und Tal gebar ihren zweiten Sohn Yuval. Um die gemeinsame Elternschaft zum Wohle der Kinder gesetzlich zu untermauern, klagten die beiden Frauen darauf, dass jede das Kind der anderen adoptieren kann. 1999 lehnte das Familiengericht ihre Forderung ab, erkannte jedoch eine gegenseitige Vormundschaft an. »Dies war zwar ein bedeutender Durchbruch, aber nicht mit einer Adoption vergleichbar«, sagt Rechtsanwältin Ira Hadar, die die beiden im langjährigen Kampf vertreten hat. »Falls die biologische Mutter stirbt, bleiben die Kinder zuerst beim Vormund, aber theoretisch könnten sie ihr doch genommen und den Großeltern oder Onkeln zur Adoption gegeben werden.« So ging der Kampf weiter – mit einer Niederlage 2001 vor dem Amtsgericht.

In ihrer Klage vor dem Obersten Gericht betonten Tal und Avital, dass sie keine Anerkennung als eine gleichgeschlechtliche Familie wollen, sondern nur die Adoption zum Wohl der Kinder. 2005 akzeptierten die Richter die Forderung der Frauen, ohne die neue Form der Familie anzuerkennen, und im Februar 2006 erhielten die Mütter das Recht zur gegenseitigen Adoption. Von nun an haben die drei Kinder zwei gesetzlich gleichgestellte Mütter.

20 Jahre nach der Öffnung der Samenbanken für unverheiratete Frauen stecken sie aufgrund des eigenen Erfolgs in einer Krise. Die Nachfrage von heterosexuellen und lesbischen Alleinstehenden ist enorm gewachsen, das Angebot ist wegen Berichten, ein neues Gesetz könnte die Anonymität der Spender aufheben, zurückgegangen. Nur vier bis fünf Banken sind regelmäßig aktiv, aber auch sie verfügen über nur zwei bis drei Dutzend Spender und die Wartezeit beträgt Monate. Das Minus in den Samenbanken führte manche von ihnen in die Illegalität. Im Mai 2007 veröffentlichte der israelische Staatskontrolleur seine Untersuchung von drei der 13 Samenbanken. Die Spender wurden weder genetisch noch nach Gelbsucht untersucht, Spenden wurden vor dem zweiten Aidstest verwendet und gesetzeswidrig auch von verheirateten Männern angenommen, ja sogar von Vätern. Ultraorthodoxe Rabbiner fordern seit Jahren, die Angaben der Spender aufzuheben, um verbotene Eheschließungen zwischen Geschwistern zu verhindern.[148] Die

neue Untersuchung bestätigte sie in ihrer Praxis. Um auf Nummer sicher zu gehen, empfehlen die Geistlichen, nur Spenden von Nichtjuden anzunehmen.

6. Schmelztiegel Holocaust

6.1 Das Leben der Überlebenden

Seit Anfang 2007 ist Avri (Avraham) Michal wieder ein Mensch. Die Wende brachte ein elektrischer Rollwagen (hebräisch: *Kalnoit*), den sich der 75-jährige Überlebende des Holocaust gekauft hat. »Jetzt kann ich draußen spazieren gehen und bin von niemandem abhängig«, berichtet er überglücklich. Bis zu diesem für ihn historischen Tag war Michal von seinem Pfleger, einem Filipino, völlig abhängig. Dieser betreut ihn fünf Stunden täglich. Jetzt kann er allein über die Straße in den nahe gelegenen Meir Garten in Tel Aviv fahren. »Dort unterhalte ich mich mit anderen Behinderten – das ist mein einziges Vergnügen.« Ins Kino kann er nicht gehen, weil sein *Kalnoit* nicht in die Reihen passen würde. Aber Kino kann er sich ohnehin nicht leisten. Fernsehen fällt ihm schwer, weil er schlecht sieht. »Ich möchte einen Plasmabildschirm kaufen, aber wovon?« Also hört er Popmusik auf Tschechisch, seiner Muttersprache, liest vor allem die Tageszeitung, Briefe von seiner in Tschechien lebenden Schwester, gelegentlich ein Buch und immer wieder Formulare vom Sozialamt. »Sie überfluten mich mit Fragebögen, um mich bei irgendeiner Ungereimtheit zu ertappen, weil sie nicht zahlen wollen.«

Avri Michal wurde 1932 in Brünn (Tschechoslowakei) geboren. Die Shoah überlebte er, weil er einen Befehl der Gestapo ignorierte. »Sie wollten, dass ich nach Theresienstadt gehe«, sagt er. Stattdessen fand er Zuflucht bei Freunden der Familie und arbeitete in ihrer Werkstatt. »Sie schützten mich vor den Deutschen, gaben mir zu essen und retteten mein Leben.« Seine Eltern und seine Tochter haben das KZ Theresienstadt überlebt und die Familie traf sich nach der Befreiung wieder zu Hause. Der behinderte Vater wollte nicht auswandern, und so landete Michal 1949 allein in Israel. Dort arbeitete er jahrelang als Automechaniker für die größte Volkswagenwerkstatt und war ein passionierter Autorennfahrer. Nach 30 Jahren gründete er seinen eigenen KfZ-Betrieb, bis er 1995 einen Schlaganfall erlitt. Seitdem ist der zuckerkranke und beinamputierte Mann halb gelähmt und allein – seine Tochter hat mit ihm gebrochen, von seiner Frau ist er seit Jahren geschieden.

Es war nicht leicht, Avri Michal zu erreichen. Tagelang ging niemand ans Telefon. Es stellte sich heraus, dass seine Leitung nicht mehr funktioniert, weil er die Rechnung nicht bezahlt hat. Dass die Leitung tot ist, sei ihm nicht aufgefallen, denn das Telefon klingelt ohnehin nur selten. Michal lebt von 2.740 Shekel im Monat, umgerechnet knapp 500 Euro: 1.700 Shekel von der staatlichen Sozialversicherung (*Bituach Leumi*) und 1.040 Shekel vom israelischen Finanzministerium als anerkannter behinderter Überlebender. »Eigentlich bräuchte ich das Doppelte und atme daher leere Luft«, beschreibt er seine Situation poetisch. Nur dank der israelischen Wohlfahrtsstiftung für Holocaustbetroffene (*Keren Harewacha Lenifgaei Hashoah,* auch als »Sozialfonds für Holocaust-Überlebende« bekannt) kann er überleben. Mit seiner Sonderauszahlung von 9.250 Shekel (umgerechnet 1.640 Euro) und einem Kredit konnte er seine *Kalnoit* kaufen, die insgesamt 3.900 Euro kostete. Weil er als schwerbehindert gilt, bezahlt ihm der Sozialfonds außerdem täglich zwei Pflegestunden zusätzlich zu den drei Stunden vom Sozialamt. Sein Pfleger reinigt und kocht, aber Michal kann auch selbst seinen Salat zubereiten. »Viel mehr esse ich nicht, wegen der Krankheit.«

Noch vor fünf Jahren wurde Dubby Arbel, Geschäftsführer des Sozialfonds für Holocaust-Überlebende, gefragt: Gibt es überhaupt noch Überlebende? 50 Jahre nach der Befreiung des KZ Auschwitz war der Holocaust für die meisten Israelis Geschichte. Durch die Medien aber lernten sie, dass unter ihnen noch Zehntausende ältere, bedürftige Überlebende weilen. »Als diese nach dem Krieg nach Israel kamen, wollten die meisten ihre Vergangenheit verwischen, denn es galt als Stigma, von ›dort‹ gekommen zu sein«, sagt Arbel. »Sie versuchten zum Beispiel, akzentfreies Hebräisch zu sprechen.« Auch seine eigenen Eltern hätten keinen Antrag auf Entschädigung gestellt. »Bevor ich im Jahr 2000 hier anfing, wusste ich nicht einmal, dass mein Vater ein Überlebender ist. Einmal fragte ich ihn beim Freitagabendmahl nach seiner Geschichte, woraufhin er anfing zu weinen und erzählte, dass er in einem Keller in Kopenhagen versteckt und dann mit einem Fischerboot nach Schweden geschmuggelt wurde. Meine Urgroßmutter und ihre Schwester, die aus Krakau stammen, wurden im KZ ermordet.«

Im April 2007 lebten in Israel nach einer Einschätzung des Behindertenreferats im israelischen Finanzministerium etwa 250.000 Überlebende. 43.000 von ihnen erhalten eine Entschädigung vom israelischen Finanzministerium, die Höhe richtet sich nach dem Behinderungsgrad. Diese Menschen beziehen keine Rente aus Deutschland. »Dabei müssen sie beweisen, dass ihre Krankheit die Folge der NS-Verfolgung ist«, sagt Colette Avital, Vorsitzende der Lobby der Überlebenden im israelischen Parlament. »Die Beamten erschweren die Genehmigungen wo nur möglich.« Laut Experten ist das israelische Ministerium aber wesentlich großzügiger als die deutschen Behörden. Die Zahl der Überlebenden, die eine israelische Rente beziehen, weil sie einen Behinderungsgrad von mindestens 25 % aufweisen können, hat sich seit 1995 verdoppelt. Weitere 57.000 israelische Überlebende bekommen eine monatliche Rente von der deutschen Bundesregierung (entweder direkt nach dem Bundesentschädigungsgesetz oder über die Jewish Claims Conference[149]), von Frankreich oder auch Österreich. 143.000 Überlebende werden überhaupt nicht entschädigt, 80.000 leben unter der israelischen Armutsgrenze von 330 Euro im Monat. Wie ist es dazu gekommen?

Ein Teil des Problems liegt darin, dass Israel niemals gesetzlich festlegt hat, wer als Überlebender der Shoah gilt, kritisiert Staatskontrolleur Micha Lindenstrauss in einem Bericht.[150] Eigentlich richtet sich Israel nach der deutschen Definition[151]: Ein Überlebender ist demnach derjenige, der von den bundesdeutschen Behörden nach dem Bundesentschädigungsgesetz (BEG) von 1953 auf der Grundlage des Wiedergutmachungsabkommens als solcher anerkannt wurde. Dieses Abkommen zwischen der Bundesrepublik und Israel schuf zwei Kategorien von Überlebenden: solche, die Rente aus Deutschland erhielten, und alle anderen. Die BRD verpflichtete sich in dem Abkommen, Israel Waren im Wert von drei Milliarden DM als kollektive Entschädigung für die Integration der 500.000 jüdischen Flüchtlinge zu zahlen. Im Gegenzug nahm Israel den bis Oktober 1953 eingewanderten Überlebenden – ohne deren ausdrückliche Zustimmung – das Recht, die Bundesrepublik persönlich auf Entschädigung zu verklagen.

Die Überlebenden der zweiten Gruppe, die nach Oktober 1953 ins Land kamen, konnten laut BEG persönliche Wiedergutmachungen von der Bundesrepublik für gesundheitliche Schäden erhalten, wenn sie deutsche Staatsbürger waren oder aus dem deutschen Kulturkreis stammten. Weil man Anträge auf Entschädigung nach dem BEG nur bis 1969 stellen konnte, wurden zum Beispiel die Bürger des kommunistischen Ostblocks davon ausgeschlossen.

Nach dem Zerfall der Sowjetunion veränderte sich die Situation völlig. Zum einen gab es nun Zehntausende osteuropäische Überlebende, die ihre Ansprüche an Deutschland nach dem Wiedergutmachungsabkommen nicht mehr melden konnten. Zum anderen kam die Claims Conference in den Besitz erbenlosen jüdischen Eigentums in der ehemaligen DDR, das jährliche Einnahmen in Höhe von 100 Millionen USD abwirft. Mit dem Geld konnte auch der Sozialfonds finanziert werden. So unterzeichneten die Bundesregierung und die Claims Conference seit 1995 mehrere Abkommen, die bedürftigen Überlebenden eine monatliche Entschädigung von 270 Euro gewährleisten, wenn sie:

- mindestens sechs Monate in einem Konzentrationslager im Sinne des Bundesentschädigungsgesetzes inhaftiert waren (darin wurde die Bundesregierung ermächtigt, durch Rechtsverordnung zu bestimmen, welche Haftstätten als Konzentrationslager anzusehen sind) oder
- 18 Monate Ghettohaft erlitten haben oder
- unter menschenunwürdigen Bedingungen mindestens 18 Monate lang versteckt gelebt haben oder
- ein Leben in der Illegalität (untergetaucht) geführt haben (mindestens 18 Monate).[152]

Das deutsche Finanzministerium erkannte in weiteren Abkommen mehrere Konzentrations- und Arbeitslager in Osteuropa, Österreich und Nordafrika an, und Zehntausende Überlebende konnten auf diese Weise zumindest geringe monatliche Entschädigungen erhalten.

Colette Avital überlebte den Holocaust in Rumänien auf der Flucht. Sie hat kein Recht auf Entschädigung, weil sie nicht unter deutscher Besatzung lebte. »Juden aus Rumänien und Bulgarien werden von Israel nicht entschädigt, wenn sie in den Wäldern trotz Hunger und Kriegstraumen überlebten.« Infolge der Verhandlungen der Claims Conference werden seit 2002 bzw. 2004 rumänische und bulgarische Juden immerhin in dem Fall von Deutschland entschädigt, dass sie ein Arbeitslager überlebt haben, seit 2006 gilt das auch für ungarische und nordafrikanische Juden. »Aber alle parlamentarischen Versuche, diese Menschen in Israel nachträglich finanziell besser zu entschädigen, scheiterten«, sagt Avital. »Immer wieder hieß es, das israelische Gesetz richte sich nach dem Abkommen mit Deutschland und kann daher nicht geändert werden. Ein Gesetz für eine einmalige Entschädigung weiterer Überlebender wurde dann vom Finanzministerium annulliert.«[153]

Kaum ein Thema bewegt die Israelis mehr als der Holocaust. Und an keinem anderen Tag dreht sich das öffentliche Leben so sehr darum wie am Holocaust-Gedenktag, der 1955 eingeführt wurde und ursprünglich die (ganz wenigen) jüdischen Kämpfer gegen die

Nazis hervorheben sollte, nicht die passiven Opfer. Jährlich wird er daher am 27. des Monats Nissan begangen (im April), an dem sich nach dem jüdischen Kalender der Beginn des Aufstands im Warschauer Ghetto jährt. Dieser Gedenktag findet acht Tage vor dem Unabhängigkeitstag Israels statt und symbolisiert dadurch die politische Wiederauferstehung des jüdischen Volkes. Die offiziellen Veranstaltungen beginnen am Vorabend mit einem Staatsakt an der Holocaustgedenkstätte Yad Vashem in Jerusalem. In Anwesenheit der Staatsführung zünden sechs Überlebende sechs Leuchtfeuer zum Andenken an die sechs Millionen Opfer an. Am nächsten Morgen um 10 Uhr heulen die Sirenen im ganzen Land zwei Minuten lang als Auftakt für die Gedenkzeremonien in Schulen, Kasernen, Rathäusern sowie an Gedenkstätten. Im Parlament und in Yad Vashem verlesen die Abgeordneten und führende Politiker die Namen ihrer ermordeten Verwandten. Alle Fahnen stehen auf Halbmast, alle Vergnügungsstätten, Restaurants und Kinos schließen, alle Sender widmen diesem Tag Sondersendungen. Seit 1988 nehmen Tausende israelische und jüdische Schüler aus vielen Staaten am »Marsch der Lebenden« nach Auschwitz teil. Ausgerechnet an diesem Tag strahlte der populärste Fernsehsender 2007 einen ergreifenden Dokumentarfilm über die Misere der Überlebenden in Israel aus, der viele Israelis erschütterte. »Der Überlebende ohne Zahnersatz und ohne Brille ist der Judenstern der israelischen Gesellschaft«, kommentierte der Historiker Tom Segev diesen Film.[154]

Dieser Dokumentarfilm mit dem Titel »Die Moral der Entschädigung« zeigt unter anderem eine fast taube 88-jährige Auschwitz-Überlebende, die allein lebt und sich kein Hörgerät und keine Schuhe leisten kann. Oder Überlebende, die sich in Irrenhäusern anmelden, weil sie dort zumindest ein sauberes Bett und drei Mahlzeiten pro Tag bekommen. Die Bösen werden beim Namen genannt: der israelische Premierminister Ehud Olmert, vor dessen Haus die Filmemacher eine Demonstration von Überlebenden mitorganisieren; das Finanzministerium, das die Zahlungen an den Sozialfonds um Monate verzögert und die Überlebenden zermürbt;

die Claims Conference, die lieber Stationen in Krankenhäusern einrichtet, in denen fast kein NS-Verfolgter behandelt wird, und Forschungsprojekte wie Reisen von Jugendlichen nach Auschwitz fördert, als den bedürftigen Überlebenden zu helfen. Dass die Claims 2007 mit 48,6 Millionen Dollar fast allein den Sozialfonds für Holocaust-Überlebende finanzierte[155], wird allerdings verschwiegen. Interessanterweise machte der Film Deutschland keinerlei Vorwürfe, im Gegenteil: Eine Auschwitz-Überlebende, die aufgrund der kostenlosen medizinischen Betreuung nach Berlin auswanderte, wurde als Beispiel für die unmoralische Vorgehensweise Israels vorgeführt.

Der Kampf um die Rechte der Überlebenden beherrscht seitdem das Thema Holocaust in der Öffentlichkeit. In einer Sondersitzung des Parlaments beklagten NS-Verfolgte die herzlose Bürokratie. Die Parlamentspräsidentin entschuldigte sich im Namen des Staates Israel. Die Vertreter der Überlebenden führten harte Verhandlungen, die in einem Eklat endeten, als der Regierungschef eine Erhöhung der Rente um monatlich 83 Shekel (15 Euro) anbot. Im politischen Kampf um die Entschädigung wurde sogar Anne Frank rekrutiert. Ein Abgeordneter griff die Regierung mit seiner Mutmaßung an, dass, hätte sie überlebt und wäre nach Israel ausgewandert, sie von der israelischen Regierung nicht als Überlebende anerkannt worden wäre. »Hätte sie in ihrem Versteck überlebt, wäre sie nach dieser engen Definition keine Überlebende«, sagte Avital. »Anne Frank hätte, wenn sie am Leben geblieben wäre, sicherlich eine Entschädigung bekommen, weil sie unter deutscher Besatzung lebte«, konterte Premierminister Olmert. Er hatte Recht. Frank hätte die strengen deutschen Entschädigungskriterien von 18 Monaten erfüllt. Das berühmte jüdische Mädchen und ihre Familie stammten aus Deutschland, sie überlebten unter deutscher Besatzung und hielten sich ganze 25 Monate versteckt. Geholfen hat es ihnen bekanntlich nicht. Sie wurden verraten, Anne Frank kam ins KZ Bergen-Belsen, wo sie nach vier Monaten im März 1945 starb.

Am 5. August 2007 demonstrierten 3000 Überlebende zusammen mit ihren Kindern und Enkelkindern vor Olmerts Büro – einzelne trugen sogar Häftlingsuniformen. Auch Avri Michal nahm daran teil, »weil wir alle eine Familie sind«. Gesteuert von PR-Beratern, die für Provokationen bekannt sind, trugen sie Plakate mit Aufschriften wie »Shoah und Schande«, »Entschuldigung, dass wir gerettet wurden« sowie gelbe Judensterne. Erst im Oktober 2007 erreichten die Vertreter der Überlebenden einige Verbesserungen. Sie gewannen nicht nur finanzielle Erleichterungen, sondern auch Anerkennung und ihre Würde zurück. Der bittere Kampf hinterließ seine Spuren: »Als Israeli schäme ich mich sehr, wenn ich sehe, wie unsere Beamten mit den Überlebenden umgehen«, sagt Dubby Arbel, Geschäftsführer des Sozialfonds für Holocaust-Überlebende. »Wo war die gegenseitige Solidarität, wo das biblische Gebot: ›Achte deinen Vater und deine Mutter‹? Wir hätten sie ganz anders behandeln sollen, nachdem sie so gelitten haben.«

Jetzt erwarten israelische Entschädigungsexperten, dass Deutschland einen Teil dieser zusätzlichen Entschädigungskosten übernimmt, die Israel knapp 300 Millionen Euro kosten. »Schließlich hat Israel im Wiedergutmachungsabkommen ein schlechtes Geschäft gemacht, denn die Auszahlungen an alle Überlebenden waren bisher mehr als viermal höher als die Summen, die Bonn im Rahmen dieses Abkommens ausgezahlt hat«, sagt der Journalist Raul Teitelbaum, dessen Buch über die Entschädigung – *Die Biologische Lösung* – 2008 erscheint. Der Minister für Rentenangelegenheiten, Rafi Eitan, forderte vor Kurzem die Neuverhandlung des Wiedergutmachungsabkommens, was Teitelbaum für »schieren Wahnsinn« hält, »denn Israel hatte mehrmals schriftlich bestätigt, keine weiteren Forderungen an Deutschland zu stellen«. Er rechnet damit, dass Deutschland Institutionen in Israel, die Überlebende unterstützen, eine Förderung in zweistelliger Millionenhöhe zahlen wird (Eitan forderte 500 Millionen Euro). »Eine persönliche Entschädigung von Überlebenden wird es aber nicht mehr geben.« Dubby Arbel ist bescheidener: »Deutschland soll die Renten der israelischen Überlebenden an die Renten in Deutschland anpassen. Die Verbrechen wurden immerhin von Deutschen begangen.«

Die Verbesserung des Lebensabends vieler israelischer NS-Opfer hatten sich die Überlebenden selbst erkämpft. Bereits 1987 erkannten laut Teitelbaum einige israelische Überlebende, die erfolgreiche Karrieren in Wirtschaft, Außendienst, Politik, Armee, Justiz und Medien hinter sich hatten, dass zahlreiche ihrer Leidensgenossen, je älter und bedürftiger sie werden, benachteiligt werden. Diese erste Gruppe von Überlebenden waren längst stolze Israelis und wollten in letzter Minute den Kampf für die bedürftigen Überlebenden führen. Endlich sollten nicht nur der Staat Israel und jüdisch-amerikanische Organisationen, sondern auch die Überlebenden selbst ihre Interessen vertreten. Zuerst gründeten sie das Zentrum der Organisationen der Holocaust-Überlebenden in Israel, an dem inzwischen über 50 Organisationen von NS-Opfern beteiligt sind. Diese Einheit und das persönliche Prestige der Gründer verliehen ihnen politischen Einfluss. Nachdem sie 1989 ihre Aufnahme in die Claims Conference und in dessen Vorstand erzwangen, gelang es ihnen 1996 durchzusetzen, dass fortan 80 % der finanziellen Mittel der Claims zugunsten der Überlebenden ausgegeben werden. Nur der Rest sollte an jüdische Organisationen für Dokumentation, Forschung und Bildung gehen.

1994 errichtete das Zentrum – mit Förderung der Claims Conference – den Sozialfonds für Holocaust-Überlebende als Vorzeigeprojekt, der auch Avri Michal wieder ermöglicht, sich als Mensch zu fühlen und seine Wohnung zu verlassen. Die Wohlfahrtsstiftung ist die einzige weltweit, die sich darauf spezialisiert hat, allein und direkt Shoah-Überlebende dort zu unterstützen, wo die Sozialdienste nicht ausreichen. Sie betreut 14.000 besonders alte oder schwerbehinderte Überlebende wie Avri Michal, indem sie Pflegepersonal, Medikamente, Hörgeräte und orthopädische Hilfsmittel finanzieren. Zehntausende Überlebende stehen auf der Warteliste, denn leider sind die Kassen der Stiftung aus zwei Gründen ständig leer. Zum einen werden die Überlebenden immer älter und gebrechlicher. Zum anderen berücksichtigt die Stiftung alle von den Nationalsozialisten geschädigten Israelis.

Die Überlebenden des Holocaust sterben aus. Im Jahr 2008 lebten in Israel rund 200.000, zwei Drittel davon über 75 Jahre alt.[156] Täglich sterben 40 Überlebende, jährlich 15.000. »Ihr Lebensabend ist besonders schwer, weil jetzt, wo sie mehr Zeit haben, die schrecklichen Erinnerungen zurückkehren«, sagt Israela Shvartzman, Leiterin des Sozialdienstes des Sozialfonds. Doch ist sie stolz darauf, dass immer mehr Israelis ein soziales Gewissen zeigen, zum Beispiel die 300 meist Jugendlichen, die ehrenamtlich die Überlebenden betreuen. Die Projekte, die auch von der deutschen Stiftung »Erinnerung, Verantwortung und Zukunft« gefördert werden, laufen bereits in vier Städten und finden zunehmend Anklang. »Die Jugendlichen feiern mit den Überlebenden zum Beispiel ihren Geburtstag und helfen ein wenig. Das ist für mich die richtige Art, des Holocaust zu gedenken.«

Auch Avri Michal ist sehr glücklich mit seiner *Kalnoit*. Seine Wunschliste ist so bescheiden wie sein Alltag. Das neue Medikament Plavix wäre wichtig für seine Gesundheit. »Aber ich kann die täglich vorgeschriebene Tablette nicht nehmen, weil sie für mich zu teuer ist.« Außerdem ist sein Bettrahmen gebrochen und das Bett ohnehin viel zu hoch, so dass er nicht allein aufstehen kann. »Einmal habe ich es versucht, bin gefallen und habe mir das Becken gebrochen. Bis heute habe ich Schmerzen. Und schön wäre es, wenn ich einen Schrank kaufen könnte, meine Kleider liegen überall herum« – in der engen Einzimmerwohnung.

6.2 Fünf Millionen und sechs weitere

Wenn jüdische Israelis an das moderne Jerusalem denken, sind sie sich wie bei keinem anderen Thema einig: Säkulare, traditionelle, religiöse und ultraorthodoxe Juden wählten bei einer Umfrage mit großem Abstand die Holocaustgedenkstätte *Yad Vashem* zu dem

Ort, der das moderne Jerusalem am besten repräsentiert.[157] Auf Hebräisch bedeutet der Name so viel wie »Denkmal und Namen«, er ist abgeleitet von einem Zitat aus dem Buch Jesaja. Das Ergebnis dieser Wahl überrascht Avner Shalev, den Vorsitzenden und Hauptkurator von Yad Vashem, nicht. »Unsere Aktivitäten einigen die gespaltene israelische Gesellschaft«, sagt er. »Aber die Initiative dafür kommt weitgehend von den Menschen selbst. Der Holocaust prägt zunehmend unsere kollektive Identität als jüdische Israelis.« Die zionistischen Staatsgründer haben sich als Antithese zu den ermordeten Juden gesehen, die sich »wie Lämmer zur Schlachtbank« hatten führen lassen. Im heutigen Israel ist gerade dieses Andenken an die Opfer der einzige gesellschaftliche Konsens jenseits aller Trennlinien. »Die Shoah ist zu unserem Ersatz für den Zionismus geworden«, sagt Nili Keren, akademische Beraterin des Instituts für den Holocaust-Unterricht im Kibbuz Tel Itzhak nördlich von Tel Aviv.

60 Jahre nach Ende des Zweiten Weltkriegs meinen zwei Drittel der erwachsenen jüdischen Israelis und vier Fünftel der Jugendlichen, dass der Holocaust das Volk verbindet[158]. Die Shoah spiele eine »sehr bedeutende Rolle« für die Identität von 48 % der erwachsenen jüdischen Israelis (36 % bei den Jugendlichen). Für weitere 41 %, bei Jugendlichen 53 %, spielt die Judenvernichtung eine »bedeutende Rolle«. Nur ein jüdischer Israeli von zehn fand den Holocaust nicht besonders oder gar nicht prägend für seine Identität. Dabei stellten die Forscher keinen Unterschied zwischen aschkenasischen, also europäischstämmigen Juden, und sephardischen oder orientalischen Juden fest, deren Familien von der Vernichtung weniger betroffen waren. »Die Shoah ist hier überall präsent und nicht nur in den Familien von Überlebenden«, bestätigt Keren. »Viele Kinder kommen aus gemischten Familien von Aschkenasim und Sephardim. Letztere reagieren darauf oft emotionaler, und für mich ist es eine authentischere Reaktion, weil sie auf das allgemeine Leiden reagieren. Während die älteren GUS-Einwanderer des Holocaust am 9. Mai mit dem Sieg über Nazi-Deutschland

gedenken und mit Medaillen dekoriert marschieren, entdecken ihre Kinder und Enkel ihr Jüdischsein gerade durch den Holocaust.«

Drei von vier Jugendlichen äußerten den Wunsch, mehr über den Holocaust zu erfahren, bei den Erwachsenen sind es 57 %. Dabei stieg das Interesse mit dem Bildungsgrad und dem Einkommen. Nur 5 % der Jugendlichen, dagegen 24 % der Erwachsenen zeigten gar kein Interesse an dem Thema. Die Schriftstellerin Nava Semel erklärt diese wachsende Neugier gerade bei Jugendlichen mit dem Dialog zwischen den Überlebenden und ihren Enkeln. Die 1954 in Tel Aviv geborene Israelin ist Tochter von Holocaust-Überlebenden und thematisierte als erste Autorin bereits 1984 in ihrem Roman *Gläserne Facetten* das Leben der zweiten Generation, der sie angehört. »Die Überlebenden schwiegen, um ihre Kinder und sich selbst vor dem Horror der Erinnerung zu schützen. Als schwache Juden hatten sie keinen Widerstand geleistet und passten deshalb nicht in das damalige israelische Selbstbild der Kämpfer. Erst als wir selbst Eltern wurden, konnten die Überlebenden sprechen, weil sie eine unbedrohte, intakte Familie erlebt haben. Als die Klassenfahrten nach Polen in die ehemaligen Konzentrationslager 1988 begannen, wurden die Schüler zur Vorbereitung angewiesen, ihre Großeltern oder andere Überlebende in der Familie zu interviewen. Opa und Oma sahen vor sich energische israelische Kinder und befürchteten daher nicht, ihren zarten Seelen durch die Erzählungen Schaden zuzufügen. Außerdem tickte ihre biologische Uhr und drängte sie, endlich ihre Erinnerungen mitzuteilen.« Semels Vater Yitzhak Arzi, Parlamentarier und Vize-Vorsitzender der Dachorganisation der Überlebenden, habe über seinen Holocaust geredet, weil er ein zionistischer Aktivist und Widerstandskämpfer war. »Meine Mutter, die Auschwitz überlebt hatte, indes schwieg: Über die Erniedrigung der Lämmer, die zur Schlachtbank geführt worden waren, redete man damals nicht.«

So wie die meisten Israelis stehen auch Shalev und Semel am Holocausttag still, wenn das Heulen der Sirenen das öffentliche Leben für zwei Minuten zum Stillstand bringt. »Ich denke dann

190

immer an meine Mutter, die Auschwitz überlebt hat«, sagt Semel. »Es ist ein optimistisches Bild.« Denn sie sieht die alte Frau umgeben von ihren zwei Kindern, sechs Enkeln und zwei Urenkeln. Laut Umfragen akzeptieren die ansonsten hektischen jüdischen Israelis die staatliche Gedenkpause, auch diejenigen, die keine Verwandten im Holocaust verloren haben. 94 % halten nach eigenen Angaben inne und schweigen – darunter auch zwei Drittel der Ultraorthodoxen, die ansonsten diesem zionistischen Gedenktag skeptisch gegenüberstehen. Sie gedenken der NS-Opfer eher am »Allgemeinen Kaddischtag«, der nach dem hebräischen Kalender am 10. *Tevet* stattfindet. An diesem Tag, dem Beginn der Belagerung Jerusalems durch die Babylonier im Jahre 588 vor unserer Zeitrechnung, erinnern sie seit Generationen durch Gebet und Fasten an die Katastrophen ihres Volkes.

Das Interesse der arabischen Israelis am Holocaust wird kaum durch Meinungsforschung abgefragt. 2004 sagten 53 % der Araber, dass die Israelis dem Holocaust eine zu große Bedeutung beimessen.[159] In einer vergleichbaren Umfrage von 1998 – also vor der Zweiten Intifada – hatten das nur 38 % so gesehen. »Diese Ergebnisse überraschen aus drei Gründen nicht«, schreiben die Forscher: Erstens berührt die Judenvernichtung die Araber nicht direkt; zweitens empfinden sie den Holocaust als ein Ereignis, das die Gründung des Staates Israel beschleunigte und ihnen Unrecht zugefügt hat; drittens ignorieren die jüdischen Israelis vollkommen das Trauma der Palästinenser von 1948, weshalb diese sich im Gegenzug auch nicht für das jüdische Trauma interessieren. Dennoch initiierte im Mai 2003 der griechisch-katholische Priester in Galiläa, Emil Shoufani, eine gemeinsame Reise von 300 israelischen Juden und Arabern zur Gedenkstätte Auschwitz. Und am gleichen Tag im März 2005, an dem in Jerusalem das Neue Yad-Vashem-Museum eröffnet wurde, weihte der moslemische Rechtsanwalt Khaled Mahameed in seiner Kanzlei in Nazareth die erste arabische Holocaustausstellung im Nahen Osten ein. Neben die 80 Bilder zur Judenverfolgung und -vernichtung, denen er arabische

Texte hinzufügte, stellte er drei Fotos, die die palästinensische Katastrophe von 1948 dokumentieren. Mahameed machte klar, dass er sich von seiner Initiative eine jüdische Anerkennung der palästinensischen Katastrophe erhofft. Er plante sogar, nach Teheran zu fahren, um auf der Holocaustkonferenz 2006 die Fakten über die Judenvernichtung vorzulegen, die ohnehin weltweit bekannt sind. Die iranischen Behörden, die ihn wiederholt eingeladen hatten, wohl weil sie ihn für einen Palästinenser hielten, brachen den Kontakt mit ihm ab, nachdem er ihnen eine Kopie seines israelischen Passes zwecks Erteilung eines Visums geschickt hatte.

Avner Shalev, der seit 1993 als nationaler Hüter des Gedenkens an den Holocaust gilt, wuchs mit den Erinnerungen an die Judenvernichtung auf. Sein Großvater Aharon, dessen Namen er als Mittelnamen trägt, und seine Großmutter Zisl wurden ebenso wie Frida, die Schwester seiner Mutter, ermordet. »Meine Mutter hatte noch Geld bezahlt, um ihre Schwester aus Polen zu holen, aber in der Zwischenzeit war schon der Zweite Weltkrieg ausgebrochen.« Immer wieder erinnert er sich an das Weinen seiner Mutter um ihre ermordete Familie. »Wir haben nur noch einige verwischte Fotos von ihnen.« Im Gegensatz zu den orthodoxen Großeltern waren Shalevs Eltern traditionelle Zionisten, die vor dem Krieg nach Palästina ausgewandert waren, um eine neue Gesellschaft aufzubauen. Man feierte zu Hause den Shabbat und sein Vater ging an Feiertagen in die Synagoge. Shalev sah sich einerseits als neuer Hebräer, begeisterte sich wie viele junge Zionisten für Archäologie, Bibelunterricht und Landeskunde, und bedauerte sogar, dass er zu jung war, um am Unabhängigkeitskrieg teilnehmen zu können. Andererseits suchte er immer wieder seine jüdischen Wurzeln. Im Gymnasium interessierte er sich für den Talmud, sodass seine Mutter einen Religionsschüler engagierte, der ihn jede Woche unterrichtete. Der Yom-Kippur-Krieg von 1973 brachte den Wendepunkt in Israels Umgang mit den Überlebenden. Israel konnte den Überraschungsangriff Ägyptens und Syriens nur mit einem sehr hohen Preis an Menschenleben und erst nach massiver militärischer Hilfe der USA abwehren. Dieser Krieg erzeugte bei den bisher nur heldenhaften Israelis mehr Einfühlungsvermögen für die Überlebenden und Verständnis für ihre begrenzten Möglichkeiten eines Widerstandes. Gleichzeitig fand der Holocaust allmählich Eingang in den aktuellen politischen Diskurs, um Israels Kriege als eine notwendige Gegenwehr gegen die Fortsetzung der Judenverfolgung darzustellen. Auch Avner Shalev, der Leiter einer militärischen Bildungsschule und später der militärischen Bildungs- und Kulturbehörde wurde, verstand das Bedürfnis vieler Israelis, ihre eigene Identität durch den Bezug zur vernichteten jüdischen Welt zu suchen.

Diesen Bezug aber sieht der renommierte Historiker Yehuda Elkana, Direktor des Van Leer Institute in Jerusalem, als gefährlich an. Vor dem Hintergrund der Ersten Intifada, die im Dezember 1987 ausbrach, veröffentlichte er im darauffolgenden März einen sehr umstrittenen Artikel mit dem Titel »Für das Vergessen«[160]. Darin berichtete er von »Ausnahmevorfällen«, die das Handeln israelischer Soldaten in den besetzten Gebieten betrafen und die er selbst als Zeuge miterlebt hatte: »Ein Bulldozer begrub lebende Menschen, eine ausrastende Gruppe riss Beatmungsgeräte aus dem Munde von Alten in Krankenhäusern, Soldaten, die ihre Fassung verloren, brachen die Hände von Zivilisten, darunter Kinder.« Elkana führte diese Taten auf eine tiefe existenzielle Angst der Israelis zurück, die auf einer bestimmten Auslegung der Lehren des Holocaust beruhe und auf dem Glauben, die Welt sei gegen sie und sie seien das ewige Opfer. Er bezeichnete die systematische und massive Holocausterziehung als »die größte Gefahr für die Zukunft Israels« und schrieb: »Hätten wir den Holocaust nicht so tief ins nationale Bewusstsein verankert, hätte der Konflikt zwischen Juden und Palästinensern nicht so viele zu ›Ausnahmefällen‹ verleitet, dann wären die Verhandlungen mit den Palästinensern möglicherweise nicht stecken geblieben.« Der Professor schlug daher ein nationales Umdenken vor: »Es war schlimm, jahrzehntelang alle israelischen Kinder nach Yad Vashem zu schicken. Wozu sollen sie sich erinnern? Was sollen sie mit diesen Erinnerungen tun? Sehr viele könnten diese Horrorbilder als einen Aufruf zum blinden Hass gegen die Araber interpretieren. Vielleicht soll sich die Welt erinnern. Wir jedenfalls müssen vergessen und unsere Zukunft aufbauen, statt uns andauernd mit den Symbolen, Texten und Lehren des Holocaust auseinanderzusetzen. Der Holocaust darf nicht die zentrale Achse unserer nationalen Existenz sein.«

Noch zwei Jahrzehnte nach Elkanas ungewöhnlichem Aufsatz blickt Avner Shalev mit Zorn zurück: »Mein enger Freund Elkana hat zwei gravierende Fehler begangen. Zum einen hatte die damalige Staatsführung die Lehre des Holocaust nicht gepflegt – das Thema wurde damals nur oberflächlich für das Abitur unterrichtet und prägte daher die israelische Identität nicht besonders. Es waren die Überlebenden, die das Andenken förderten. Sein zweiter und noch fatalerer Fehler war seine Annahme, dass diese Erinnerung unbedingt in eine nationalistische, chauvinistische Machtpolitik münden müsse. Man kann aber eine Gesellschaft auch auf der Grundlage derjenigen Werte aufbauen, die im Holocaust zusammenbrachen: die Heiligkeit des Menschenlebens, Meinungsfreiheit, Demokratie, Solidarität mit Andersdenkenden.« Nili Keren sieht das ähnlich. Sie findet es wichtig, an den Holocaust zu erinnern, um Fragen der Moral zu thematisieren und zu zeigen, »dass man nicht ein Nazi sein muss, um sich unmenschlich zu verhalten. Ich bin dagegen, dass man die Shoah instrumentalisiert, um unmenschliche Taten gegenüber den Palästinensern zu rechtfertigen.«

Als Yad-Vashem-Direktor leitete Shalev 1993 eine Revolution im verstaubten staatlichen Museum ein. Während das US Holocaust Memorial Museum in Washington mit frischem Schwung gegründet wurde, stand die verschlafene staatliche Gedenkstätte in Jerusalem vor dem Bankrott. Die alte Ausstellung setzte auf anonyme Opfer, lange trockene Texte und Dokumente mit Fotos, die zu Ikonen wurden, wie das des Jungen mit erhobenen Händen im Warschauer Ghetto. Shalevs Befürchtung, dass der Holocaust zu einem weiteren Ereignis im Geschichtsbuch verkommen könnte, trieb ihn um. Er wollte die Erinnerung an die Judenvernichtung zu einem Teil einer neuen Kultur machen, die die Menschenrechte in den Mittelpunkt stellt. Damit teilt Shalev Elkanas Lehre aus dem Holocaust: »Es darf nie wieder geschehen.« (Die zweite lautet: Es darf u n s nicht wieder geschehen.) Er sieht Yad Vashem als eine moralische Instanz und protestiert immer wieder gegen den Völkermord in Darfour und die Konzentrationslager in Nordkorea. Das neue Konzept von Yad Vashem lautete nun: Bildung, Forschung und internationale Vermittlung von Wissen anstatt Denkmäler. Shalev verwandelte die Gedenkstätte in eine moderne, international anerkannte Institution, die sich auf die Vermittlung der Judenvernichtung in einer Welt nach dem Ableben der Überlebenden vorbereitet. So wurde auf dem »Berg der Erinnerung« in Jerusalem 1995 die Zentrale Schule zur Holocausterziehung gegründet, eine einmalige Institution weltweit. 100 Mitarbeiter bieten jährlich Kurse und Seminare an, an denen 2006 landesweit 187.000 Schüler aus Israel und aus dem Ausland, 23.000 Lehrer und 50.000 Soldaten und Studenten teilgenommen haben. Rund 1.600 europäische Lehrer besuchten die 44 Seminare, die in Yad Vashem und in Europa stattfanden. Eine Broschüre für Lehrer über die Vorbereitung von Holocaustgedenktagen wurde bereits in elf Sprachen übersetzt. Auf die Webseite von Yad Vashem wurden Lernmaterialien in 13 Sprachen gestellt, ebenso Angaben über 3,2 Millionen namentlich erfasste, ermordete Juden und insgesamt über zwei Millionen »Zeugenberichte« in 20 Sprachen.

Die Krönung der Yad-Vashem-Revolution ist das neue Museum, das im März 2005 eingeweiht wurde. Zusätzlich zum Museum entstanden auf dem Jerusalemer »Berg der Erinnerung« das internationale Forschungsinstitut, die Holocaustschule, die neue Bibliothek mit Archiv, das Museum für Holocaustkunst und der »Park der Gerechten unter den Völkern«. Dieses facettenreiche Angebot des Yad-Vashem-Komplex wird heute intensiv von den verschiedenen

195

Gruppen der israelischen Gesellschaft genutzt. Schwer war es vor allem, die Ultraorthodoxen zu gewinnen, weil die Auseinandersetzung mit dem Holocaust für sie unangenehme Fragen aufwirft: Hatte der Zionismus doch Recht, dass nur die Auswanderung ins Land Israel die Rettung und der Staat Israel ein sicherer Hafen sei? Warum verließen einige prominente Rabbiner ihre Gemeinden und retteten sich selbst? Seit einigen Jahren bemüht sich Yad Vashem, auch die Holocaustgeschichte der Ultraorthodoxen zu thematisieren. So gründete die Holocaustschule 2002 eine Abteilung für Ultraorthodoxe, wo Lehrerinnen ausgebildet und Schulbücher entwickelt werden. Yad Vashem pflegt den Dialog aber auch mit anderen Minderheiten in Israel. So nahmen an der offiziellen Zeremonie zum Holocausttag 2006 erstmals auch Vertreter des homosexuell-lesbischen Zentrums in Jerusalem teil.

Nicht einmal die öffentliche Debatte um die Renten der Überlebenden konnte das Ansehen des Yad Vashem ankratzen, obwohl in einer kritischen TV-Dokumentation die Frage gestellt wurde, ob das Andenken an den Holocaust wichtiger sei als die Überlebenden selbst.[161] Für Shalev ist dies »eine gemeine und unwahre Propaganda, denn Yad Vashem hat keine Verantwortung für das Wohl der Überlebenden. Außerdem habe ich ihrem gerechten Kampf viel hinter den Kulissen geholfen. Das Andenken ging niemals auf Kosten der Sozialleistungen und fast alle Überlebenden sehen das Erinnern als ihre Hauptaufgabe. In unserem Archiv liegen Tausende von Briefen, in denen sie fordern: Nehmt Rache und erzählt das, was uns angetan wurde.« Tausende Überlebende nehmen jährlich an Führungen in Yad Vashem kostenlos teil, ergänzt Pressesprecherin Iris Rosenberg. »Wir organisieren jährlich Dutzende Zeremonien, Seminare und Vorträge für die Organisationen der Überlebenden. 200 Überlebende arbeiten in Yad Vashem ehrenamtlich und sehen die Gedenkstätte als ihr Zuhause.«

Das Interesse arabischer Israelis an der Holocaustgedenkstätte hatte während der Zweiten Intifada stark nachgelassen, allmählich aber kommen sie wieder. Die 500 Besucher jährlich sind Studenten, Schulleiter und auszubildende Lehrer. Während des zweiten Libanonkriegs lud Yad Vashem alle Einwohner des nördlichen Israels ein und übernahm sogar ihre Reisekosten. Auch arabische Israelis nahmen die Einladung an. »Die meisten arabisch-israelischen Besucher wissen kaum etwas über die Shoah und verwenden Begriffe, die man als antijüdisch bezeichnen kann, die aber der allgemeinen arabischen Geschichtsschreibung folgen«, sagt Doron Avraham, Leiter der Europaabteilung in der Yad Vashem Schule.[162] »Auch diejenigen, die den Holocaust als ein historisches Ereignis akzeptieren, sehen die Beschäftigung damit als eine zionistische Manipulation, um die Sympathie der Welt zu gewinnen. Um einen offenen Dialog mit arabischen Lehrern und Studenten führen zu können, haben wir Seminare eingerichtet, die auch nichtjüdische NS-Opfer und die Rettung von Juden durch Moslems thematisieren. Das hilft ihnen, den israelischen Standpunkt besser zu verstehen.«

Yad Vashem trägt inzwischen durch Aufklärung auch zur Bekämpfung derjenigen bei, die den Holocaust in der islamischen und arabischen Welt leugnen. Bereits in den ersten Wochen nach der Lancierung der neuen Webseite auf Farsi schalteten sich über zehntausend Iraner ein. Ihre begeisterten E-Mails zeigen den großen Bedarf an zuverlässigen Informationen über den Holocaust. So bedankte sich der Leser Payam: »Ich kann nur hoffen, es werden noch mehr solche Webseiten geschaffen, die die Menschen in dieser Region über die Realität aufklären. Das iranische Volk hat absolut nichts gegen Israel und beide Staaten hatten vor der Revolution gute Beziehungen. Werden Iran und Israel eines Tages wieder Verbündete, nach dem Niedergang der Mullahs, werden wir der Welt zeigen, welch starke Allianz wir gründen können.« Ende Januar 2008 wurde die neue Museumswebseite auf Arabisch lanciert, die nicht nur die Judenverfolgung und -vernichtung darstellt, sondern auch über die aktuelle Ausstellung berichtet, die von moslemischen Albanern handelt, die Juden während der Shoah das Leben gerettet haben. »Wir müssen gemäßigte Moslems unterstützen, die verstehen, dass die Leugnung des Holocaust als Teil des Konflikts mit Israel ihren Interessen keinesfalls dient«, sagt Shalev. Aktuelle politische Fragen werden ausgeklammert, weil sich Yad Vashem als unpolitisch betrachtet. Aber das Verständnis der Geschichte soll auch zur Lösung der gegenwärtigen Konflikte im Nahen Osten beitragen.

In den ersten Jahren seiner Existenz als eigenständiger Staat forcierte Israel die Schaffung einer einheitlichen israelischen Kultur mit der Absicht, die Alteingesessenen, die Überlebenden, die europäischen, asiatischen und nordafrikanischen Juden in einem Volk zu verschmelzen. Die »Schmelztiegel« waren damals die Armee und das Bildungssystem. 60 Jahre nach der Staatsgründung findet die inzwischen pluralistische israelische Gesellschaft ausgerechnet auf dem »Erinnerungsberg« in Jerusalem zueinander.

7. Die zionistische Fortbewegung

Eines Tages im Winter 2008 trafen sich auf dem Strand der israelischen Stadt Herzliya ein Chinese, ein Inder und ein Israeli. Sie leiten die drei Entwicklungszentren von Microsoft außerhalb der USA. Bei ihrem Besuch in der Stadt, die nach dem Gründer des Zionismus Theodor Herzl, benannt ist, suchten sie nach kreativen Köpfen in dem Land, in dem sie am häufigsten gedeihen: Israel. Auch andere Weltkonzerne wie Intel, IBM und Google gründeten ihre ersten Auslandsentwicklungsstätten in Israel, wo die begabten Wissenschaftler im Gegensatz zu China und Indien einheimische Hochschulen absolvierten. Trotz des andauernden Konfliktes mit den Palästinensern ist die israelische Pro-Kopf-Produktivität auf dem Niveau Italiens, Spaniens und Griechenlands. Mit einer jährlichen Wachstumsrate von 6 % und einem Bruttosozialprodukt, welches das von Dänemark, Irland oder Finnland übertrifft, ist Israel längst nicht mehr ein Land, wo nur Milch und Honig fließen.

Aber solange immer wieder Blut fließt, trügt die Präsenz westlicher Wohlstandssymbole wie Sushi oder Gucci: Hier ist nicht der Prenzlauer Berg, sondern der Tempelberg. Jerusalem ist wohl der einzige Regierungssitz weltweit, in dem keine einzige Botschaft residiert – nicht einmal die der USA, Israels engstem Verbündeten. Ausländische Diplomaten erkennen das »vereinigte Jerusalem« nicht an. Zwar brachte der Al-Qaida-Terror mehr Verständnis für Israel, aber gerade in Europa trägt der kleine David eine Kefije, ein Palästinensertuch, und keine Kippa. Das Endergebnis in der so genannten

Gewaltspirale interessiert hier kaum jemanden, die Partie »da unten« in Nahost wurde wegen Überlänge aus der Prime Time abgesetzt. Aber wie sehen das die Israelis selbst? In einer aktuellen Karikatur von Boris Erenburg verkündet Theodor Herzl auf dem Balkon: »Wenn ihr wollt, ist es kein Märchen.« Den Satz, mit dem er die Gründung eines Judenstaates vor 100 Jahren voraussah, spricht er auf diesem Bild vor einem Meer skandierender, bewaffneter moslemischer Fundamentalisten.

Wie wird Israel im Jahr 2025 aussehen? Diese Frage wurde im Jahr 2000 dreizehn klugen israelischen Köpfen aus Politik, Wirtschaft und Wissenschaft gestellt.[163] Obwohl kurz vor der Zweiten Intifada die Gewalt der Palästinenser sehr niedrig war, malten die meisten düstere Zukunftsszenarien, und zwar wegen der innerisraelischen Spannungen. Nur eines der vier Szenarien, in denen alle die Metapher eines Schiffes verwendeten, endet mit einem Happy End. Das künftige Israel des Israel Harel, Gründer des Siedlerrats (der obersten Führung der Siedler) ist ein bi-nationaler Staat. Dieser unterdrückt die Zionisten. Der Staatspräsident ist Abdul Aziz al-Hinde, der Parlamentsvorsitzende Mohammed al-Chatib; beide boykottieren die feierliche Parlamentssitzung anlässlich des Unabhängigkeitstages. Die Regierung aus unpatriotischen Juden, Arabern (ein Drittel der Bevölkerung), Vertretern der »neuen israelischen Nation« und der Gastarbeiter verzichtet auf die Nationalhymne und will die Unabhängigkeitserklärung, das Rückkehrgesetz, die Staatsfahne und sogar den Staatsnamen ändern. Der Krieg mit den Arabern dauert an, obwohl Noch-Israel die Golanhöhen, den Gazastreifen, aber nicht das gesamte Westjordanland zurückgab. Die Siedler rücken auf 1.000 Quadratkilometer in der Westbank eng zusammen.

Heute, sieben Jahre später, fühlt sich Harel in seiner Prophezeiung über die zunehmende Macht der arabischen Israelis bestätigt. Der Schwarzseher ist auch ein Realist. Die Existenz Israels als zionistischer Staat ist ihm wichtiger als der Kampf um den Erhalt aller Siedlungen. Der Zaun wird die Grenze sein, darin ist er sicher. Ob die moderaten Siedler die jungen Radikalen von Gewalttaten abbringen können, weiß er jedoch nicht. Die Siedler östlich des Zauns – auch Harel selbst, der in Ofra wohnt – werden umsiedeln müssen, ist er sicher. Seine Vision, wonach in Israel zwei Völker entstehen – Juden und Israelis – sieht er als bestätigt. Die ersten wollen »mehr oder weniger« nach der Thora leben. Die Einhaltung der jüdischen Tradition ist für viele Israelis nur ein Lippenbeknntnis, sie bevorzugen grundsätzlich die westliche Kultur und würden für ein besseres Leben auswandern. Harel hat Recht: Die größten israelischen Patrioten sind die nationalreligiösen Juden, zu denen er selber gehört. Sie sehen sich als Avantgarde, die ganz Israel schultert. Seit der Räumung des Gazastreifens sind sie dem Land weiterhin treu, nicht jedoch seinen Institutionen. Auch die allermeisten Bewohner der südlichen Kleinstadt Sderot geben sich patriotischer als der gewöhnliche Israeli, obwohl sie seit Monaten mit Raketen aus Gaza angegriffen werden. Die Granaten der libanesischen Hisbollah stärkten sogar den Patriotismus der arabischen Israelis, die ansonsten auf Israel wenig stolz sind.

Israel kann sich auf Dauer aber nicht darauf verlassen, dass die arabischen Feinde die Bindung der Israelis an ihrer Heimat stärken. Denn dieser Patriotismus nimmt ab, sobald die Bürger sich von der Regierung verlassen fühlen oder sie die Berechtigung des Krieges anzweifeln, wie das im zweiten Libanonkrieg der Fall war. Die meisten jüdischen Israelis lieben zwar ihr Land, vertrauen ihren Politikern, Journalisten und Generälen jedoch immer weniger. Das Vertrauen nimmt übrigens mit der Bildung ab, was den andauernden Niedergang des Bildungssystems als ein Komplott der Politiker vermuten ließe. Die Juden sind stolz auf Israels technologische und militärische Potenz, die Araber auf das Sozialsystem. Aber alle schimpfen auf die Bürokratie, die Polizei und die Regierung, die Israel an wenige Tycoons ausverkauft. Ein Witz fasst den neuen, zunehmend skeptischen und verbitterten Patriotismus der Israelis so zusammen: Frage nicht, was der Staat für dich getan hat, sondern wie du es ihm heimzahlen kannst.

Im Jahr 2025 wird Ron Pundak Staatsrevisor Israels – jedenfalls in der Horrorvision des Siedlers Harel. Pundak, der Geschäftsführer des linksgerichteten Peres Center for Peace, ist über diese Nominierung amüsiert, nicht aber über das Israel, das sich Harel ausmalt. In Pundaks Albtraum nennt er Harel zwar nicht namentlich, stellt Israel aber als eine rechtsnationale Diktatur dar, in der Harel eine prominente Rolle spielen könnte. Die beiden jüdischen, Hebräisch sprechenden Aschkenasi-Israelis als politische Gegner zu bezeichnen, wäre eine große Untertreibung. Der Traum des einen ist der Albtraum des anderen. Zwischen diesen Polen schwenkt der Staat Israel und sucht vergeblich nach Gleichgewicht.

Der Historiker Pundak, der den israelisch-palästinensischen Oslo-Prozess mitinitiierte, entwarf 2000 ein düsteres Bild Israels als »Spartheid«, ein modernes Sparta, einen jüdischen Gottesstaat, der von einer extrem rechtsnationalen Regierung regiert wird. Dieser verfolgt die arabische und die jüdisch-liberale Minderheit, hat die Beziehungen zu Jordanien und Ägypten abgebrochen, ebenso die zur jüdischen Diaspora und den USA. Israel erobert den unabhängigen Staat Palästina, verhaftet Tausende Kriegsdienstverweigerer und steht vor dem wirtschaftlichen Kollaps, nachdem sowohl die EU als auch die USA wirtschaftliche Sanktionen verhängten.[164] Die Regierung kontert mit der Formel: »Die ganze Welt ist gegen uns.« Zu Recht, würde Pundak hinzufügen.

Israel wurde durch einen Beschluss der UN-Vollversammlung geboren – in klaren, jedoch unmöglichen Grenzen. Eine neue Studie zeigt, dass nach dem Ausbruch des Bürgerkriegs nicht einmal die Vereinten Nationen an die Gründung von zwei Staaten glaubten und sich seine Beamten deshalb auf die Gründung des jüdischen Staates konzentrierten. Eine jüdische Miliz unter UN-Führung sollte einen Aufstand der arabischen Minderheit in Israel verhindern.[165] Eine neue, von der UN initiierte Teilung des Landes zwischen Jordan und Mittelmeer und die Gründung des Staates Palästina würde den Israelis verdeutlichen: Die Welt ist nicht gegen euch. Ein solcher Koscher-Stempel für die im Krieg von 1948 eroberten Gebiete würde es wiederum den Israelis erleichtern, die 1967 besetzten Gebiete zurückzugeben und endlich von der arabischen Welt anerkannt zu werden. Die Grüne Linie würde große Teile dieser Grenze markieren. Ein Gebietsaustausch könnte das Trauma der Evakuierung minimieren. Die Siedler würden in Palästina kaum leben wollen. Da wäre ihnen die verhasste israelische Demokratie denn doch lieber.

Um die notwendigen klaren Grenzen zu schaffen, sollte die UNO die umstrittene und irrelevante Resolution 194 aus dem Jahr 1948 annullieren. Die Feststellung ist ohnehin verwirrend: Denjenigen Flüchtlingen »sollte erlaubt werden«, zum »frühest möglichen Termin« in ihre Heimat zurückzukehren, die »es wünschen, im Frieden mit ihren Nachbarn zusammenzuleben«.[166] Israel ist aber nicht mehr die Heimat der geflohenen oder vertriebenen Palästinenser, die ihrer Kinder und Enkel war es sowieso nie. Eine erzwungene Rückkehr ist nach internationalem Recht ohnehin nicht möglich, zumal die besagte Resolution, die unter anderem Jerusalem und Bethlehem unter UN-Kontrolle stellt, juristisch nicht bindend ist. Israel könnte im Rahmen eines Friedensabkommens souverän über eine begrenzte Rückkehr palästinensischer Flüchtlinge entscheiden. Ihre Aufnahme im Rahmen von Familienzusammenführungen wäre ebenso vorstellbar, wie es bei der Integration von 100.000 Palästinensern nach den Osloverträgen bereits der Fall war.

Der Rückzug in die international anerkannten Grenzen garantiert zwar kein Ende des Terrors, aber die Existenz Israels als Demokratie und Heimat der Juden. Diese Demokratie wird daran gemessen, wie sie mit den eigenen Minderheiten umgeht, vor allem mit der arabisch-moslemischen, die sich zunehmend palästinensisch nennt. Das Misstrauen dieser Menschen war bei den Interviews spürbar. Manche verdächtigten mich offen, ein Agent des Geheimdienstes zu sein, andere vermittelten diesen Eindruck indirekt. Einige waren stolz darauf, dass ein jüdischer Israeli sich für ihre Arbeit und ihre Gedanken interessiert. Ich wiederum war überrascht, dass sie besser Hebräisch sprachen als viele jüdische Gesprächspartner. In einer Begegnung sprach ein arabischer Vater über seine Kindheitserinnerung von 1948. Sein Sohn meinte, die Vergangenheit interessiere ihn nicht, er schaue in die Zukunft und akzeptiere, dass die Geschichte von den Siegern geschrieben werde.

Sieger sind die Zionisten. Nun müssen sie die Besiegten mit Würde behandeln, nicht als »menschliche Zeitbomben«. Sie müssen die Erweiterung der arabischen Ortschaften ermöglichen, Baugenehmigungen erteilen, die arabische Sprache und Kultur fördern und sie auf dem Flughafen nicht erniedrigen. Das verstärkt das Misstrauen der jüdischen Passagiere und macht die Initiative der Rechtsradikalen salonfähig, 150.000 arabische Israelis gegen ihren Willen durch eine neue Grenzziehung auszubürgern. Die Angst dieser Menschen vor einem »Transfer« stärkt nicht gerade ihren Patriotismus. Die Forderung arabischer Organisationen nach einem eigenen arabischen Parlament und ihre Weigerung, Israel als jüdischen Staat anzuerkennen, sind die Reaktion einer verängstigten Minderheit, die mit dem Trauma von 1948 aufgewachsen ist. 25 arabische Israelis (von insgesamt 1,45 Millionen) nahmen an palästinensischen Terroranschlägen teil, zwei sprengten sich sogar in die Luft, wobei die meisten dieser Aktionen zu Beginn der Zweiten Intifada stattfanden.[167] Sie sind eher die Ausnahme einer weitgehend gewaltlosen Minderheit.

Israel ist ein jüdischer Staat, weil die meisten Israelis Juden sind, aber keine Theokratie. Das Land ist säkularer als je zuvor. Aber der Anteil der Ultraorthodoxen steigt. Die Mauer zwischen ihnen und dem Rest der Bevölkerung wird immer höher. Wer weiß heute noch, dass die ersten Zionisten streng orthodox waren oder dass die Orthodoxen im Krieg 1948 kämpften? Ihre zunehmende Isolierung ist ein Problem, weil sie zunehmend von Sozialhilfe leben und diese Lebensart an ihre zahlreichen Kinder vererben. Das ist ein Problem, weil 25.000 Schüler staatlich gefördert werden, obwohl sie weder Mathematik, Staatskunde oder Englisch lernen, sondern nur die Heiligen Schriften. Das ist ein Problem, weil sie mit ihrer strengen Auslegung des Judentums die staatlichen jüdischen Institutionen kontrollieren, Konversionen und somit die Integration der russischen Einwanderer erschweren. Das ist ein Problem, weil sie die demokratischen Spielregeln ablehnen und eine nationalistische, fremdenfeindliche Politik fördern. Da sie keinen Militärdienst leisten und sich geografisch absondern, müssen sie den Preis des Krieges und des Terrors nicht mit dem eigenen Blut bezahlen. Der Staat muss die Tradition dieser Israelis respektieren, aber zugleich verhindern, dass sie die Demokratie unterwandern. Staatsgründer David ben Gurion stellte die Staatlichkeit auf zwei Säulen: die Armee und das Bildungssystem. Damit Israel nicht wackelt, muss sie der Staat mit (koscherem) Zuckerbrot und Peitsche als produktive, loyale Bürger gewinnen – durch den Zivildienst, ein Mindestmaß an weltlicher Bildung und die Kürzung des Kindergeldes. Ein Ende des orthodoxen Monopols wird auch ein wichtiges Signal für die jüdischen Gemeinden in der Diaspora sein, die ihrerseits mehrheitlich liberal sind.

Die modernen Propheten Israel Harel und Ron Pundak arbeiten beide daran, ihre Horrorszenarien zu vereiteln. Harel bemüht sich als Vorsitzender des Instituts für Zionistische Strategie (IZS) im Parlament darum, in der ersten Verfassung, die zum 60. Unabhängigkeitstag 2008 ratifiziert werden soll, den jüdisch-zionistischen Charakter Israels zu verankern. Pundak, der Leiter des Peres Center, fördert den israelisch-palästinensischen Dialog durch zahlreiche Aktivitäten für Kinder und Erwachsene. Erst die friedliche Festlegung der Grenze mit den Palästinensern würde Israel stabilisieren, glaubt er. Politisch könnten die beiden kaum unterschiedlicher sein. Sie sitzen aber dennoch im selben Boot, das sie vor dem Untergang retten wollen. Ein anderes Land haben beide nicht.

An einem sonnigen Wintermittag radle ich entlang der wunderbaren neuen Promenade am Hafen von Tel Aviv und denke an Theodor Herzl, den Gründer des Zionismus. Vor einhundert Jahren prophezeite er nicht nur den Judenstaat, sondern auch die Massenverbreitung des Radfahrens. Er pries das neue Verkehrsmittel für Individualisten und bezeichnete das Radeln als »eine Poesie in dieser Hast«.[168] Nun steht die Dichtung nicht gerade hoch im Kurs der Israelis, die heute an Fischern, Joggern, Liebespaaren, Kindern und Touristen vorbeiradeln. Aber Individualisten sind hier alle.

Anmerkungen

1 Amos Oz, *Eine Geschichte von Liebe und Finsternis*, Frankfurt/M. 2004, S.565 f.

2 Siehe UNSCOP-Bericht, 03.09.1947

3 Amos Elon, *Haisraelim- Meyasdim Uvanim*, Tel Aviv 1971, S. 193

4 Teilungsplan, http://domino.un.org/maps/m0103_1b.gif

5 Shaul Arieli, *Tafasta Merube lo Tafasta*, Jerusalem, 2006, S. 63

6 Yoav Gelber, *Kommemiut ve Nakba*, Dvir, Or Jehuda, 2004

7 Yom Iyun, http://herzl.haifa.ac.il/israeli_palestine_jordan.doc

8 David Shaham, *Israel- 50 Hashanim*, Tel Aviv 1998, S. 25

9 Baruch Kimmerling, Joel S. Migdal, *Palastinim–Am Behiwatzruto*, Jerusalem 1999, S. 117 f.

10 Kimmerling nach Morris, S. 189

11 UNRWA, 2005

12 »Irgunei smol ve alfei arvim-israelim«, Haaretz, 13.05.2005

13 Haaretz, 06.08.2004 »Rau et haor«.

14 Das Verb in der femininen Form soll auf ein weibliches, alternatives Mitgefühl hinweisen.

15 »Eifo hakfarim kulam«, Haaretz, 13.06.2007

16 »Paam haya kann misgad«, Haaretz, 16.09.2005

17 Maariv nrg, »mi heziz et harechov sheli?«, 15.12.2004

18 Das ähnliche hebräische Wort »Nachs« bedeutet Pech

19 Der Lösungsentwurf für den israelisch-palästinensischen Konflikt, der am 01.12.2003 in Genf feierlich präsentiert wurde.

20 »Sugiyat Haplitim Hafalastinim Uzchut Hashiva«, Das Tami Steinmetz Center for Peace Research an der Tel Aviv Universität zusammen mit dem Palestinian Center for Policy and Survey Research, 2003, S. 42

21 Tami Steinmetz Center for Peace Research, Peace Index, September 2007

22 »Hapalastini hanoded«, Haaretz, 18.04.2003

23 Sigal Eshed, »Karnaim«, Nr.4, März 2001
24 Amos Carmel, *Hakol Politi*, Bd. I, Lod 2001, S. 209
25 Während und kurz nach der Eroberung dieses ersten arabischen Dorfes bei Jerusalem am 9. April 1948 töteten Kämpfer der zwei rechtsnationalen, zionistischen Untergrundgruppen *Etzel* und *Lechi* rund 120 Zivilisten, darunter Dutzende Frauen und Kinder. Solche Kriegsverbrechen und eine damals absichtlich zu hoch angegebene Opferzahl verbreiteten Panik unter den Arabern und beschleunigten ihre Flucht aus benachbarten Dörfern.
26 »Apathy amid devastation found in Rashidiye refugee camp.« Jerusalem Post, 18.07.1982
27 siehe http://spirit.tau.ac.il/socant/peace/psp/downloads/s4p1h.rtf
28 YNET, Merav Kristal, »Haseret shelo ratzu shenir'e«, 14.02.2007
29 Uri Avnery, *In den Feldern der Philister*, Kreuzlingen/München 2005, S.12
30 »Historionim chadashim o peilim politiim«, Haaretz, 15.12.1999
31 »Haashma: fibruk hahistoria«, Haaretz, 2.05.1997
32 »Bikorto shel aharon megged«, zitiert in: »*Havikuach ha historiografi al toldot hazionut*«, http://www.education.gov.il/tochniyot_limudim/history/ahi0003.htm
33 Susan Hattis Rolef, *Lexikon Politi Shel Medinat Israel*, Jerusalem, 1998, S. 112
34 *Hakol Politi*, Bd.1, S. 284
35 siehe spirit.tau.ac.il/socant/peace/psp/downloads/s4p2h.pdf
36 siehe »Mechake la barbarim«, Haaretz, 6.01.2004
37 www.kerem-maharal.co.il/homepage.htm
38 Sein voller Name ist Moreinu ha-Rav Loew, was bedeutet: unser Lehrer Rabbi Loew.
39 »Ami ve sari mechapsim partner«, Haaretz, 11.07.2003
40 http://www.jewishvirtuallibrary.org/jsource/Peace/peoplesvoiceplan.html
41 »Power to the People«, Jerusalem Report, 28.07.2003
42 »Nahost-Friedensmodell in Genf unterzeichnet«, Neue Zürcher Zeitung, 02.12.2003
43 http://www.genfer-initiative.de
44 UNITED NATIONS General Assembly, A/RES/194 (III), 11 December 1948
45 Shaham, S. 44
46 Kimmerling, S. 142
47 http://www.un.org/unrwa/publications/index.html
48 http://www.pcpsr.org/survey/polls/2003/refugeesjune03.html
49 »Hachalom hafalastini, hasiut haisraeli«, Haaretz, 05.07.2001

50 »Yom echad, shtei atzumot«, Haaretz, 8.06.2007

51 Siehe 50

52 Siehe 50

53 entsprechende Grüne Linie unter: http://www.palestineremembered. com/Acre/Maps/Story582.html

54 Michael Krupp, Informationen aus Israel, Januar 2007

55 http://www.hagader.com/main_pics/SeamZone_map_heb.jpg

56 www.shiron.net

57 Am Laubhüttenfest erinnern die Juden an die Wüstenwanderung, denn beim Exodus aus Ägypten lebten die Israeliten in Laubhütten.

58 Yossi Beilin, *Madrich le Yona Ptzua*, Tel Aviv 2001, S. 134

59 »Kacha lo bonim Gader«, *Haaretz*, 9.10.2002

60 »Yoter kal lachazot et hassahara«, Haaretz, 8.07.2005

61 Shaul Arieli, Ynet, 14.12.2005

62 »Al chomotaich hifkarti shomrim«, Jedioth Acharonot, 16.11.2007

63 »Machsomim bekablanut«, Haaretz, 28.09.2007

64 »Anachnu chayavim gader, acheret ein lanu chaim«, Maariv, 14.06.2002

65 Idith Zertal, Akiva Eldar, *Die Herren des Landes*, München 2007, S. 538

66 Nurit Kliot, Rassem Khamaisi, Deborah Shmueli, »Views and Perceptions of the Separation Fence«, Floersheimer Studies, 2007

67 Elisha Efrat, *Geografia shel Kibush*, Jerusalem 2002, S.128

68 »Hagader«, Haaretz, 08.12.2005

69 »Kach nolda tochnit hahitnatkut«, Maariv nrg, 16.07.2005

70 Siehe http://vispo.com/PRIME/

71 Brief, Yaakov Katz, 21.01.2004

72 Ich verwende die allgemeine Bezeichnung, um klar zwischen den israelischen Staatsbürgern und den Palästinensern in den besetzten Gebieten zu unterscheiden.

73 »Miriam tukan ken levad«, Haaretz, 22.10.2007

74 »Eretz Nehederet«, Keshet, 4. Jahr, Folge 17, siehe: http://www.keshet-tv.com/nehederet/

75 »Seker: Rov haarvim rotzim sherut leumi«, Maariv nrg, 17.12.2007

76 Siehe Videofilm unter: http://momken.org/film.php?item=31

77 »Al tarshu lahem lehafkia et atidchem«, Maariv nrg, 07.09.2007

78 »Treatment of Israeli official spurs look at airport security«, McClatchy, 02.04.07

79 »63% mehayehudim: arviyei Israel – iyum bitchoni«, Maariv nrg, 22.03.2006

80 Sami Smooha, Arab-Israeli Index 2004, http://soc.haifa.ac.il/~s.smooha/download/IndexArabJewishRelations2004Heb.pdf

81 Siehe http://www.adalah.org/newsletter/heb/dec06/hra-report.pdf

82 Bagatz 07/4797 vom 30.12.2007

83 Brief Rania Joubran an Ehud Olmert, 22.02.2007

84 Brief Ehud Olmert an Rania Joubran, 28.02.2007

85 »Lehafsik lehavchin bein nos'im«, Maariv nrg, 27.12.2007

86 »Sof leaflayat arvim benatbag?«, Maariv nrg, 09.04.2006

87 »Hashamayim yecholim lechakot«, Haaretz, The marker Week, 18.01.
    2008

88 Die Gesamtbevölkerung ist 7,24 Millionen, Zentrales Statistisches
    Amt, (Lamas), Ende 2007

89 Moshe Sikron, *Demographia*, Jerusalem 2004, S. 66

90 Norma Gurovich, Eilat Cohen-Kastro, »Hachardim«, Lamas, Juli 2004

91 *A Small Place in Galilee: Religion and Social Conflict in an Israeli Village*,
    New York, 1993

92 »Ze o hem o anachnu«, Haaretz, 08.04.2003

93 *Chasara Bitschuva*, Hebräisch: reuige Umkehr

94 »Harabi amar tzarich lehitchaten«, Maariv, 11.04.2003

95 Tzvia Greenfield, *Hem Mafachadim*, Tel Aviv 2001, S. 41

96 *Jeux Interdits*, 1952

97 »Bazad halo nachon shel derech yaffo«, Haaretz, 25.06.2006

98 Mit über 120.000 Anhängern weltweit ist die anti-zionistische Satmar
    eine der größten chassidischen Gruppen mit Zentrum in New York.

99 »Jerushalaim tzricha lihyot charedit«, Ynet, 24.05.2006

100 »Hamoredet«, Haaretz, 18.12.1998

101 Machon Jerushalaim Lecheker Israel, »Haminhalim hakehilatiim birus-
    halaim«, Juli 2007

102 Siehe Anm. 100. Die 17.000 Kinder der radikalen Ultraorthodoxen
    werden in der Statistik des Bildungsministeriums nicht einmal erfasst.

103 Shahar Ilan, *Haredim Baam*, Jerusalem 2000, S. 54

104 Tamar Hermann, Ephraim Yaar, *Tahalich hashalom vehashesa hachilo-
    ni-dati*, Tel Aviv 1998

105 Die orthodoxen Rabbiner sehen sich ganz der jüdischen Gesetzgebung,
    Halacha verpflichtet; die reformierten suchen die Teile aus, die sie für
    die moderne Welt relevant hielten; die konservativen befinden sich zwi-
    schen beiden Gruppen: Sie sehen die *Halacha* als Grundlage jüdischen
    Lebens, zeigen sich aber auch flexibel, zum Beispiel bei der Nominie-
    rung von Rabbinerinnen. Auch in liberalen Gemeinden kann eine Frau
    Gemeinderabbiner sein, in orthodoxen nicht.

106 Hebräisch: »Entdeckung«, siehe http://www.birthrightisrael.org

107 Die Jewish Agency wurde 1929 gegründet, um die zionistischen Juden
    gegenüber der britischen Regierung, den Mandatsbehörden in Palästi-
    na und dem Völkerbund zu vertreten, und war eine Art vorstaatliche
    Regierung. Seit 1948 ist die Jewish Agency für Einwanderung, Integra-
    tion und Besiedlung in Israel sowie jüdische Bildung in der Diaspora

zuständig. Sie wird sowohl staatlich als auch durch Spenden von Diaspora-Juden finanziert.

108 Konversionsgesetz, *Pkudat Haeda Hadatit (Hamara), 1927*

109 Gesetz der rabbinischen Gerichte, *Chok Batei Hadin Harabaniim*, 1953

110 Im hebräischen Original kommt das Wort »Gott« nicht vor, siehe http://w3.kfar-olami.org.il/asaf/pedagogical/ezrahut/status.doc

111 *Sefer Hachukim* (das israelische Gesetzbuch), Nr. 51, S. 159

112 Eretz Acheret, Nr. 17, »Hagiur«, Juli-August 2003, S.19

113 »Baknesset maskimim: mivtza giur yotz'ei brit hamoatzot nichshal«, Haaretz, 28.06.2007

114 Knesset-Bericht für MP Juri Stern, 17.03.2006

115 Lamas, »Uchlussiat olei brit hamoatzot lesheavar«, Luach 14

116 Lamas, »Skira demografit lishnat 2006«, 03.12.2007

117 »Halacha« ist die jüdische Gesetzgebung

118 »Machaztzit mehalichei hagiur beisrael mitkaymim bezahal«, Haaretz, 01.10.2007

119 »On Conversion«, Jerusalem Post, 14.12.2005

120 »Damir« steht für Dimona, Mitzpe Ramon, Jerucham, drei südliche Stätten eines stillgelegten, aber immer noch registrierten Vereins für Einwanderer im Süden, den Gilichensky übernahm, um Kosten zu sparen

121 Siehe http://pogrom.org.il/heb_articles.php?art_id=30

122 Siehe zum Beispiel »Neo-Nazis in the Holy Land«, Jerusalem Report, 29.10.2007

123 Siehe *Keshet*, »Chronika shel Alimut«, 02.11.2007, http://www.keshet-tv.com/VideoPage.aspx?MediaID=25698&SourceID=27

124 Sitzungsprotokoll: http://www.knesset.gov.il/protocols/data/rtf/alia/2005-06-14.rtf

125 »Ktovot antishemiot tzuiru baagaf hechadash shel haknesset«, Maariv, 10.06.2005

126 Eretz Acheret, Nr. 19, Nov-Dez 2003, S. 37

127 Eretz Acheret, Nr. 19, Nov-Dez 2003, S. 49

128 »Tzlavei keres bebeit haknesser hamerkazi bepetach tikva«, YNET, 04.05.2006

129 http://www.schooly.co.il/1haam/

130 http://www.knesset.gov.il/privatelaw/data/17/2551.rtf

131 http://www.knesset.gov.il/privatelaw/data/17/2656.rtf

132 Liste der Nationen: http://www.2all.co.il/web/Sites/ani-israeli/PAGE12.asp

133 Eine Religionsgemeinschaft, die aus dem jüdischen Volk hervorgeht und der rund 700 Menschen in Israel und im Palästinensergebiet angehören

134 »Lefi teudat hazehut, beisrael chaim ›ashurim‹«, Haaretz, 19.05.2002

135 Abkürzung für Irgun Tzwai Le'umi, hebräisch: »Nationale Militärorganisation«

136 Bagatz 18/72 vom 26.01.1972

137 Bagatz 11286/03 vom 25.12.2003

138 Das immer noch gültige Gesetz der britischen Mandatsbehörden definiert drei offizielle Sprachen: Englisch, Arabisch und Hebräisch

139 Die Briten führten um 1946 Personalausweise ein, in denen die Rubrik »Rasse« zwischen Juden und Arabern unterschied

140 Siehe http://www.alp.org.il/index.htm

141 »Ein lehasig zera bair hazot«, Haaretz, 05.01.2008

142 Bericht des Staatskontrolleurs vom 09.05.2007

143 »Habeibi shela«, Haaretz, 26.03.2007

144 »Ksheaba veima beemet lo ossim et ze«, Ha'ir, 12.10.2003, in www.alp.org.il

145 Lamas Bericht, 15.11.2006

146 Lamas Bericht, 19.11.2007

147 »Haav: lo yadua«, Haaretz, 14.01.2003

148 »Mi rotze yeled mamzer?«, YNET, 20.06.2007

149 Die Conference on Jewish Material Claims against Germany wurde 1951 in New York auf Initiative Israels von Vertretern 23 jüdischer Organisationen gegründet. Keine einzige vertrat Holocaustüberlebende.

150 Mevaker Hamedina, »Duach bikoret al hassiua lenizolei shoa«, 15.08.2007

151 Im Gesetz der Behinderten der NS-Verfolgten von 1957, das verschiedene Zuwendungen garantiert

152 Bundesfinanzministerium, »Entschädigung von NS-Unrecht Regelungen zur Wiedergutmachung«, Ausgabe 2006, S. 17

153 Ein seit 1985 jährlich von der Regierung initiiertes Gesetz (Chock Hahessderim) ermöglicht die Annullierung neuer von Abgeordneten vorgeschlagenen Gesetze, um die Rahmen des Jahresetats nicht zu überspringen

154 »Hamaka ha 83«, Haaretz, 31.07.2007

155 Siehe http://www.claimscon.org/?url=allocations/israel

156 Jenny Brodsky und andere, »Nitzolei Shoah Beisrael«, Brookdale Institute, Jerusalem, 2003

157 Gesher-Umfrage vom 17.08.2005

158 Rafi Smith Umfrage 27.06.2007, mit »Volk« meinten die Forscher die Juden in Israel

159 Roby Nathanson, »Vergleichsanalyse der Israelischen Jugend«, Dezember 2004, S.107

160 »Bizchut haschichecha«, Haaretz, 02.03.1988

161 »Beshem hakorbanot«, Arutz 8, 24.11.2007

162 Yad Vashem Magazin, Nr. 43, Herbst 2006
163 Friedrich-Ebert-Stiftung, *Israel 2025: Szenarien der zukünftigen Entwicklung*, 2001, S. 28
164 »Israel 2025«, S. 17, Pundak prognostizierte richtig, dass Olmert Ministerpräsident wird
165 »Hatochnit: Militzia yehudit leyissum hachaluka«, Haaretz, 29.11.2007
166 Resolution 194 der UN-Generalversammlung
167 In den Jahren 2001-2003, Angaben vom Büro des Ministerpräsidenten, E-Mail, 29.12.2007
168 Theodor Herzl, Die treibende Kraft – Feuilletons, Wien 2004, S. 27

Interviewpartner

Colette Avital, 6.09.2007
Yossef Shagal, 29.09.2007
Eytan Bronstein, 14.10.2007.
Yossi Atia, 9.10.2007
Tamar Hermann, 11.10.2007
Michal Singer, 12.10.2007
Prof. Arnia Lieblich, 14.10.2007
Yossi Katz, 16.10.2007
Shaul Arieli, 17.10.2007
Dimitri Diliani, 17.10.2007
Iris Rosenberg, 18.10.2007
Orni Petruschka, 18.10.2007
Haim Hanegbi, 19.10.2007
Haim Gouri, 20.10.2007
Benny Morris, 22.10.2007
Niv Kedar, 23.10.2007
Ktsia Tabibyan, 23.10.2007
Avi Farhan, 25.10.2007
Ami Ayalon, 27.10.2007
Avishai Milstein, 27.10.2007
Doron Liber, 30.10.2007
Uri Elizur, 01.11.2007
Sophie Lagnier, 02.11.2007
Gidi Osher, Yuval Osher, 09.10.2007
Hagit Ofran, 06.11.2007
Dany Tirza, 06.11.2007
Dror Etkes, 06.11.2007
Haim Srebro, 07.11.2007
Reuven Gal, 07.11.2007
Adnan Jarushi, 08.11.2007

Yedaya Levin, 08.11.2007
Buthayna Dabit, 09.11.2007
Salam El-Kalak, 08.11.2007
Nawal Abu Amer, 09.11.2007
Nazir Majali, 10.11.2007
Atef Krinawi, 11.11.2007
Shlomo Bareket, 12.11.2007
Jafer Farah, 12.11.2007
Sammy Smooha, 13.11.2007
Nadia Hilo, 13.11.2007
Zalman Gilichensky, 15.11.2007
Uzzi Ornan, 19.11.2007
Sarah Klachko, 19.11.2007
Tarek Ibrahim, 19.11.2007
Avi Kostelitz, 21.11.2007
Yoel Lavi, 21.11.2007
Jonathan Kostinsky, 22.11.2007
Dan Yakir, 22.11.2007
Auni Banna, 22.11.2007
Adel Kaadan, 25.11.2007
Avner Shalev, 26.11.2007
Yoel Zimmermann, 26.11.2007
Avik Kostinsky, 26.11.2007
Prof. Zvi Sobel, 27.11.2007
Tzvia Greenfield, 27/28.11.2007
Joshua Sobol, 28.11.2007
Sari Makover-Belikov, 28.11.2007
Gili Haskin, 30.11.2007
Zvi Mark, 03.12.2007
Israel Harel, 05.12.2007

Kathrin, 06.12.2007
Asher Toledano, 06.12.2007
Irit Rosenblum, 06.12.2007
Roni Cohen, 06.12.07
Ron Pundak, 09.12.2007
Dubby Arbel, 10.12.2007
Micha Roi, 13.12.2007
Amnon Rahav, 18.12.2007
Racheli Bar-Or, 18.12.2007
Ira Hadar, 20.12.2007

Avri Michal, 20.12.2007
Israela Shvartzman, 20.12.2007
Igor Rochlin, 21.12.2007
Raul Teitelbaum, 24.12.2007
Nava Semel, 25.12.2007
Nili Keren, 27.12.2007
Uri Avneri, 27.12.2007
Eyal Naveh, 29.12.2007
Naomi Vered, 29.12.2007
Khalil Bader, 30.12.2007

Uri Avnery

In den Feldern der Philister

Meine Erinnerungen aus dem
israelischen Unabhängigkeitskrieg

432 Seiten, gebunden mit Schutzumschlag,
ISBN 978-3-7205-2574-9

Uri Avnery ist die »politische und intellektuelle Führungsfigur
der israelischen Friedensbewegung« (Frankfurter Rundschau).
In Deutschland geboren und 1933 nach Palästina ausgewandert,
kämpfte er im israelischen Unabhängigkeitskrieg von 1948
als Soldat. In seinen Kriegsmemoiren schildert er die
Vertreibung der Palästinenser und Gräueltaten an ihnen,
aber auch die begeisterte Aufbruchstimmung der israelischen
Jugend zur Zeit der Staatsgründung.
Erstmals liegen seine Memoiren in deutscher Übersetzung vor.

Diederichs

Abdalrachman Munif
Zeit der Saat

570 Seiten, gebunden mit Schutzumschlag,
ISBN 978-3-7205-3045-3

Abdalrachman Munifs *Zeit der Saat* beschreibt packend
den Wandel einer Beduinengesellschaft angesichts des über
Nacht hereinbrechenden Ölreichtums.
Zeit der Saat ist eine bitteböse Kritik an der urplötzlich zu Reich-
tum gelangten, dekadenten und korrupten Gesellschaft eines
arabischen Sultanats. Eventuelle Ähnlichkeiten mit tatsächlichen
historischen Begebenheiten sind durchaus beabsichtigt.

Diederichs

Marion Gräfin Dönhoff

Namen die keiner mehr nennt

192 Seiten, gebunden mit Schutzumschlag
ISBN 978-3-7205-3012-5

Marion Gräfin Dönhoff zeigt in ihren sehr persönlichen
Aufzeichnungen, was Ostpreußen für sie bedeutete.
Sie beschreibt die Landschaft ihrer Kindheit und Jugend
und die wunderbare Natur, die sie auf dem Ritt durch
Masuren erlebte. Ebenso eindrücklich schildert sie die
Schrecken des Krieges und die Flucht in Richtung Westen.
Die tiefe Verbundenheit Marion Gräfin Dönhoffs mit ihrer
Heimat ist in jedem einzelnen Kapitel spürbar,
und ebenso die Gewissheit, dass die Kultur
ihrer Vorfahren unwiederbringlich verloren ging.

Diederichs

Peter Sloterdijk (Hrsg.)

Mystische Weltliteratur

Diederichs Gelbe Reihe
Gebunden mit Schutzumschlag, 272 Seiten
ISBN 978-3-7205-3024-8

Mit Peter Sloterdijk und Martin Buber vereint der Band zwei
Koryphäen deutscher Philosophie und Religionswissenschaft.
Der eine als interpretierender Herausgeber, der andere als
kommentierender Sammler einer einmaligen Quellenedition:
Zeugnisse mystischer Ekstase aus zweieinhalb Jahrtausenden –
von Lao-Tse bis Anna Katharina Emmerich.

Diederichs